솥과 불로 찾아가는 중국 부엌의 역사

이 저서는 2020년 대한민국 교육부와 한국연구재단의 저술출판지원사업의
지원을 받아 수행된 연구임 (NRF-2020S1A6A4043156)

솥과 불로 찾아가는

중국 부엌의 역사

정세진

역락

●
차
례

들어가며

한동안 저희 막내는 밤마다 몇 번씩 '팥죽 할머니와 호랑이' 이야기를 들어야 잠이 들었습니다. 처음에는 동화책에서 본 내용을 그대로 읊었지만 하루하루 이야기를 거듭하면서 흥미진진하게 변주를 시작했습니다. 그러면서 저는 이 이야기에 대해 깊이 생각하게 되었습니다. 호랑이를 맞닥뜨리고도 "이 팥 거두어서 팥죽이라도 쒀 먹거든 그때 잡아먹으러 와."라고 용감하게 이야기하는 할머니, 할머니에게서 팥죽 한 그릇씩을 얻어먹고 호랑이를 물리치는 연대에 가입하는 알밤, 쇠똥, 자라, 지게, 멍석, 절구들의 이야기를 말이지요. 알밤이 아궁이 속에서 제 몸이 뜨거워질 때까지 참고 참았다가 "으짜!" 소리치며 호랑이 이마를 딱 튕기는 부분에서는 제 속이 다 후련했고 멍석이 호랑이를 말고 지게가 냅다 호랑이를 들쳐업고서 연못에 풍덩 빠뜨리는 장면에서는 그 환상의 협업 때문에 짜릿했습니다. 그러던 어느 날, 저는 이 연대의 중심지가 부엌이라는 생각을 비로소 인식하게 되었습니다. 야무진 할머니 손길 아래 반들반들 윤이 났을 가마솥, 재를 깨끗이 치워 이글이글 잘 타는 아궁이, 지푸라기와 함께 벽에도 발라지고 연료로도 사용되었을 귀중한 쇠똥, 부지런히 채워놓았을 큰 독의 물과 그 속을 기웃거리던 자라, 할머니의 일손을 도왔던 절구, 지게와 멍석, 이들은 모두 부엌을 중심으로 모여 사는 할머니의 오랜 친구들이었습니다. 이들이 팥죽 연대를 맺고 저보다 몇 배나 큰 호랑이와 싸우겠다고 결심을 한 데에는 부엌 생활에서 맺어진 끈끈한 정, 일상에서 자연스럽게 맺어진 동지 의식이 있었기 때문이었습니다.

저는 문득 어린 시절의 부엌을 떠올렸습니다. 연탄불과 곤로가 함께 있던 작은 부엌, 제가 다니던 절에 있던 아궁이와 큰 가마솥, 외할아버지 장례식 때 동네 어른들이 만들었던 임시 화로, 도시가스가 연결된 가스레인지, 그리고 인덕션이 놓인 지금의 부엌까지. 그간 변화가 참 많았습니다. 그리고 그에 따라 해 먹을 수 있는 음식의 변화도 있었습니다. 연탄으로 난방을 할 때에는 그 위의 주전자 안에서 보리차가 끓었고 노가리가 구워졌습니다. 뭉근하게 오래 끓여야 하는 음식을 할 때 연탄불보다 좋은 것이 없었습니다. 100명이 넘는 사람들을 위해 공양을 준비하는 절의 공양간에서는 큰 가마솥에서 시래기국이 부글부글 끓었습니다. 그런데 인덕션을 놓고 나서는 아끼던 냄비들을 더 이상 쓸 수 없었고 옛맛 나는 음식은 만들기 어려워졌습니다. 결국 부엌의 불과 조리도구는 서로를 도울 뿐만 아니라 필연적으로 서로를 선택하는 관계였고 그에 따라 만들 수 있는 음식도 변화하는 것이었습니다.

저는 중국의 옛 레시피와 식문화를 연구해 왔는데요. 그럼에도 불구하고 중국의 음식, 조리 기법, 식문화를 배태한 중국 주방의 불과 조리도구가 무엇이었는지 쉽게 대답할 수 없었습니다. 문헌을 들여다보며 중국의 옛 음식을 연구해왔는데 정작 그 음식이 만들어진 주변의 환경은 연상해

솥과 불로 찾아가는 중국 부엌의 역사

낼 수 없었던 것입니다. 호기심이 일어서 찾아보니 관련 자료가 일부 있었지만 성에 차지 않았습니다. 그때 저는 완성된 음식이 아니라 그 음식이 식탁에 오르기 전의 주방, 특히 과거의 중국 주방을 탐구하기로 결심했습니다. 그리고 탐구의 키워드는 흔히 '솥'이라고 번역하는 중국의 조리도구 및 '불', 이 두 가지로 결정했습니다. 이렇게 두 가지 키워드를 찾은 것은 다음과 같은 이유에서였습니다.

첫째, 주방의 중심 요소가 바로 '솥'과 '불'이라고 생각했기 때문입니다. 예를 들어 지금 중국 음식을 만들 때 사용하는 '웍wok'은 중국 음식의 영혼이라고 할 수 있습니다. 이는 팬pan이나 팟pot 등과 구별하기 위해서 서양에서 붙인 명칭으로 볼bowl처럼 생긴, 널찍하고 속이 약간 우묵한 중국의 조리도구입니다. 이 도구는 신기하게도 찌기, 삶기, 볶기, 튀기기, 데치기, 끓이기 등을 모두 소화합니다. 그런데 과거로 거슬러 가보면 중국에서 사용했던 솥은 웍과 비슷한 것도 있고 전혀 다른 것도 있었습니다. 깊이가 깊고 낮고, 얇고 두껍고, 입술 부분이 있고 없고, 아가리가 좁고 넓고, 손잡이가 있고 없고, 발이 달려 있고 그렇지 않고. 형태는 아주 다양했고 이러한 조리도구를 표기하는 한자도 모두 달랐습니다. 시대에 따라 '정鼎', '확鑊', '력鬲', '과鍋' 등의 한자는 조리도구를 지칭하도록 사용되었지만 저마다 출현 시기와 사용 빈도가 달랐습니다. 이것은 결국 조리도구의 변화, 식문화의 변화를 대변하고 있었습니다. '불'은 또 어떤가요? 음식을 조리하는 불은 언제나 주방의 핵심이었습니다. 『주례周禮』를 보면 '팽인亨人', 즉 '정鼎'과 '확鑊'을 갖추고 물과 불을 조절하여 주방에 공급하는 전문가가 당시에 이미 배정되어 있었습니다.[1] 원元 가명賈銘은 『음식수지飲食須知·수화燧火』에서 "사람들은 화식火食에 의지하므로 질병과 수명이 거기에 달려 있다. 네 계절마다 수목燧木을 뚫어 (마찰시켜) 새 불을 취하는데 기후에 따르되 단절됨이 없도록 해야 한다."[2]라고 했습니다. 청清 원매袁枚는 『수지단須知單』에서 "음식을 익히는 법도에서 가장 중요한 것이 불 조절이다. 반드시 센 불이 있어야 하는 경우로는 지지고 볶는 것이 있는데, 불이 약하면 음식이 맛이 떨어진다. 반드시 약한 불이 있어야 하는 경우는 뭉근히 고아 끓이는 것으로서, 불이 세면 음식이 말라 버린다. 처음에 센 불을 쓰다가 나중에 약한 불을 써야만 하는 경우는 육즙을 거두어야 하는 음식으로서, 성급하게 다루면 겉은 마르고 속은 덜 익게 된다."[3]라고 강조했습니다. 이러한 기록을 보면 옛사람들이 얼마나 오래전부터, 또 지속적으로 주방의 불을 중시해왔는지 알 수 있습니다.

둘째, '솥'과 '불'은 중국의 전통문화와 사회 현상을 대변합니다. 중국에서는 집들이를 할 때 '솥 바닥에 불 때기[燎鍋底]'라고 합니다. 이는 새로 옮긴 집에서 새 불을 붙이고 새 솥에 밥을 하는 것을 의미하며 가옥의 이주를 의미합니다.[4] 또 청대清代에는 밀주密酒를 금지했는데 그것을 '솥에 불때기[燒鍋] 금지'라고 불렀답니다. 이것은 술을 증류하는 솥에 불을 넣지

1   지재희 역, 『주례』, 서울: 자유문고, 2002.

2   "人之資於火食者, 疾病壽夭系焉. 四時鑽燧取新火, 依歲氣而無亢."(賈銘, 『飲饌譜錄·飲食須知』, 臺北: 世界書局, 1983)

3   "熟物之法, 最重火候. 有須武火者, 煎炒是也, 火弱則物疲矣. 有須文火者, 煨煮是也, 火猛則物枯矣. 有先用武火而後用文火者, 收湯之物是也, 性急則皮焦而裏不熟矣."(朱振藩, 『點食成經: 袁枚『隨園食單·須知單』新解』, 臺北: 麥田出版, 2009)

4   王其鈞, 「中國傳統廚房研究」, 『南方建築』, 2011年06月, 18쪽.

솥과 불로 찾아가는 중국 부엌의 역사

못하도록 한다는 은유적 의미입니다. 1958년에 시작된 중국의 대약진운동 大躍進運動 때에 생겨난 '한솥밥[大鍋飯]'이라는 단어도 생각해 볼 수 있습니다. 당시 노동 생산성을 높이기 위해 인민공사에서 실시한 단체급식을 이렇게 불렀는데 이 역시 당시의 사회 현상을 대변합니다. 이처럼 '솥'과 '불'은 당시의 사회문화를 대변하는 단어로 쓰일 만큼 삶의 중심 요소로 작용했습니다.

셋째, '솥'과 '불'은 조리 기법, 식문화 형성의 가장 기초적인 조건입니다. '솥'과 '불'의 발전 없이 음식과 조리 기법의 발전이 있을 수 없고 조리 기법의 성숙과 음식의 다양화를 위한 요구가 없었다면 '솥'과 '불'의 발전은 있을 수 없었습니다. 그러므로 '솥'과 '불'이라는 요소로 주방의 역사를 조망하는 과정은 결국, 중국의 음식, 조리 기법, 식문화 변화 발전의 동력을 살펴보는 과정입니다. 특히 조리하는 불의 변화는 나무, 숯 등, 연료에 관한 것일 뿐만 아니라 그 불을 안전하게 사용하기 위해 만들어진 '조竈'와 건축물의 내부 안배와 관련된 것이기도 합니다. 그러니 '솥'과 '불'을 이야기하다 보면 주방의 핵심이 되는 '조竈'와 그 배치까지 이야기할 수 있을 것입니다.

넷째, '솥'과 '불'을 중심으로 중국 주방의 역사를 재구성한다면 가시적인 물질의 역사만이 아니라 각 시대의 음식 제도까지 살필 수 있으리라 생각했습니다. 청나라 궁중에서 음식을 담당했던 '어선방御膳房'을 예로 들어 보겠습니다. 청나라 초기만 해도 어선방의 어주御廚들은 각기 담당하는 음식과 조리 기법이 달랐고 이에 따라 조竈도 모두 따로 썼다고 합니다. 그러나 후대에는 그렇지 않게 되었다는 기록이 보입니다. 이러한 예시에서 볼 수 있듯이 '솥'과 '불'을 따라 주방의 역사를 찾는다면 각 시대의 음식 제도

까지 찾아볼 수 있습니다.[5]

이 책은 맛집의 중국 음식을 품평하는 글이 아닙니다. 비유를 들자면, 볶음밥에서 나는 불맛을 묘사하는 것이 아니라 그 맛이 이루어지게끔 하는 요소, 즉 볶음밥을 만든 음식점 주방의 강한 화력, 밥알을 모래알처럼 튕겨내며 볶을 수 있는 웍이 가지는 존재의 의미를 살펴보는 책입니다. 한번 상상해 봅니다. 만약 중식 조리사가 재료를 충분히 준비한 다음, 요즘 유행하는 인덕션을 이용해 이것들을 볶는다면 어떻게 될까요. 볶기는 물론 가능하지만 인덕션의 열이 만들어 낼 수 있는 정도의 맛밖에 내지 못할 것입니다. 더구나 이 인덕션 위에는 기존에 사용하던 조리사의 웍은 없을 수조차 없을 것입니다. 그러면 불만 바꾸어 보겠습니다. 중국 음식점의 강력한 가스 불 위에 주周나라 때의 청동 '력鬲'을 올려 보고 싶습니다. 아무리 숙련된 조리사라고 할지라도 짧은 다리가 붙어 있고 손잡이가 없는 그 조리도구로는 손목 반동 기술을 사용조차 못할 것입니다. 어쩌면 그 력鬲은 화구火口에 얹어지지도 못하고 화구 속으로 풍덩 빠질 수도 있습니다. 이번에는 지금의 가스 불과 웍을 신석기 시대 움집 안에서 사용한다고 상상해 봅니다. 재료를 볶기도 전에 움집 안은 연기가 가득 차거나 집에 불이 옮겨붙을 수도 있겠습니다. 움집 밖에서 볶는다고 해도 비와 눈, 바람 때문에 안정적인 조리 환경을 확보하기 어려우니 아무리 맛집의 조리사가 볶

---

5 이 글을 기획하기에 앞서 중요한 실마리를 제공했던 일이 있어 밝혀둔다. 2017년에 열린 동아시아식생활학회의 학술대회에서 「문헌과 유물로 재구성한 중국의 시대별 부엌의 모습 = '불'과 '솥'의 변화를 중심으로」(『동아시아식생활학회지』 Vol.27(No.6), 2017, 583-590쪽)라는 간단한 발표를 진행하였는데 이를 계기로 생각을 조금씩 발전시켜 이 글을 기획하게 되었다.

음밥을 볶고자 한들 실패하게 됩니다. 불맛이 밴, 씹는 질감이 훌륭한 볶음밥 한 그릇을 내놓기 위해서는 강한 화력, 그 화력을 안정적으로 제공하되 화재의 위험을 줄인 도구와 연통이 설치된 주방, 화력을 견뎌내고 조리사의 기술을 받아낼 수 있는 솥이 있어야만 합니다. 그러하기에 저는 옛 음식과 식문화를 살펴보기 위해서 옛 '솥'과 '불'부터 살펴보아야 한다고 생각합니다.

요컨대 이 책은 '솥'과 '불'의 변화를 중심으로 시대별 중국 주방의 변화를 살피면서 그 속에서 중국의 음식, 조리 기법, 식문화의 변화를 설명하고자 기획되었습니다. 다만 이러한 작업을 진행하기 위해서는 먼저 고려해야 할 부분이 많았습니다. 이 부분에 대해서는 다음 장에서 이야기를 이어가겠습니다.

전제해야 할 몇 가지

중국의 옛 '솥'과 '불'을 살피기 위해서는 몇 가지 전제해야 할 부분이 있습니다. 이야기를 쉽게 풀어내기 위해서라도 말입니다.

첫째, 지역을 한정해서 살펴볼 필요가 있습니다. 중국은 영토가 워낙 광활하여 지역마다 기후, 식재료 수급 현황이 다릅니다. 이런 요인 때문에 주방 역시 다양한 형태로, 다양한 기능을 담당하도록 존재해 왔습니다. 일반적으로 주방은 취사炊事공간, 취식取食공간으로서 기능합니다. 그런데 중국의 경우, 지역에 따라 취사공간과 취식공간이 엄격히 구별되거나 혹은 전혀 구별되지 않는 등, 다양한 변주를 보입니다. 산시성陝西省 일대에 분포하는 지하동굴형 주거인 디컹위안地坑園의 주방을 예로 들어보겠습니다. 디컹위안 내부는 공간 분리가 되어 있지 않습니다. 하나의 공간 안에 취사, 취식, 취침, 기타 일상생활이 함께 이루어집니다.[1] 시안西安과 뤄양洛

---

1   동아시아 부엌생활문화 조사보고서, 『중국과 일본의 부엌』, 서울: 국립민속박물관, 2019, 136~143쪽.

陽의 사이에 위치하며, 1800년대 말에 만들어서 지금도 잘 보존되고 있는 그곳 내부 사진을 보여드립니다.

디컹위안의 내부 모습. 작은 탁자가 놓인 곳이 침상이고 그 왼쪽에 벽돌을 쌓은 곳을 보면 그 반대쪽이 竈이다.(출처: 직접 촬영)

디컹위안의 竈. 그 옆에 나무 손잡이가 달린 것이 불길을 조절하는 풀무이다. 竈의 바로 뒤편이 침상이다.(출처: 직접 촬영)

디컹위안의 조竈.(출처: 직접 촬영)

　　이 사진을 보면 침상 옆에 조竈[2]가 있는 것을 볼 수 있습니다. 여기에서 연료를 때면 침상의 토항土炕까지 데워지는 방식입니다. 즉 조竈가 취사설비이자 난방설비가 되는 것입니다. 이러한 조竈가 가옥 외부에 위치하는 경우에도 벽에 붙여서 만들어서 역시 집 내부에 놓인 침상을 데울 수 있습니다. 집을 지을 때 이미 조竈와 토항土炕을 나란히 놓고 안배했기 때문에 가능한 일입니다. 물론 디컹위안은 땅을 파고 만든 집이기 때문에 사시사철 너무 춥지도, 너무 덥지도 않게 온도가 유지되지만 잠자리만큼은 따뜻해야 하겠지요.

2　조竈: 불을 피워 음식을 할 수 있게끔 만든 설비이다. 중국에서는 조竈가 주방 안의 설비 자체를 가리키기도 하고 '주방', '조왕신竈王神'을 의미하기도 한다. 중국의 이 어휘를 우리 말로 번역할 때 흔히 '부뚜막', '아궁이'라고 옮기지만 이 책에서는 그러지 않았으며 책 전체에서 '조竈'로 지칭하였다. 중국의 조竈와 우리나라의 부뚜막 및 아궁이는 그 역할이 비슷하나 형태나 기능 면에서 상이한 부분이 많기 때문이다.

사진 오른쪽 중앙부, 원 표시 안의 시설이 디컹위안 외부에 설치된
조竈.(출처: 직접 촬영)

반면 하얼빈哈尔滨에서 온 조선족 후배가 말하길, 하얼빈의 주방은 취
사공간으로는 사용되지만 취식공간은 아닌 경우도 많다고 합니다. 추운
날씨 탓에 거실이나 방에서 상을 펴서 밥을 먹기 때문이라고 하네요. 또한
중국 서남부에 있는 궤이저우貴州 지역의 주방은 취사, 취식, 저장 공간이
됩니다. 바닥을 파서 화덕을 만들어 취사하는데 이 위에 고기를 걸어서 화
덕에서 나는 연기와 불기운으로 훈연, 저장까지 하기 때문입니다.[3] 이처럼
중국의 주방은 지역별로 다양한 모습이라 몇 마디로 정리하기가 참 어렵

---

3   김광언, 『동아시아의 부엌-민속학이 드러낸 옛 부엌의 자취』, 서울: 눌와, 2005, 25~26쪽.

습니다.

중국에는 '한 지역의 물과 흙, (바로) 한 지방 사람[一方水土一方人]'이라는 말이 있습니다. 같은 물을 먹고 사용하며 같은 지역의 흙을 밟고 살면 하나의 지역 사람이라는 뜻이겠지요. 저는 이를 변용해서 '한 지역의 물과 흙, 바로 한 지방의 주방[一方水土一方廚]'이라고 표현하고 싶습니다. 각 지역의 환경이 음식과 주방의 유형을 형성하고 유지하도록 하니까요. 지금 물류와 교통이 원활해지면서 조리사와 음식의 지역성이 희석되는 추세이지만 말입니다.

중국의 왕샹푸王祥夫라는 산문가는 다음과 같이 이야기합니다.

'편안하기로는 드러누워 있는 것만한 것이 없고, 맛있기로는 쟈오즈餃子만한 것이 없다'라는 말이 있다. 남방 사람들은 쟈오즈를 그다지 중시하지 않는 것 같은데, 북방에서는 1년 사계절, 크고 작은 명절마다 쟈오즈를 거의 떼놓지 못한다. 손님이 왔다고 하면 바로 쟈오즈를 싸는데 이렇게 하지 않으면 누군가에게 미안하기라도 한 듯하다. 중국에서 두 가지 가장 중요한 식품이 있는데 하나는 가오糕이고 하나는 쟈오즈이다. 남방 사람들은 녠가오年糕를 먹고 북방 사람들은 자가오炸糕를 먹는데, '가오糕'라는 하나의 글자를 취하는 것은 가오가 '높다[가오高]'라는 뜻을 나타내기 때문이다. 그러나 쟈오즈와 가오는 다른 것이, 가오는 경사나 애사哀事에서 모두 와 소리를 내며 먹지만 쟈오즈는 애사를 지내기 위해 준비하는 사람을 보지 못했다. 쟈오즈를 쌀 때면 모두가 함께 와야 한다. 나의 아버지는 여태껏 주방에 들어가 일을 한 적이 없지만 쟈오즈를 싸는 일만큼은 참여하려고 하신다. 동북 지역에서는 쟈오즈를 쌀 때, 주름을 많이 잡는데 보기엔 좋아도 먹기엔 좋지 않다. 산시山西의 쟈오즈는 주름이 없는데 두

솥과 불로 찾아가는 중국 부엌의 역사

손으로 동시에 싸서 한 번 집을 때마다 하나씩 내놓기 때문으로, 보기엔 좋지 않아도 맛은 좋다.[4]

이 글을 보면 쟈오즈에 대한 남방과 북방 사람들의 선호도가 다르고 지역별로 만드는 방법에도 차이가 있음을 알 수 있습니다. 음식과 기호가 이렇게 다를 때 그 음식을 만드는 주방의 모습은 또 얼마나 다를까요. 거기에 민족 구성 및 풍속이라는 변수가 더해진다면 주방의 모습이 또 얼마나 달라질까요. 그러니 이들 주방을 이 글에서 모두 살피기에는 역사적으로, 지역적으로 따져야 할 부분이 번다하고 논란의 여지도 많습니다.

이에 저는 이 글에서 황허黃河 하류 지역, 즉 이전에 중원이라고 불리었던 지역과 창강長江 하류 지역 주방의 역사를 중점적으로 살펴보기로 했습니다. 이렇게 설정해 접근한다면 이 지역들의 주방과 중국의 지역 음식 계통을 서로 연결해 생각해 볼 수 있는 이점이 있습니다. 중국의 음식은 보통 4개의 지역을 기준으로 분류합니다. 산둥山東 지역에서 기원해 중국의 동북쪽 음식까지를 아우르는 화베이華北 음식, 창강 하류 지역 음식, 창강 중상류 지역 음식, 광둥廣東을 중심으로 하는 화난華南 음식이 그것입니다.[5] 이러한 개념을 확장하여 자오룽광趙榮光 선생은 '중화민족음식문화권中華

---

4 "有句話是 '好受不如倒着, 好吃不如餃子'. 南方人好像不怎麼看重餃子, 但在北方, 一年四季大節小節幾乎都離不開餃子, 來了客人, 動輒要頓餃子, 不這麼好像對不起誰. 在中國, 有兩種食品最重要, 一是糕, 二就是餃子, 南方人吃年糕, 北方人吃炸糕, 概取一個糕字, 糕--'高'也. 但餃子與糕不同, 糕是紅事白事都要一哄而上地吃, 而餃子過白事則不見有人張羅. 包餃子是要大家一齊來, 我的父親從來都不下廚房, 但包餃子他要參加. 東北包餃子褶多, 中看卻不中吃, 山西的餃子沒褶兒, 用兩只手擠, 一擠一個, 不好看, 但好吃."(王祥夫, 『四方五味』, 北京: 東方出版社, 2011, 44쪽)

5 王秋桂 主編, 『飲食文化宗論』, 臺北: 中華飲食文化基金會, 2009, 131쪽.

民族飲食文化圈'이라는 단어를 사용합니다. 그는 「중화민족음식문화권·중화음식문화권·중국음식구역풍격 및 이와 관련된 약간의 문제中華民族飲食文化圈·中華飲食文化圈·中國菜區域風格及相關的若干問題」라는 글에서 지리, 기후, 자원, 교통, 재해, 민족, 습속, 신앙, 정치, 문화 등을 종합적으로 고려하여 중국의 음식문화권을 12개 지역으로 구분했습니다.[6] 그중에서 제가 중점적으로 살펴보려고 하는 황허 하류, 창강 하류 지역은 각각 황허하류지구음식문화권黃河下游地區飲食文化圈, 창강하류지구음식문화권長江下游地區飲食文化圈에 해당됩니다. 사실 자오룽광 선생의 음식문화권 분류는 19세기 이후의 중국을 기준으로 분류한 것이라, 신석기시대부터 해당 지역의 솥과 불을 살펴보고자 하는 저의 의도와 1:1로 딱 맞아떨어지는 개념이라고 말하기는 어렵습니다. 그러나 이 두 지역의 경우 중국 문명의 탄생 시기부터 중심지 역할을 해왔을 뿐만 아니라 현재까지도 중국 식문화의 중심이 되어 왔습니다. 그러하기에 저는 이 두 개의 음식문화권을 염두에 두고 중국 주방의 역사를 고찰하는 것에 이점이 있다고 판단했습니다.

그렇다면 제가 관심을 두고 있는 부분인 황허하류지구음식문화권과 창강하류지구음식문화권은 구체적으로 어느 지역을 포함할까요. 지금으로 치자면 산둥山東 지역을 중심으로 하되 산시山西, 허베이河北, 허난河南, 안후이安徽, 쟝쑤江蘇의 일부 지역을 포괄하는 지역입니다.[7] 지도를 보면 화살표와 나란한 물줄기가 바로 황허입니다. 황허 하류의 경우 뤄양洛陽의 명진孟津에서부터 시작하여 정저우鄭州, 카이펑開封, 지난濟南 등을 지나 산

---

6   王秋桂 主編, 『飲食文化宗論』, 臺北: 中華飲食文化基金會, 2009, 205~254쪽.

7   姚偉鈞 외, 『中國飲食文化史: 黃河下游地區卷』, 北京: 中國輕工業出版社, 2013, 2쪽.

솥과 불로 찾아가는 중국 부엌의 역사

둥반도 위쪽에서 바다로 빠져나가고 있습니다. 창강 하류의 경우 서쪽으로는 쟝시성江西省 북쪽의 후커우湖口에서 출발하여 동쪽으로는 상하이上海, 북쪽으로는 화이허淮河에서 시작해 남쪽으로는 타이후太湖 유역과 항저우만杭州灣에 이르는 지역을 가리키는데 지금의 안훼이安徽, 쟝쑤江蘇, 저쟝浙江, 상하이 등을 포함합니다.[8] 이 두 지역 모두 신석기시대부터 사람들이 거주했던 곳이고 지금도 중국 문화의 중심지로 자리매김하고 있어 시대별로 이야기를 펼쳐내기에 적당하다고 생각합니다. 다만 다른 지역의 주방과 비교할 필요가 있다고 생각되면 위의 두 지역 이외에도 참고 자료를 제시하려고 합니다.

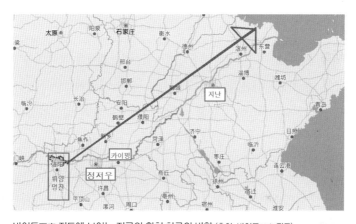

바이두百度 지도에 보이는 지금의 황허 하류의 방향.(출처: 바이두百度 지도)

둘째, 문헌 자료 및 사진 자료가 많이 필요한 작업이라 선행 연구 결과물들을 여러 경로로 조사하고 활용했습니다. 중국 주방의 모습을 조사한

---

8   季鴻崑 외, 『中國飮食文化史: 長江下游地區卷』, 北京: 中國輕工業出版社, 2013, 2쪽.

조사보고서와 학술서적이 우리나라에서도 출간되어 있습니다. 『중국과 일본의 부엌』[9]은 베이징의 아파트, 베이징 교외의 쓰허위안四合院, 산시성山西省의 야오둥窯洞, 윈난雲南의 민가, 항저우杭州의 민가를 직접 방문하여 주방, 조리도구, 조리 과정을 직접 취재한 좋은 자료입니다. 다만 주방의 현재 모습을 취재하였기 때문에 문헌과 문물을 통해서 옛 중국 주방의 모습을 이야기하려는 제 저술 의도와는 차이가 있었습니다. 또 『동아시아의 부엌-민속학이 드러낸 옛 부엌의 자취』[10] 역시 좋은 자료입니다. 한·중·일에서 부엌을 의미하는 단어의 어원, 불을 사용하는 방식, 부뚜막, 이와 관련된 속담 등을 망라한 민속학 자료입니다. 윈난雲南과 산둥山東 지역을 현지 조사한 결과도 수록되어 있으나 저의 저술 범위 및 의도와는 차이가 있었습니다.

셋째, 신분 및 빈부 차이에 따른 주거 환경의 격차를 고려해야 했습니다. 중국의 옛 지식인들은 음식은 좋아해도 주방 자체에 대해서는 별다른 관심이 없었던 듯, 주방의 모습을 기록한 문헌을 찾기 어려웠습니다. 저는 다른 목적으로 서술된 기록 속에서 조금이라도 관련 있는 내용이 있는지를 하나하나 찾아내는 작업을 진행했습니다. 먹고 살 만하고 지식을 갖춘 이들도 주방에 대해 기록하지 않았는데 하물며 가난한 자들의 주방이야 말할 것도 없습니다. 1516년에 주신周臣이 그린 「유민도流民圖」 중 일부를 보겠습니다. 옷도 제대로 갖춰 입지 못한 파리한 모습의 빈자가 허겁지겁 무언가를 먹고 있습니다. 이 같은 빈자에게는 음식을 조리하고 익혀 먹

---

9   동아시아 부엌생활문화 조사보고서, 『중국과 일본의 부엌』, 서울: 국립민속박물관, 2019.

10   김광언, 『동아시아의 부엌-민속학이 드러낸 옛 부엌의 자취』, 서울: 눌와, 2005.

솥과 불로 찾아가는 중국 부엌의 역사

는다는 것, 혹은 취사공간을 가진다는 것 자체가 무의미할지도 모릅니다. 따라서 이 책에서 중국의 옛 주방을 이야기할 때, 적어도 정식으로 주방을 갖출 수 있거나 야외에서 화로를 놓고 조리할 수 있는 형편이 되는 계층의 상황을 논할 수밖에 없었습니다.

주신周臣의 「유민도」 중 일부.
(출처: 바이두百度)

넷째, 제목에서 언급한 '솥'의 경우 불 위에서 조리되는 솥, '불'의 경우 조리에 직접적으로 사용되는 경우를 위주로 살폈습니다. 예를 들어 대바구니, 체 등은 솥의 범주에 들어가지 않을 뿐만 아니라 불과의 직접적인 연관성 속에서 조리도구로 사용되지 않았기 때문에 이야기에서 제외했습니다. 아울러 번역어도 고민했습니다. 우선 불 위에 올려서 밥을 짓거나 음식을 끓이는 데에 사용하는 도구로서 우리말에 '솥'이라는 단어가 있지만 이 단어 하나로는 중국의 옛 조리도구를 표현하기가 어려웠습니다. 더구나 중국의 도구와 한반도에서 사용해 온 도구를 혼동할 수 있는 여지가 있다는 점도 고려해야 했습니다. 그래서 부득이 각각의 사물에 대해서 솥, 냄비, 아궁이 등의 우리말은 되도록 사용하지 않았으며 한자어 그대로를 쓰는 방법을 택했습니다.

시안 융싱팡永興坊 앞에 전시된 소조. 화로에서 병병餅을 굽는 아저씨를 중심
으로 화기애애한 사람들의 모습이 묘사되어 있다.(출처: 직접 촬영)

　중국의 '솥'과 '불', '주방'은 중국의 음식과 식문화를 말해주지만 결국
'사람'을 이야기합니다. 조선족인 제 후배는 한국에서 유학 생활을 오래 하
면서 고향 음식을 너무 그리워했습니다. 그는 방학에 고향을 다녀오면서
그 김에 웍까지 들고 오려고 시도했는데 주변에서 그 큰 웍을 어떻게 갖고
갈 거냐고 만류하는 바람에 포기했다고 했습니다. 그리고 설사 웍을 갖고
왔다손 치더라도 한국의 가정용 도시가스 화력으로는 본토의 맛을 내기가
어려웠을 거라고 말했습니다. 그에게 있어서 웍은 고향이고 고향의 맛입
니다. 이처럼 솥과 불은 누군가에게 있어서 그리움을 불러일으키는 매개
체이자 자신의 정체성을 드러내는 도구가 되기도 하는 것입니다. 이 책에
서 '솥과 불을 중심으로 과거 중국의 주방'을 찾고자 했던 것도 그 탐색의
과정을 통해, 결국에는 그 주방을 향유하며 살았던 '사람'을 찾고자 함이었
습니다.

솥과 불로 찾아가는 중국 부엌의 역사

신석기시대

—흙으로 만든 조리도구와 이동이 가능한 화로형 조竈

1) 불과 조리도구 사용의 시원적 형태

　겨울에 과메기를 즐겨 먹는 사람들이 늘어났습니다. 원래 경상도 일부 지역에서 먹던 음식이었는데 택배로 불티나게 전국으로 배송이 되는 상황이 놀랍습니다. 요즘에는 전기 건조기에 넣어 위생적으로 반건조시킨 꽁치 과메기를 먹지만 이전에는 청어를 부엌에 매달아서 과메기를 만들었습니다. 나무를 때면서 나는 연기와 그을음에 자연스럽게 훈제가 진행되는데 청어에서 기름이 뚝뚝 떨어져 나와 반건조 되면 드디어 특유의 기름지고도 쫀득한 식감이 완성되었습니다. 먹을 때는 청어 겉에 묻은 그을음을 툭툭 털어내고 결대로 줄줄 찢은 다음, 뽀득뽀득 빨아놓은 생미역, 쪽파, 마늘과 함께 싸서 초장이나 경상도식 막장과 곁들여 먹으면 계절을 느낄 수 있는 일미가 되었습니다. 위생, 대량 수급의 측면을 생각하자면 지금의 건조 시설이 훨씬 낫지만 과메기의 이전 맛을 기억하는 어른들은 진정한 과메기의 맛이란 부뚜막의 그을음 맛이라고 단언합니다.

중국에서도 주방의 불에서 생기는 연기와 그을음을 식재료 가공과 저장에 활용한 지 오래입니다. 중국의 일부 지역에서는 화당火塘이라는 시원적인 장치를 아직도 사용합니다. 바닥 위에, 혹은 바닥을 조금 판 곳 주변에 돌 등을 쌓고 불을 놓습니다. 조리도구를 얹어야 한다면 돌로 괴거나 삼발이 장치를 놓아서 사용합니다.[1] 천장에는 각종 생선과 육고기들을 주렁주렁 달아서 화당의 불기운과 연기를 직간접적으로 쐬도록 돕니다. 이렇게 하면 식재료에서부터 자연스럽게 수분과 지방이 빠져나오고 숙성되어 깊이 있고 독특한 향과 맛을 지니게 될 뿐만 아니라 오래 저장할 수 있는 상태로 변화합니다. 실내 천장에 매달았기 때문에 새나 쥐가 훔쳐 먹을 염려도 적습니다.

신석기시대 유적지에서 조리를 위해 사용했던 불의 흔적을 보면 지금의 화당과 유사한 형식을 취했거나 혹은 조금 더 발전적인 형태를 취한 경우가 있습니다. 중국에서 발굴된 것 중, 비교적 확실하게 조竈의 모습이 남아 있는 것을 꼽는다면 허우리문화後李文化 지역의 것을 제시할 수 있습니다. 이곳은 대략 기원전 6500년경부터 기원전 5500년경의 신석기 초기 유적지입니다. 위치로 보자면 황허黃河 하류 화베이華北 지역인데 지금의 산둥山東 쯔보시淄博市에 위치합니다. 여기에서 발굴된 조竈는, 땅을 약간 파서 불을 놓는 형식입니다. 그런데 불 주변에 삼각형의 꼭지점에 해당하는 부분에다가 돌을 놓아서 토기를 고정할 수 있도록 배치했습니다.[2]

---

1 윈난雲南 푸얼시普洱市의 와족佤族 주거지처럼 화당을 사용하는 곳에서는 불 위에 삼발이를 놓고 그 위에 조리도구를 얹는다.(김광언, 『동아시아의 부엌-민속학이 드러낸 옛 부엌의 자취』, 서울: 눌와, 2005, 16쪽)

2 王江平, 「史前文化竈器研究」, 『絲綢之路』, 2016年 第10期, 32쪽.

신석기시대 조리 모습.(출처: 쟈싱嘉興박물관에서 직접 촬영)

지지대를 받치고 부釜에 불을 가하는 모습.(출처: 쟈싱嘉興박물관에서 직접 촬영)

또 이 불을 쓸 때 짝을 이루어 사용할 수 있는 토기들도 함께 출토되었습니다. 차례로 그림을 살펴 보겠습니다.[3]

내용	모사도
• 정鼎. • 허우리문화後李文化 지역에서 발굴된 신석기 유물. • 세 발이 달려 있었던 흔적이 명확히 보임.	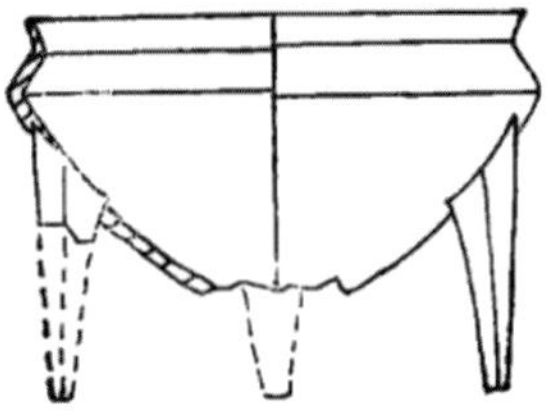
• 력鬲. • 허우리문화後李文化 지역에서 발굴된 신석기 유물. • 둥근 몸체에 매우 짧은 세 발이 달려 있음.	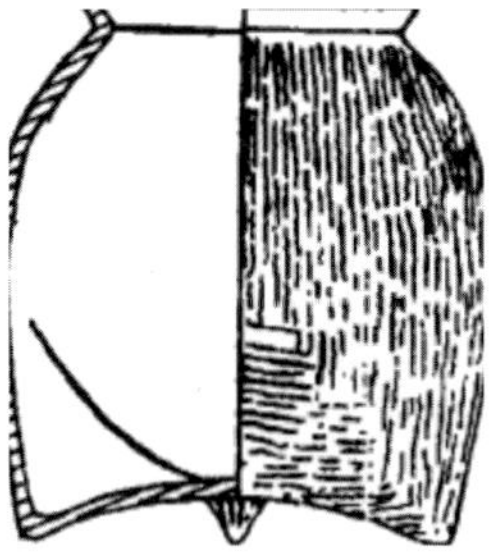
• 부釜. • 허우리문화後李文化 지역에서 발굴된 신석기 유물. • 발이 달려 있지 않고 아가리가 넓고 바닥이 좁아지는 형태임.	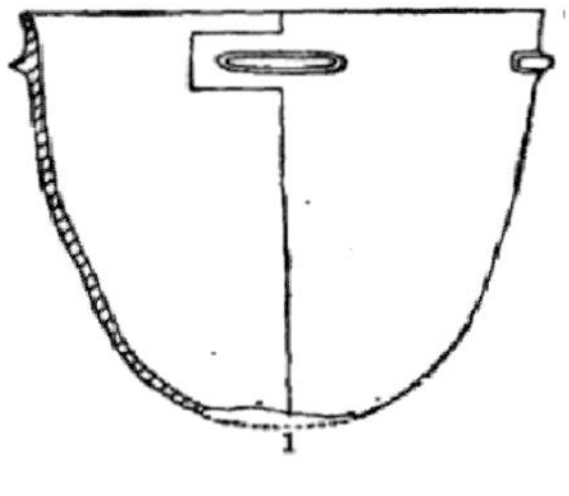

---

3   자료출처: 王江平, 「史前文化竈器研究」, 『絲綢之路』, 2016年第10期, 32~33쪽.

솥과 불로 찾아가는 중국 부엌의 역사

먼저 정鼎을 보면 우리가 알고 있는 정鼎의 형태와 대체로 일치합니다. 발이 세 개 있어서 별도의 장치 없이 바로 세울 수 있고 아가리가 넓어서 재료를 넣기도 좋습니다. 력鬲은 정鼎에 비해 원통형에 가까운 몸체에 짧은 발을 갖고 있으면서 아가리가 몸체보다 좁아지는 형태입니다. 부釜는 발이 없고 바닥 쪽으로 갈수록 직경이 좁아지는 형태이기 때문에 아래에 삼발이 같은 지지대가 있어야 안정감 있게 조리할 수 있습니다. 신석기 초기이지만 후대의 정鼎, 력鬲, 부釜와 같은 맥락의 조리도구를 이미 사용하고 있었음을 알 수 있는 부분입니다.

창강長江 하류 지역에도 유사한 도구들이 발굴되었습니다. 저쟝성浙江省의 신석기 유적지에서 발굴된 유물들의 사진을 인용합니다.

내용	사진
• 정鼎. • 쑹저崧澤문화(약 6000~5300년 전) 지역에서 발굴. • 쟈싱嘉興박물관 소장.	
• 부釜. • 마쟈방馬家浜지역(약 7000~6000년 전)에서 발굴된 신석기 유물. • 쟈싱嘉興박물관 소장.	

2) 세트로 구성된 화로형 조竈와 부釜

신석기시대의 조리도구 중 특이한 것으로서 규鬹가 있습니다. 이것은 뚜껑 없는 주전자와도 유사합니다. 력鬲처럼 짧고 통통한 다리가 달려 있으면서 몸체에는 손잡이가 달려 있습니다. 액체가 있는 음식, 특히 술을 데우는 데에 썼다고 하는데 이동시키거나 따르기 좋도록 손잡이를 단 것으로 생각됩니다. 창강 하류 지역의 신석기 유적인 쑹저崧澤문화(약 6000~5300년 전) 지역에도 이런 규鬹가 보입니다. 이 문화 지역에 속하는 난허방南河浜 유적지에서 발굴된 규鬹 사진을 인용합니다. 균형이 잘 잡힌 형태가 돋보입니다.

난허방南河浜 유적지에서 발굴된 규鬹.
(출처: 쟈싱嘉興박물관에서 직접 촬영)

솥과 불로 찾아가는 중국 부엌의 역사

앞서서 잠깐 언급했던 허우리문화後李文化가 신석기 초기의 것이라면 룽산문화龍山文化는 기원전 2300년경부터 기원전 1800년경에 이르는 신석기 후기의 것으로 확인되었습니다. 이 지역은 황허 중류와 하류에 걸쳐 나타납니다. 이 지역 유물 중 가장 특징적인 것이 흑도黑陶, 즉 검정색을 띠는 도기이기 때문에 '흑도문화'라고도 부릅니다.

룽산문화 지역에서 발굴된 력鬲.(출처: 뤄양박물관에서 직접 촬영)

룽산문화 지역에서 발굴된 증甑. 하단부에 뜨거운 김이 통과할 수 있는 구멍이 잘 뚫려 있다.(출처: 뤄양박물관에서 직접 촬영)

또 허우리문화와 룽산문화 사이에 양사오문화仰韶文化와 허무두문화河姆渡文化가 있었습니다. 양사오문화는 지금의 허난河南 지역을 중심으로 기원전 5000년부터 기원전 2700년 사이에 존재했을 것이라 합니다. 이 지역 유물을 보면 검은색과 붉은색 채도彩陶가 발달했습니다. 그 가운데서 15.8㎝, 직경 30.3㎝ 정도의 자그마한, 홍도紅陶 재질 화로형 조竈를 소개합니다.

양사오문화 지역에서 발굴된 화로형 조竈와 부釜의 정면 모습.(출처: 바이두百度)

이 조竈는 안정감 있게 땅에 놓을 수 있도록 발이 달려 있고 불을 넣기 좋도록 아래가 더 넓은 마름모꼴의 입구를 만들었습니다. 윗부분에는 입술 부분을 만들어서 조리도구를 얹기 좋게 해두었는데 그 위의 부釜는 화로 위에 얹기 좋은 크기와 형태여서 마치 처음부터 세트가 되도록 맞춤 제작한 것 같습니다. 요즘 인터넷에서 판매하는 화로의 형태도 기본적으로

솥과 불로 찾아가는 중국 부엌의 역사

이것을 벗어나지 않습니다. 아래의 사진은 중국의 인터넷쇼핑몰에서 판매하고 있는 야외용 화로입니다. 이 화로의 크기가 12.5×12.5×17.5㎝이니 높이가 양사오문화 지역에서 출토된 것과 비슷한 수준일 뿐만 아니라 형태도 유사합니다.

중국 인터넷쇼핑몰에서 판매하고 있는 이동형 화로 및 솥.(출처: https://b2b.baidu.com)

그렇다면 옛사람들은 불씨는 어떻게 다루었을까요. 그때그때 필요할 때마다 불을 피울 수도 있었겠지만 신석기시대 사람들은 불씨를 보관하는 방법을 터득했습니다. 양사오문화 지역 사람들은 불씨를 담아서 보관하는 도구도 갖고 있었습니다. 작은 원기둥 형태의 통에 구멍을 뚫고 불을 보관했다는데 이런 유물들을 보면 신석기시대 사람들은 조리할 때 불을 어떻게 사용해야 효율적인지를 이미 간파하고 있었음을 말해줍니다.

양사오문화 지역에서 발굴된 불씨 보관함.

(출처: 뤄양박물관에서 직접 촬영)

황허 유역의 신석기 문화 지역에서 위와 같은 유물이 발견되었다면 창강 유역에서는 기원전 5000년경의 허무두문화河姆渡文化 유물을 찾아볼 수 있습니다. 이 지역에서 농기구와 볍씨의 퇴적물이 발굴된 것으로 보아 당시에 이미 벼농사를 지었다고 생각됩니다. 농사를 지어서 쌀을 생산했다면 그것을 조리할 수 있는 솥과 불도 발전해야 합니다. 과연 이 지역에서도 독특한 형태의 화로형 조竈가 발견되었습니다. 마치 '키'와 같은 모양의 화로형 조竈입니다. 입구 쪽은 연료를 넣기 좋도록 넓게 되어 있어도 안쪽으로 갈수록 오므라들게 만들어 그 위에 조리도구를 얹을 수 있습니다. 특히 조리도구가 쓰러지지 않도록 내부에 돌출된 3개의 장치를 달아서 지지대 역할을 하도록 만들었습니다. 사진과 그 내용을 정리하면 다음과 같습니다.

솥과 불로 찾아가는 중국 부엌의 역사

내용	사진(출처: 바이두百度)
• 허무두문화 지역에서 발굴된 조竈와 증甑. • 증甑 바닥의 구멍이 분명히 보임. • 증甑과 조竈 사이에는 증甑을 받쳐주는 또 다른 조리 도구가 있음.	
• 허무두문화 지역에서 발굴된 조竈. • 저장성浙江省 박물관 소장. • 내부를 보면, 조리도구를 받치기 위해 3개의 돌출된 부분이 있는 것이 보임. • 아가리가 넓어서 풀이나 나무를 넣어 불을 때기가 용이하며 산소 접촉도 늘릴 수 있음.	

이상에서 살펴본 바와 같이 신석기시대에 이미 불을 효율적으로 활용하고자 하는 참신한 도구들이 만들어졌습니다. 이 시기의 시원적 형태에 보이는 갖가지 요소들은 후대에 그대로 전해졌습니다. 연료를 바닥에 흩어 놓고 사용하기보다는 땅을 파서 일정한 공간을 만들거나 일정한 용기 안에서 태우고 그 위에 적당한 조리도구를 얹어서 사용하면 조리 시간을 단축하고 열효율도 높일 수 있다는 것, 조리도구에 긴 발을 달거나, 혹은 짧은 발을 달거나, 혹은 아예 달지 않은 형태로 만들어서 다양한 불 위에서 활용할 수 있게 한 점 등은 당시 사람들이 창조한 아이디어입니다. 그런데

이것은 불과 관련된 조리도구의 기본 요건이 되어 후대까지 전해졌습니다. 요즘 중국의 인터넷쇼핑몰에서 판매하고 있는 상품을 보여드리겠습니다. 신석기시대의 조리도구 및 화로형 조竈와 비교했을 때 큰 차이가 없음이 한눈에 보일 것입니다.

중국의 인터넷쇼핑몰에서 판매하고 있는 화로형 조竈. 330위안에 판매하고 있다.
(출처: www.1688.com)

중국의 인터넷쇼핑몰에서 판매하고 있는 화로형 조竈. 숯, 나무 등의 연료를 사용할 수 있고 야외에서도 사용할 수 있다고 선전하고 있다. 내부를 보면 재가 빠질 수 있도록, 구멍이 있는 가로막이 부분을 만들어 놓았다.(출처: www.1688.com)

솥과 불로 찾아가는 중국 부엌의 역사

정鼎과 력鬲

저는 중국의 그릇을 말하라고 하면 '정鼎'을 가장 먼저 떠올립니다. 정립鼎立, 종정문鐘鼎文, 정혁鼎革……. 이런 단어들을 생각해보면 정鼎은 사실 상징적 의미가 더 큰 것 같습니다.

정鼎은 신석기시대부터 출현한 것으로 보입니다. 황허 중류에 위치하는 허난河南의 페이리강문화裴李崗文化 지역에서 세 개의 발이 있는 정鼎이 출토되었는데 지금으로부터 약 8000년 전에 만들어진 것이랍니다.

페이리강문화裴李崗文化 지역에서 출토된 정鼎.
(출처: 바이두百度 백과)

이 도구를 보면 바닥에 별도의 지지대 없이도 안정감 있게 놓이도록 3개의 발이 달려 있고 음식을 잘 담을 수 있도록 오목한 형태입니다. 관련 기록을 보면 이 용기는 의례에서 중요한 역할을 담당했습니다. 『주례周禮·추관秋官·장객掌客』에 "정鼎과 궤簋가 12개이다."[1]라는 기록이 보이는데 정현鄭玄(127~200)은 그곳에 주석을 달아서 "정鼎은 희생물 그릇이다."[2], 그리고 "정과 궤를 병칭한 것으로서, 희생물 및 기장과 피는 모두 음식의 근본이다."[3]라고 부연했습니다. 이 말에 따르면 정鼎은 희생물을 올릴 때 사용하는, 즉 제사와 관련된 용기이며 그 개수도 규정에 따른 의미를 지닌다고 추정할 수 있습니다.

그렇다면 정鼎의 개수는 왜 중요했을까요. 사회제도를 구축하는 과정에서 신분에 따라 사용할 수 있는 정鼎의 개수를 차등을 두어 규정했기 때문입니다. 천자는 9정鼎8궤簋, 제후는 7정6궤, 경대부卿大夫는 5정4궤, 士는 3정2궤를 썼습니다.[4] 『공양전公羊傳·환공2년桓公二年』의 기록에는 "천자는 9정, 제후는 7정, 대부는 5정, 사士 중에서 원사는 3정이나 1정을 지닌다."[5]라고 했습니다. 그러니 누군가가 가질 수 있는 정鼎의 개수가 바로 그 사람의 위계였다는 의미입니다. 이런 위계가 생기면서 정鼎은 단순한 조리 도구로서의 성격을 벗어나 권력과 계급을 나타내게 됐던 것입니다. 더 나아

---

1   "鼎簋十有二."

2   "鼎, 牲器也."

3   "合言鼎簋者, 牲與黍稷俱食之主也." 여기에서 함께 언급된 '궤'는 곡식을 담는 그릇이다.

4   궤 대신에 '력鬲'을 사용하기도 했다.(국립중앙박물관·上海博物館, 『중국 고대 청동기: 신에서 인간으로』, 서울: 국립박물관, 2021, 124쪽)

5   "天子九鼎, 諸侯七鼎, 大夫五鼎, 元士三鼎或一鼎."

솥과 불로 찾아가는 중국 부엌의 역사

가 이 단어를 가지고서 사회의 안정과 권력 구도의 변화를 비유하는 데에 이릅니다. 『사기史記·봉선서封禪書』에 따르면 하夏의 우禹임금이 천하를 구주九州로 나누어 다스리게 되었을 때 구주에서 청동을 진상하였고 이것으로 구정九鼎을 주조하여 하나라의 도읍에 보관하였다고 합니다. 여기서의 구정九鼎은 곧 구주九州이며, 각 지역에서 진상한 청동은 하夏에 대한 복종을 의미합니다. 그런데 춘추시대春秋時代가 되면 초楚의 영왕靈王이 주나라 왕을 압박하여 구정九鼎을 받아내려고 꾀하는 일이 벌어집니다. 구정九鼎을 얻는 것이 결국 중원을 통치할 권력을 의미하였기 때문입니다.

그렇다면 정鼎은 어떤 형태였을까요. 시대에 따라 하나하나 유물을 살펴보며 그 차이를 논해보겠습니다.

1) 하夏나라 후기의 연주문가連珠文斝

하나라 시기 사람들은 청동을 다루는 기술을 축적했습니다. 동에 주석을 넣어 가공하되 토기의 모양을 본떠 제작할 수 있는 기술을 얻어냈던 것입니다. 하나라 후기, 기원전 18세기-기원전 16세기에 만들어진 청동기를 살펴보면 당시의 기술이 어느 정도에 이르렀는지 알 수 있습니다.

하나라 후기의 연주문가連珠文斝.
(출처: 2022년 국립중앙박물관 특별전시 '중국 고대 청동기, 신에
서 인간으로'에서 촬영)

　이 청동기는 몸체 아래에 원뿔 모양의 세 개의 다리가 붙어 있습니다.
몸체 상단부를 보면 손잡이 하나가 붙어 있고 아가리에는 술찌꺼기를 걸
러내는 거름망을 걸었던 것으로 추정되는 두 개의 짧은 걸개 기둥이 달려
있습니다. 특히 내부에서는 술 침전물이, 외부에는 불에 닿은 흔적이 발견
되어 이 용기는 술을 데우는 데 실제로 사용했던 것이었음이 밝혀졌습니
다. 즉, 이 청동기는 술을 데우는 용도로 사용되었습니다. 다만 '정鼎'과 유
사하게 생긴 이 조리 도구의 이름에 '가斝'가 들어가는 것이 의아할 수 있
습니다. 이는 송대宋代부터 술을 데우는 그릇에 대해서 '가斝'라는 별도의

솥과 불로 찾아가는 중국 부엌의 역사

명칭을 사용했기 때문에 이를 소급 적용해 이름 붙인 것입니다. 또 몸체 부분의 구슬 문양이 있어서 '연주문連珠文'을 그 앞에 붙였습니다.[6] 그런데 이 조리도구의 문제는 몸체와 다리가 연결된 부분이 뚫려 있고 다리 내부가 비어 있어서 용기 안에 음식을 담으면 다리 쪽의 빈 공간까지 내려가 채워진다는 점입니다. 세척도 용이하지 않았을 것입니다. 술은 액체이기 때문에 다리 부분에 들어가더라도 따라내서 마시면 괜찮다고 생각할 수 있지만 이것이 거듭되면 다리 부분의 내부에 미처 씻어내지 못한 침전물들이 눌어붙어 부식될 우려도 있고 조리도구로서의 기능도 떨어질 수 있습니다. 이런 단점을 해결하는 방안이 필요했을 것입니다. 그래서 다리가 붙어 있는 정鼎 계열의 조리도구들을 볼 때 몸체와 다리 연결부에 구멍이 있는지 없는지 하는 부분은 주의 깊게 관찰할 필요가 있습니다. 뒤에서도 계속 언급하겠습니다.

---

6   국립중앙박물관·上海博物館, 『중국 고대 청동기: 신에서 인간으로』, 서울: 국립박물관, 2021, 23쪽.

연주문가의 아가리 쪽을 보면 술 거름망을 걸었다고 추정되는
두 개의 고리 기둥이 보인다.

(출처: 2022년 국립중앙박물관 특별전시 '중국 고대 청동기, 신에서 인
간으로'에서 촬영)

연주문가의 내부. 다리와 몸체가 붙은 부분을 보면 구멍이 뚫
려 있음이 확인된다.

(출처: 2022년 국립중앙박물관 특별전시 '중국 고대 청동기, 신에서 인
간으로'에서 촬영)

솥과 불로 찾아가는 중국 부엌의 역사

2) 상商나라 전기의 수면문정獸面文鼎

정鼎의 형태는 상商나라로 넘어오면서 더욱 다양해졌습니다. 우선 문양을 장식하는 면적이 점점 커지고 복잡해졌습니다. 예컨대 하나라 때에는 구슬 문양 정도로 간단하게 장식했던 것에 비해 상나라 전기, 즉 기원전 16세기-기원전 15세기 중엽이 되면 청동기 문양은 더욱 많아졌습니다. 또 상나라 중기, 즉 기원전 15세기 중엽-기원전 13세기에 이르면 이전에 비해 문양의 면적이 더 늘어났다고 합니다.

우선 상나라 전기에 제작된 수면문정獸面文鼎을 살펴보겠습니다. 동그란 몸체, 아가리 쪽에 귀 두 개가 달려 있고 아래에는 무늬가 있는 다리 세 개가 달려 있습니다. 몸체의 비율이나 대칭성도 좋고 다리의 길이나 붙어 있는 위치가 균형 잡혀 있습니다. 몸체 부분을 보면 수면獸面이라는 이름이 나타내듯 짐승의 얼굴 문양도 하나 보입니다. 그런데 이 정鼎에는 앞에서 본 연주문가와 결정적으로 다른 점이 하나 있습니다. 바로 다리가 붙어 있는 내부에 구멍이 없다는 점입니다. 이렇게 만들면 용기에 담은 음식의 즙이 다리까지 내려가지는 않았겠지요.

상나라 전기의 수면문정獸面文鼎.
(출처: 2022년 국립중앙박물관 특별전시 '중국 고대 청동기, 신에서 인간으로'에서 촬영)

수면문정의 몸체와 다리를 연결한 부분, 내부에 구멍이 없다.
(출처: 2022년 국립중앙박물관 특별전시 '중국 고대 청동기, 신에서 인간으로'에서 촬영)

솥과 불로 찾아가는 중국 부엌의 역사

그런데 몸체에 다리가 붙은 부분에 구멍이 있는 것이 더 후대의 형태, 더 발전된 형태라고는 말할 수 없을 것 같습니다. 그 이유는 상나라 중기의 수면문정 중에 여전히 내부 구멍이 있는 경우도 있기 때문입니다.

상나라 중기의 수면문정. 몸체와 다리 연결 부분에 구멍이 보인다.(출처: 2022년 국립중앙박물관 특별전시 '중국 고대 청동기, 신에서 인간으로'에서 촬영)

3) 서주西周 시대의 정鼎

서주 전기, 즉 기원전 11세기-기원전 10세기 전반에 만들어진 정鼎을 보면 문양이 한층 더 섬세해졌습니다. 여기에는 새, 아마도 봉황을 형상화한 것으로 보이는 모양의 다리가 몸체를 떠받치고 있습니다. 몸체에는 매미를 형상화한 문양을 연속해서 표현했습니다. 박물관에서 처음 보았을 때 그 섬세함에 놀라서 한참 발길을 멈추고 보고 또 보았습니다. 내부를 보니 다리 연결부에 구멍이 없어 음식을 담아도 다리 쪽으로 흘러 들어가지 않게 되어 있습니다.

서주시대 봉황다리 정鼎의 내부.
(출처: 2022년 국립중앙박물관 특별전시 '중국 고대 청동기, 신에서 인간으로'에서 촬영)

서주시대 봉황다리 정鼎.
(출처: 2022년 국립중앙박물관 특별전시 '중국 고대 청동기, 신에서 인간으로'에서 촬영)

그런데 모든 정鼎이 앞에서 보았던 연주문가처럼 불 위에 올려 직접 가열하는 용기로 사용되었는지는 단언하기 어렵습니다. 『의례儀禮·사관례士冠禮』에 달린 정현鄭玄의 주석을 보면 "확鑊에서 삶는 것을 '팽亨'이라고 하고 정鼎에서 하는 것을 '승升'이라고 한다."[7]라고 했습니다. 여기서의 팽亨은 '팽烹'의 의미이고 승升은 올리다, 즉 '진헌進獻'의 의미입니다. 즉, 확鑊에서 희생물을 끓이는 것을 '끓이다[팽烹]'라고 말하고 확鑊에서부터 꺼낸 음식을 정鼎에 옮겨 담아 올리는 것을 '승升'으로 정의한 것이지요. 따라서

---

7   "煮於鑊曰亨, 在鼎曰升."

솥과 불로 찾아가는 중국 부엌의 역사

확鑊은 실제로 조리하는 도구, 정鼎은 의례 때 올리기 위해 담는 용기로 사용되었을 가능성이 있습니다.[8] 그렇다면 '확鑊'은 무엇일까요. 『주례周禮·천관天官·팽인亨人』에 따르면 "팽인亨人, 즉 조리사는 정鼎과 확鑊을 관장하는데 이것을 가지고서 물과 불을 잘 조절하여 공급한다."[9]라고 했습니다. 이로 볼 때 정鼎과 확鑊은 당시에 가장 중요하고 주요한 조리도구였을 것입니다. 보통 확鑊은 다리가 없는 정鼎으로서 크기가 크고 아가리도 넓은 도구로 봅니다. 『전한前漢·법지法志』에 안사고顏師古의 주석을 보면 "정鼎 중에 크기가 크고 다리가 달리지 않은 것을 확鑊이라고 부르는데 이것으로써 사람을 삶는다."[10]라는 내용이 나옵니다. 이는 사람을 확鑊에 넣어 삶는 끔찍한 형벌을 이야기한 대목입니다. 확鑊이 불에서 끓일 수 있는 도구이고 크기도 상당히 컸기 때문에 형벌의 도구로 사용되었음을 짐작할 수 있습니다. 그러니 확鑊에서 우선 끓인 후에 모양도 고운 정鼎으로 진헌하며 제사를 지냈을 가능성이 있다고 생각합니다.

4) 상나라 중기의 수면문력獸面文鬲

정鼎과 확鑊이 다리의 유무, 크기로 구별된다면 다리가 달려 있지만 정鼎과는 다른 것이 있습니다. 바로 '력鬲'이라는 사물입니다. 『설문해자說文

8　이 단락의 내용은 梁冬青의 「'鼎', '鑊', '鍋'的歷時演變及其在現代方言中的地理分布」(『古籍整理研究學刊』, 2000年第04期, 23~24쪽)의 내용을 참고하여 정리한 것이다.

9　"亨人掌共鼎鑊, 以給水火之齊."

10　"鼎大而無足曰鑊, 以鬻人也."

解字』에서는 이것이 '정鼎의 부류에 속한다'고 했는데[11] 과연 그 형태가 유사할까요. 우선 상나라 중기의 것으로 여겨지는 수면문력獸面文鬲이라는 유물을 보겠습니다. 이 력鬲에는 몸체 전체에 동물 무늬가 새겨졌습니다. 또 정鼎에 비해 다리가 짧습니다. 하지만 정鼎과 상당히 유사한 형태인 것은 확실해 보입니다.

『설문해자』에 실린 '력鬲'자의 형태.
(출처: 許愼, 李翰文 譯注, 『(文白對照)說文解字』)

상나라 중기의 수면문력獸面文鬲.
(출처: 2022년 국립중앙박물관 특별전시 '중국 고대 청동기, 신에서 인간으로'에서 촬영)

위에서 보는 것과 같은 청동 력鬲은 상나라 초기부터 보이기 시작하지만 전국시대戰國時代 전기까지 사용되다가 사라지게 되었습니다. 다른 조

---

11   許愼, 李翰文 譯注, 『(文白對照)說文解字』, 北京: 九州出版社, 2006, 239쪽.

솥과 불로 찾아가는 중국 부엌의 역사

리 도구에 비해 빨리 자취를 감추었다는 의미입니다. 력鬲은 정鼎에 비해 다리가 짧은데 그것은 주조 기법의 문제이기도 합니다. 상나라 때를 기준으로 비교하자면, 력鬲은 몸통과 다리를 일체형으로 주조했던 반면, 정鼎은 다리를 따로 만들어서 붙였다고 합니다.[12]

정鼎과 력鬲의 형태가 유사하기 때문에 이전 시기 사람들도 그 차이를 구별하기 위해서 다음과 같이 기록했습니다.

출전	내용
『한서漢書·교사지(상)郊祀志上』	"우임금이 구주의 금속을 거두어서 구정을 주조하였다. …… 발이 비어 있는 것이 '력'이다."[13]
『주례周禮·고공기考工記·도인陶人』	"'력'에는 오곡을 담으며, 두께는 반 치 정도 되고 입술은 한 치 정도 된다."[14]
손이양孫詒讓의 『주례정의周禮正義』	"(력은) 그 사용처가 주로 조리하는 데에 있는데 부釜나 복鍑과 같다."[15]
궈모뤄郭沫若의 『금석집今昔集·고대 사회를 논하다論古代社會』	"'력'의 글자는 상형자로서 음은 '력'이고 현재의 사기솥과 같다."[16]

---

12 국립중앙박물관 · 上海博物館, 『중국 고대 청동기: 신에서 인간으로』, 서울: 국립박물관, 2021, 48쪽.

13 "禹收九州之金, 鑄九鼎…… 其空足曰鬲."

14 "鬲實五穀, 厚半寸, 脣寸."

15 "其用主於烹飪, 與釜 · 鍑同"

16 "鬲字是象形字, 音如力, 就是現在的沙鍋."

위의 기록을 종합해 보면, 력鬲에는 주로 곡물을 담았고 실제로 가열해서 조리할 때 사용할 수 있는 조리도구로 사용되었으리라 추정할 수 있습니다.

5) 서주西周 시기의 여왕呂王 력鬲

서주西周 시기에 제작된 력鬲에는 문양뿐만 아니라 기록이 새겨져 있는 경우도 보입니다. 이 력鬲의 아가리 입술 부분에는 "여나라의 왕이 존귀한 력을 만들었으니, 자손들이 대대로 영원히 보배로 여기고 잘 사용하라."[17]라는 글자가 새겨져 있습니다. 여呂나라는 지금의 허난河南 난양南陽의 서쪽에 위치했다고 합니다. 이 나라의 보물로서 력鬲을 제작했다는 기록을 청동기에 새겨서 남긴 것입니다. 형태로 보면 짧은 다리가 안정감 있게 붙어 있고 몸체 부분에는 새 문양이 새겨져 있습니다.

---

17   "呂王作尊鬲, 子子孫孫永寶用享."

솥과 불로 찾아가는 중국 부엌의 역사

여왕모王 력鬲.(출처: 2022년 국립중앙박물관 특별전시 '중국 고대 청
동기, 신에서 인간으로'에서 촬영)

여왕모王 력鬲의 새무늬 탁본.
(출처: 2022년 국립중앙박물관 특별전시 '중국 고대 청동기, 신에서 인
간으로'에서 촬영)

　　이상에서 발이 달린 조리 도구인 정鼎과 력鬲을 살펴보았습니다. 력鬲
은 어느 순간부터 사용하지 않게 되었지만 정鼎은 상징적인 의미가 워낙
컸던 탓에 중국의 언어 속에서 결코 사라지지 않는, 장구한 생명력을 차지

하게 되었습니다. 그래서 정鼎의 글자체도 큰 변동 없이 해서까지 이어집니다.[18]

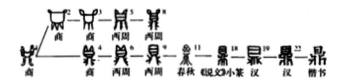

정鼎의 글자체 변화.(출처: 바이두百度 백과)

　　다만 정鼎은 실생활에서 조리도구로서 사용되는 일은 점점 줄어들어 이후에 '부釜'와 '과鍋'로 대체되었는데 이 부분은 다음 장에서 살펴보도록 하겠습니다.

18　　사진 출처: 李學勤 編, 『字源』, 天津: 天津古籍出版社, 2013.(바이두百度 백과 자료)

　　　　　　　　　　　　　솥과 불로 찾아가는 중국 부엌의 역사

부釜와 과鍋

1) 과鍋의 유래

과鍋라는 글자는 『설문해자』에 수록되어 있지 않습니다. 『방언方言』에는 다음과 같은 두 가지 기록이 나타납니다. 먼저 "함곡관函谷關 서쪽 지역에서는 고膏를 담을 수 있는 것을 바로 과鍋라고 부른다."라고 했습니다. 여기서의 고膏는 수레바퀴가 잘 굴러가도록 바르는 윤활유를 뜻한다고 합니다.[2] 또 "거강車釭을, 제·연 및 산동山東의 발해渤海에서 태산泰山 사이의 지역에서는 과鍋라고 부른다."는 기록도 있습니다.

---

1   "自關而西, 盛膏者乃謂之鍋."
2   楚艷芳, 『漢語飮食詞彙硏究』, 北京: 中國社會科學出版社, 2017, 95쪽.

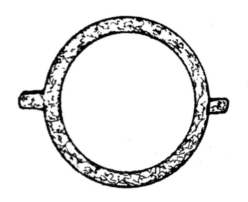

釭

전국시대의 수레굴통쇠. 1973년에 허베이河北에서 출토.
(출처: 王力의 『中國古代文化常識』)

여기에 나오는 거강車釭이 무엇인지 잘 와닿지 않을 것입니다. 옛날 수레바퀴는 수레바퀴 축軸에 꽂혀서 돌아갔습니다. 이때 수레바퀴와 수레바퀴축이 접촉하는 부위인 수레굴통을 '곡轂'이라고 불렀습니다. 그런데 이 곡轂이 목재로 만들어져 내구성에 문제가 있었습니다. 이 부분을 공격하는 것이 전투 기술일 정도로 말입니다. 이 부분의 강도를 더하기 위해서 금속 소재의 구조물을 보태는데 곡轂의 외부를 감싸서 갈라짐을 방지하는 것이 관輨, 곡轂의 내부에서 수레바퀴축과 직접적으로 맞닿는 부위의 보강재 금속을 강釭이라고 불렀습니다.[3] 그렇다면 과鍋라는 단어는 윤활유를 담는

---

3   강釭의 기능에 대한 내용은 王力의 『中國古代文化常識』(北京: 北京聯合出版公司, 2014, 183쪽)을 참고하여 정리했다.

솥과 불로 찾아가는 중국 부엌의 역사

통, 그리고 수레굴통을 보강하는 금속구조물과 관련이 있다고 종합할 수 있는데 이 두 가지 의미가 잘 연결이 안 됩니다. 추옌팡 선생은, 일부 지역에서 과鍋라고도 부르는 강釭에는 윤활유를 발라야 하므로 그러한 윤활유를 담는 통을 과鍋라고 부르는 것이 연상될 수 있다고 설명합니다. 그는 특히 『설문해자』에서 고膏를 담는 용기라는 뜻의 '화樗'라는 한자에 주목합니다. 이 연구자는 화樗와 과鍋의 소재가 나무와 금속으로 다를 뿐, 기본적으로 가운데가 비어 있는 통으로서 기름을 담는 용기라고 정리합니다. 그런데 여기에서의 고膏가 수레굴통에 바르는 기름에 한정되지 않고 음식을 조리할 때 사용하는 기름으로 확장되면서, 덩달아 과鍋도 수레바퀴에 바르는 기름을 담는 용기라는 뜻에서 음식을 조리하는 기구를 가리키는 데까지 확장됐다고 주장하는 것입니다.[4] 재미있는 추론이라 여기에서 소개했습니다. 다만 과鍋가 조리도구를 의미하는 단어로 사용되는 변화에 대해서는 더 많은 연구 결과가 나오기를 기다리고 싶습니다. 어쨌든 양웅이 해당 글을 지을 때에 과鍋라는 단어가 이미 출현한 것은 맞습니다. 가리키는 의미가 지금과 다를 뿐입니다.

후한 후기, 삼국시대에 조조曹操와 얽힌 이야기가 있는 과鍋도 있습니다. 조조는 208년, 형주荊州 부근에 주둔하며 손권孫權과 유비劉備의 군대와 싸울 준비를 하고 있었습니다. 그런데 북방에서 갖고 온 조리도구들은 남방의 쌀을 조리하기에 부적절했습니다. 그는 아주 두껍고 아주 큰 과鍋를 철로 주조하도록 명하여 한꺼번에 취사할 수 있게 했습니다. 하지만 조조

---

4   과鍋가 기름을 담는 용기라는 뜻에서 출발하여 음식을 조리하는 도구라는 의미를 갖기까지를 논증하는 내용은 楚艶芳의 『漢語飮食詞彙硏究』(北京: 中國社會科學出版社, 2017, 94~95쪽)를 참고하여 정리했다.

는 적벽대전赤壁大戰에서 대패하고 이 솥을 버리고 도망갈 수밖에 없었습니다. 나중에 유비가 이것을 전리품으로 수거하여 호국사護國寺라는 절에 두었는데 이것을 '행군과行軍鍋'라고 불렀다고 합니다. 이 당시에 과鍋라는 명칭을 사용했다는 내용은 신빙성이 높지 않습니다. 그러나 과鍋와 관련된 워낙 유명한 이야기라 소개했습니다.

과鍋는 명청대에 이르러 다용하는 단어가 되었습니다. 명대에 편찬되고 청대 초에 내용을 보완해 출간된 『정자통正字通』에는 "세속에서는 부釜를 과鍋라고 한다."[5]라고 기록됐습니다.[6] 이 시기에 이르면 시중의 사람들이 과鍋라는 단어를 사용했음을 알려줍니다.

이후 청나라 말 민국民國 초기가 되면 희곡戲曲과 관련된 단어 중에 과鍋가 들어가는 경우까지 생겼습니다. 조리도구로서의 의미뿐만 아니라 비유적 의미를 가지게 된 것입니다. 당시 경극京劇 공연을 할 때 산서방자山西梆子와 직예방자直隷梆子라는, 지역성이 다른 극을 함께 무대에 올릴 때가 있었다고 합니다. 그 경우 극의 제목, 연기 및 연출 등은 결코 섞이지 않도록 조정했습니다. 사람들은 두 가지 극을 음식과 과鍋로 비유하여 '두 가지 극을 (섞이지 않도록) 각각의 과鍋에 넣는다[兩下鍋]'라고 했다고 합니다.[7] 즉, 과鍋가 음식을 조리하는 도구로 널리 사용되다 보니 이런 표현에서도 사용되게 된 것이지요.

그러면 과鍋의 모습은 어떠할까요. 손잡이가 달린 은제 과鍋 유물을 살

---

5   "俗謂釜爲鍋."

6   梁冬靑, 「'鼎', '鑊', '鍋'的歷時演變及其在現代方言中的地理分布」, 『古籍整理硏究學刊』, 2000年第4期, 24쪽.

7   周德懋, 「砸鍋詞源」, 『課外語文』, 2013年第07期, 96쪽.

펴보겠습니다.[8]

당나라 때 은으로 만든 과鍋.(출처: 중국국가박물관 홈페이지)

　　이 유물은 1970년에 산시陝西 시안西安에서 발굴되었습니다. 약을 달일 때 사용한 것이라고 추정되는데 형태를 보면 아가리가 넓고 바닥이 편평하여 기울어지지 않은 채 바닥에 놓을 수 있으면서 전반적으로 둥글게 모양을 만들었습니다. 소재나 고리 부분이 있는 것을 제외하면 우리가 '웍'을 생각할 때 떠올리는 모습과 상당히 유사합니다. 제가 인천 차이나타운의 짜장면박물관에서 찍은 사진을 소개합니다. 그곳 전시품 중 웍을 보면 손잡이 부분, 소재의 차이가 있지만 위에서 살펴본 은제 과鍋와 비슷합니다. 조리도구가 지난한 과정을 거쳐 발전하더니 현재의 우리에게도 전해진 것을 보여주는 장면입니다.

8　자료출처: https://www.chnmuseum.cn/

인천차이나타운 짜장면박물관에 전시된 웍과 조竈.(출처: 직접 촬영)

인천차이나타운 짜장면박물관의 전시.(출처: 직접 촬영)

솥과 불로 찾아가는 중국 부엌의 역사

2) 문헌 출현 빈도가 입증하는 과鍋의 등장과 전파

현재 중국에서 가장 대중적으로 사용하는 조리도구는 바로 '과鍋'입니다. 바닥이 둥글고 넓적하면서 불기운을 잘 받아들이도록 고안된 도구입니다. 이 과鍋가 언제부터 다용되었는지, 이것의 전신이 된 조리도구는 무엇인지, 언제부터 이 도구를 과鍋라고 부르게 되었는지에 대해서 여러 학자들이 다양한 의견을 내놓았습니다. 기존의 학설을 간단히 정리하면 다음과 같습니다.[9]

학자명	학설
량둥칭梁冬青	• 당唐: 확鑊이 정鼎을 대체함. • 송宋 이후 중원 지역: 과鍋가 확鑊·정鼎을 점점 대체하여 조리도구의 주요 명칭으로 자리 잡음.
왕사오펑王紹峰	• 과鍋가 수隋나라 때 불경을 번역하는 과정에 최초로 등장했지만 처음에는 방언 중 한 단어에 불과했음. • 과鍋의 전신은 정鼎임.
리푸탕李福唐	• 원元: 과鍋가 확鑊·정鼎 등의 조리도구를 뜻하는 단어를 대체한 것은 이 시기임. • 과鍋가 널리 쓰이게 된 데는 세 가지 단계가 있음: 당唐 이전에 맹아萌芽→당唐과 송宋에서 발전→원元 이후에 성숙.

---

9   이 부분은 楚艷芳의 『漢語飮食詞彙硏究』(北京: 中國社會科學出版社, 2017, 93~103쪽)를 참고하여 정리한 것이다.

추옌팡楚艶芳	• 과鍋의 전신은 부釜임. • 선진先秦 시기부터 부釜는 보통의 조리도구를 가리키는 단어로 쓰임. • 당唐부터 과鍋가 보통의 조리도구를 가리키는 단어로 사용되기 시작함. 단, 이 시기에도 부釜가 여전히 보통의 조리도구를 가리키는 단어로 사용됨. • 원元대에 과鍋가 부釜를 대체하는 단어로 우세를 점하게 되고 이것은 명청明淸 및 현재까지 이어짐.

위의 학자들은 각종 문헌에 나오는 단어들의 횟수를 집계하거나 방언 속 단어를 조사하는 등의 방법을 통해 위와 같은 학설을 내놓았습니다. 예를 들어 량둥칭梁冬靑이라는 학자는 각 지역 방언에서 지금의 '웍'이라는 사물을 가리키는 단어가 무엇인지 조사했습니다. 그랬더니 민閩 방언에서는 정鼎, 광둥廣東 주변 방언에서는 확鑊, 북방 방언에서는 과鍋를 다용한다는 결과가 나왔답니다. 그는 더 나아가 조리도구를 가리키는 세 가지 글자가 어떻게 사용되었는지 구체화하기 위해 문헌에 나오는 각 글자의 줄현 빈도를 정리했습니다.[10]

문헌	정鼎	확鑊	과鍋
역경易經	14	0	0
시경詩經	1	0	0
춘추경전春秋經傳	25	0	0
논어論語	0	0	0

10 　표 출처: 梁冬靑, 「'鼎', '鑊', '鍋'的歷時演變及其在現代方言中的地理分布」, 『古籍整理研究學刊』, 2000年第4期, 24~25쪽.

솥과 불로 찾아가는 중국 부엌의 역사

맹자孟子	4	0	0
순자荀子	0	0	0
장자莊子	1	0	0
묵자墨子	8	0	0
한비자韓非子	8	0	0
주례周禮	8	3	0
예기禮記	12	0	0
의례儀禮	37	0	0
이아爾雅	1	1	0
사기史記	196	2	0
전국책戰國策	23	0	0
논형論衡	79	8	0
회남자淮南子	16	2	0
안자춘추晏子春秋	1	0	0
한시외전韓詩外傳	2	0	0
공자가어孔子家語	9	0	0
설원說苑	21	1	0
두보시杜甫詩	19	0	0
전당시全唐詩· 왕유권王維卷	5	0	0
전당시全唐詩· 유우석권劉禹錫卷	13	0	0
전당시全唐詩· 이하권李賀卷	1	0	0

전당시全唐詩· 한유권韓愈卷	13	0	0
전당시全唐詩· 잠참권岑參卷	3	0	0
전당시全唐詩· 맹호연권孟浩然卷	1	0	0
돈황변문선주敦煌變文選注	1	0	0
근대한어어법자료휘편近代漢語 語法資料彙編(송대권宋代卷)	5	0	0
총계	527	17	0

위의 수치를 보면 해당 문헌에서 과鍋는 사용된 적이 없습니다. 확鑊은 선진시대부터 당대까지 아주 조금 사용되었습니다. 그에 비해 정鼎의 빈도는 압도적으로 많습니다. 량둥칭 선생은 당대에 실제 조리도구로 활용된 것은 정鼎이 아니라 확鑊인데도 문헌에서 확鑊이라는 단어의 사용빈도는 낮다고 정리합니다.[11] 그는 이어서 다음과 같은 설명을 덧붙였습니다. 과鍋는 송대 이후에 중원 지역에서 나머지 두 글자를 대체하여 사용되었지만 지역별로 단어를 사용하는 양상이 달랐다고 말입니다. 예를 들어 상하이上海 방언의 경우 둥글면서 가운데가 우묵하게 들어간 취사도구는 확鑊, 바닥이 편평할 경우 과鍋로 지칭합니다. 반면 광둥廣東의 차오산潮汕 방언에서는 둥글면서 가운데가 우묵한 취사도구는 정鼎으로, 바닥이 편평한 것은 과鍋로 칭합니다. 또한 후난湖南의 헝양衡陽 지역에서는 두 글자를 아예

11　梁冬靑, 「'鼎', '鑊', '鍋'的歷時演變及其在現代方言中的地理分布」, 『古籍整理研究學刊』, 2000年第4期, 25쪽.

솥과 불로 찾아가는 중국 부엌의 역사

합하여 정과鼎鍋라는 단어로 표현하는데, 이것은 북쪽과 남쪽 방언의 영향을 모두 받은 탓이라는 것입니다.[12] 이 연구 결과물은 위와 같이 조리도구를 뜻하는 단어가 역사적으로, 지역적으로 어떤 방향성을 가지고 변화했는지를 설명합니다. 다만 해당 연구의 연구 대상이 일부 문헌에 국한되고, 각 단어가 보통의 취사도구를 가리키는 의미로 사용된 것인지, 원의에서 벗어난 비유적인 의미로 사용된 것인지를 구별하지 않고 빈도수를 집계했다는 한계가 있습니다.

추옌팡楚艶芳 선생은 과鍋의 전신이 부釜임을 주장했는데요. 그도 역시 이를 입증하기 위해서 문헌에 나타나는 각 단어의 빈도수를 조사했습니다. 그의 연구가 량둥칭 선생의 연구 방법과 다른 점은 비유의 의미를 배제하고 '보통의 취사도구'를 가리키는 단어로서 해당 단어가 얼마나 사용되었는지를 집계했다는 점입니다. 우선 연구 결과를 집계한 표를 인용해보겠습니다.[13] 아래 표 중에서 *표시로 된 부분이 보통의 취사도구[보통취구 普通炊具]로 사용된 빈도를 의미합니다.

12   梁冬靑, 「'鼎', '鑊', '鍋'的歷時演變及其在現代方言中的地理分布」, 『古籍整理硏究學刊』, 2000年第4期, 25쪽.

13   표 출처: 楚艶芳, 『漢語飮食詞彙硏究』, 北京: 中國社會科學出版社, 2017, 99쪽.

시대	문헌	정鼎용례		확鑊용례		부釜용례		과鍋용례	
		총계	*	총계	*	총계	*	총계	*
선진先秦	좌전左傳	26	0	0	0	6	1	0	0
	전국책戰國策	24	0	0	0	4	4	0	0
	예기禮記	20	0	1	0	0	0	0	0
진한秦漢	사기史記	494	0	2	0	8	6	0	0
	한서漢書	64	1	8	0	5	5	0	0
위진육조魏晉六朝	삼국지三國志	28	0	7	0	1	0	0	0
	세설신어世說新語	4	0	0	0	4	4	0	0
수당오대隋唐五代	대당신어大唐新語	15	0	3	0	1	1	0	0
	돈황변문집신서敦煌變文集新書	14	0	20	0	10	10	2	1
송요금宋遼金	무림구사武林舊事	3	0	0	0	1	0	2	2
	운급칠첨雲笈七籤	204	0	16	0	152	152	26	26
원元	전원잡극全元雜劇	206	0	31	0	3	3	97	97
	전원남희全元南戲	20	0	1	1	2	1	7	7
명明	삼국연의三國演義	31	0	2	0	2	2	5	5
	서유기西遊記	12	0	0	0	0	0	98	98

청淸	아녀영웅전 兒女英雄傳	21	0	0	0	8	5	32	17
	홍루몽紅樓夢	25	0	0	0	1	1	12	12

이 표를 보고 저는 몇 가지 부분에서 놀랐습니다. 우선 정鼎이 선진시기에 이미 보통의 취사도구를 의미하는 단어로 사용되지 않았다는 점, 이후의 시대 문헌에서도 취사도구를 의미하는 단어로 활용된 예가 없다시피하다는 점입니다. 이로 볼 때 정鼎은 상징적인 의미가 더 큰 도구였던 것이 맞습니다. 그래서 먹을 것을 조리하는 도구로서의 의미에서 벗어나 여러 권력이 팽팽하게 대립하고 있음을 의미하는 '정립鼎立'이나 건국과 제왕 권위의 세움을 의미하는 '정정定鼎'에서처럼 상징적 의미로 활용되었던 것입니다. 다음으로 『돈황변문집신서』에서 취사도구의 의미로 사용된 부釜와 과鍋의 용례가 갑자기 늘어난 것도 의미심장하다고 생각했습니다. 이 책에서 정鼎은 14번 출현하지만 취사도구의 의미는 아니었습니다. 그런데 부釜는 10회 출현하면서 모두 취사도구의 의미로 사용되었습니다. 이 시점이 수당오대 즈음이라는 것을 기억해두십시오. 그러다가 송대에 이르면 『운급칠첨』에서 부釜가 152회, 과鍋가 26회 출현하고 모두 취사도구를 의미하는 단어로 사용됐습니다. 이 연구를 진행한 추옌팡 선생이 왜 '당대부터 과鍋가 보통의 조리도구를 가리키는 단어로 사용되기 시작하였는데 이 시기에도 부釜는 여전히 보통의 조리도구를 가리키는 단어로 사용되었다'고 주장했는지를 뒷받침하는 통계 결과입니다. 그 후 원대에 이르면 『전원잡극』에서 유의미한 숫자가 나옵니다. 조리도구를 의미하는 단어로서 부釜가 3회, 과鍋가 97회 출현하는 것입니다. 부釜와 과鍋의 출현 빈도가 처

음으로 역전되었습니다. 잡극은 통속문학의 한 갈래로서 여기에서 사용되는 언어는 구어口語를 상당수 반영합니다. 저는 이런 희본戲本에서 과鍋가 더 많이 등장하는 것은 당시의 구어에서 실제로 이 단어를 더 많이 사용했다는 의미일 가능성이 높다고 생각합니다. 물론 이때에 정鼎이라는 단어를 사용하지 않았던 것은 아닙니다. 무려 206회가 출현하지만 그 의미는 취사도구가 아니었습니다. 그러니 이 시기 즈음에 과鍋라는 단어가 실제 조리도구를 의미하면서 이전 시기에 비해 유의미한 수치로 다용되었다고 기억해둘 만하겠습니다. 이후 명청대의 통계를 보아도 이런 추세가 이어집니다. 심지어 『서유기』에서는 부釜가 단 한 번도 나오지 않지만, 취사도구를 의미하기 위해 과鍋가 98회나 사용됐습니다. 대상이 된 문헌이 한정적이라는 단점이 있지만 이 연구는 문맥에서 사용된 의미가 취사도구인지를 확인하고 집계한 것이기 때문에 가치가 있습니다. 추후 문헌 통계가 더 추가되면 이 주장이 더욱 힘입을 수 있으리라 생각합니다.

3) 부釜와 복鍑

그렇다면 부釜의 글자와 실제 형태가 어떻게 변화했는지 『설문해자說文解字』에 실린 부釜와 관련된 기록부터 보겠습니다.

	부수	정의	소리	한국한자음	자형
䰙	력부鬲部	'복'의 종류임 (鍑屬)	'보' 소리 (甫聲)	부	䰙

솥과 불로 찾아가는 중국 부엌의 역사

鍑	금부金部	부釜 중에서 아가리가 큰 것 (釜大口者)	'복' 소리 (復聲)	복	

이 기록을 보면 보(혹은 부)鬴가 복鍑에 속한다고 되어 있습니다. 그러면 『설문해자』에 복鍑은 무엇이라고 설명되었을까요. '釜大口者', 즉 "부釜 중에서 아가리가 큰 것."이라고 정의되어 있습니다.[14] 그렇다면 보鬴 역시 아가리가 큰 부釜 종류에 속한다는 의미입니다. 청대淸代 단옥재段玉裁(1735~1815)는 이 부분에 주석을 달면서 "지금 경전에는 '부釜'라고 많이 되어 있는데 유독 『주례周禮』에만 '보鬴'라고 되어 있다."[15]라고 했습니다. 단옥재 역시 문헌에 따라 차이가 있을 뿐, 보鬴가 결국 부釜를 의미하는 글자라고 보았던 것입니다. 그런데 한대漢代 양웅揚雄(기원전 53-기원전 18)의 『방언方言』에서는 "복鍑은 오 지역과 양 지역에서는 '력鬲'이라 부른다."[16]라고 했습니다. 이러한 언급으로 볼 때 하나의 사물에 대해 지역별로 다른 명사를 사용했을 가능성도 배제할 수 없겠습니다. 다만 력鬲은 발이 달려 있는 조리도구인데 반해 복鍑은 일반적으로 다른 형태를 취하고 있습니다. 지금 중국국가박물관中國國家博物館에는 다음과 같은 소장품이 있습니다.[17]

---

14 許慎, 李翰文 譯注, 『(文白對照)說文解字』, 北京: 九州出版社, 2006, 1144쪽.

15 "今經典多作釜, 惟『周禮』作鬴."(許慎, 李翰文 譯注, 『(文白對照)說文解字』, 北京: 九州出版社, 2006, 239쪽)

16 "鍑 …… 吳揚之間謂之鬲."

17 자료출처: https://www.chnmuseum.cn/

명칭	형태	설명
청동복 靑銅鍑		• 남북조南北朝 시기 북위北魏. • 1961년, 네이멍구內蒙古 지역에서 출토. • 유목민족들이 야외에서 취사하기 위해 사용한 도구로 추정됨.
풍로風爐· 다복茶鍑		• 오대십국五代十國 시대 • 백자白瓷 재질의 다구茶具 모형으로서 부장품임. • 아래에는 차를 끓이는 데 사용하는 풍로, 그 위에 다복茶鍑이 얹어진 형태임. • 이와 함께 출토된 백자인물상이 있는데 『다경茶經』의 저자인 육우陸羽일 것으로 추정함.
청동부 靑銅釜		• 전국시대 제齊나라. • 1857년, 산둥山東 쟈오현膠縣에서 출토. • 도량형의 표준 용기.

솥과 불로 찾아가는 중국 부엌의 역사

도증철부
陶甑鐵釜

- 서한西漢 시대.
- 1956년, 허난河南 산현陝縣에서 출토.
- 위쪽에는 질그릇 재질의 찜기인 증甑이 올려져 있고 아래쪽에는 철로 만든 부釜가 있음.
- 부釜에는 손잡이가 없고 바닥이 편평한 형태임.

위의 사진들을 보면 복鍑과 부釜는 비교적 아가리가 크고 손잡이가 달려 있거나 바닥이 편평하다는 것을 알 수 있습니다. 중요한 것은 네이멍구에서 출토된 예를 제외하고는 발이 달리지 않은 형태라는 사실입니다. 복鍑을 전문적으로 연구한 중국학자는 중국의 북방에서 발굴된 서한西漢시대부터 북조北朝에 이르는 시대의 복鍑을, 둥글고 높은 발굽이 달린 유형, 바닥이 평평한 유형, 둥글고 낮은 발굽이 달린 유형, 짧은 발이 달린 유형으로 분류했습니다.[18] 특히 위의 표에 보이는 청동복青銅鍑은 둥글고 높은 발굽이 달린 유형으로서 이 유형의 발굴 수량이 가장 많다고 합니다.

또 다른 예시로 후베이湖北 어청鄂城에서 출토된 청동복青銅鍑을 보면 부釜처럼 바닥이 평평하고 아가리가 넓고 배 부분이 볼록한 형태입니다. 다만 아가리 양쪽에 귀가 있고 여기에 구멍이 있어서 고리도 달려 있습니다. 손잡이 부분이 사라졌지만 이 구멍과 고리로 볼 때 손잡이와 연결했던

---

18   潘玲, 『中國北方晚期鍑研究』, 北京: 科学出版社, 2015, 5쪽.

부분으로 보입니다.[19] 이 유물에는 기록도 새겨져 있는데 어깨 부분에 "황무 원년(222)에 3438매로 만들었다."[20]라고 새겨졌고 배 부분에는 '무창武 昌' 및 '관官'이라고 새겨져 있습니다. 이로 볼 때 이 유물은 222년, 삼국시대 오吳나라의 수도인 무창武昌의 관청에서 주조한 것으로 생각됩니다.[21] 또 이 유물은 수리해서 사용한 흔적이 있어서 실제로 취사도구로 활용했을 것이 명확해 보인다고 합니다.[22] 부장품으로서 만들어진 도구가 아니라 실제 취사에 활용된 도구를 무덤에 넣었던 것이지요.

후베이湖北 어청鄂城 출토 청동복靑銅鍑 모사도.
(출처: 潘玲, 『中國北方晚期鍑研究』)

19   潘玲, 『中國北方晚期鍑研究』, 北京: 科学出版社, 2015, 107쪽.
20   "黃武元年作三千四百卅八枚." (潘玲, 『中國北方晚期鍑研究』, 北京: 科学出版社, 2015, 30쪽)
21   潘玲, 『中國北方晚期鍑研究』, 北京: 科学出版社, 2015, 30쪽.
22   潘玲, 『中國北方晚期鍑研究』, 北京: 科学出版社, 2015, 107쪽.

솥과 불로 찾아가는 중국 부엌의 역사

이보다 훨씬 앞선 시기, 춘추시대에 만들어진 청동복靑銅鍑이 상하이박물관에 전시되어 있습니다. 수린문복垂鱗紋鍑, 즉 비늘 모양이 있는 이 복鍑은 양쪽에 귀가 달려 있고 아래에 발굽이 붙은 형태입니다.

상하이박물관에 전시된 수린문복垂鱗紋鍑.
(출처: 상하이박물관에서 직접 촬영)

손잡이는 있지만 바닥이 평평하지 않은 복鍑도 있습니다. 허베이河北의 딩현定縣 베이링터우北陵頭 43호 한묘漢墓에서 발굴된 청동복靑銅鍑의 모사도를 보겠습니다.[23] 높이가 12㎝, 아가리 직경이 9㎝, 배 부분 직경이 11㎝에 불과한 미니어처입니다. 특징적인 것은 손잡이라고 볼 만한 부분이 있고 아래가 평평하지 않은 형태라 단독으로 세워둘 수는 없다는 점입니다.

23　　潘玲, 『中國北方晚期鍑硏究』, 北京: 科學出版社, 2015, 29쪽.

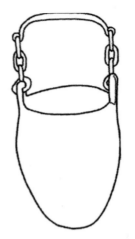

허베이河北 한묘漢墓에서 발굴된 청동복
青銅鍑.(출처: 潘玲,『中國北方晚期鍑研究』)

이처럼 복鍑의 형태는 다양하지만 그중에는 부釜와 유사한 형태의 것도 있어서 둘 사이의 연관 관계를 생각해볼 필요가 있었습니다.

부釜는 신석기시대에도 보입니다. 창강 하류의 저쟝성浙江省의 신석기 유적지, 마쟈방馬家浜(약 7000~6000년 전)에서는 아래와 같이 부釜와 로爐를 세트로 사용했다고 합니다. 도기 재질의 로爐 위에 부釜를 얹어 조리하는 형태입니다.

솥과 불로 찾아가는 중국 부엌의 역사

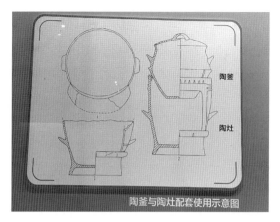

마쟈방馬家浜의 부釜와 로爐 구성.

(출처: 쟈싱嘉興박물관에서 촬영)

그런데 부釜는 다른 조리도구와 함께 쓰이는 경우가 많았습니다. 『맹자
孟子·등문공(상)滕文公上』에는 다음과 같은 문장이 나옵니다.

"허자는 '부증'으로 음식을 익히고, 철로써 농사를 짓습니까?"[24]

여기에서 부釜와 증甑은 나란히 놓여 있습니다. 해석할 때 '부'와 '증'이
라고 하여 별도의 사물을 병렬한 것으로 풀이할 수도 있습니다. 그러나 이
두 사물은 위아래로 겹쳐서 함께 썼기 때문에 하나의 세트로 보아야 한다
고 주장하는 학자도 있습니다.[25] 부釜는 아래에 놓아서 물을 끓이는 기능을
하고 바닥에 구멍이 뚫린 증甑은 그 위에 얹어 식재료를 쪘다는 것입니다.

---

24   "許子以釜甑爨, 以鐵耕乎."

25   王力, 『中國古代文化常識』, 北京: 北京聯合出版公司, 2014, 246쪽.

쑹저崧澤문화(약 6000~5300년 전) 지역에서 발굴된 증甑.
(출처: 쟈싱嘉興 박물관에서 촬영)

쑹저崧澤문화(약 6000~5300년 전) 지역에서 발굴된 증甑의 내부 모습.(출처: 쟈싱嘉興박물관에서 촬영)

부釜와 증甑을 겹쳐 사용한 예는 한나라 때의 명기明器에서도 보입니다. 산시성陝西省 서부의 바오지현寶鷄縣 더우지타이鬪鷄臺의 K8 묘에서 출토

솥과 불로 찾아가는 중국 부엌의 역사

된 이 명기를 보면 부釜 위에 증甑이 얹어져 있습니다.[26]

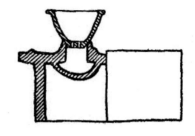

바오지현寶鷄縣 더우지타이鬪鷄臺 K8에서 출토된 명기.(출처: 岡崎敬의 논문)

바오지현寶鷄縣 더우지타이鬪鷄臺에서 출토된 명기의 부釜와 증甑 단면도.(자료출처: 岡崎敬의 논문)

그러니 『맹자孟子』에서 언급한 '부증'을 하나의 세트로 보는 의견도 상당히 합리적입니다. 증甑은 아래에서 물을 담아 끓여주는 도구와 세트를 이루지 않으면 사용할 수가 없으니 말입니다.

이처럼 부釜는 다른 도구와 함께 쓰일 수 있고 아가리가 넓어서 재료를 넣기도 쉬워 보입니다. 여러모로 쓸모 있는 조리도구였을 것입니다. 추옌팡 선생은 부釜가 정鼎이나 확鑊과는 다른, 결정적인 차이가 '보통의 백성들이 사용하는 조리 도구'라는 점이었다고 주장합니다. 정鼎은 예기禮器의 기능이 강했고 확鑊의 경우 육류나 생선을 끓이는 도구인데, 이 둘은 일반 백성들이 평상시에 사용하는 도구가 아니었답니다.[27] 특히 확鑊의 경우 군

---

26   岡崎敬,「中國古代におけるかまどについて: 釜甑形式より鍋形式への變遷を中心として」,『東洋史研究』Vol.14, 1955, 104쪽.

27   楚艷芳,『漢語飲食詞彙研究』, 北京: 中國社會科學出版社, 2017, 96~97쪽.

대에서 사용하는 도구이기도 했습니다. 『한서漢書』에는 "동으로 확을 만들어서, 한 말의 양식을 받는데, 낮에는 불을 때서 (확으로 음식을) 만들어 먹고 밤에는 (확을 야경 도구로) 친다."[28]는 기록이 있습니다. 이는 군대의 병사들이 확鑊을 받아서 여러 용도로 썼음을 기록하고 있습니다. 여기에 달린 주석에서는 이런 종류의 확鑊은 조두刁斗(혹은 초두鐎斗), 즉 세 발이 달려 있고 자루가 달려 있으며, 동으로 만든 도구라고 설명했습니다. 즉, 군대에서 사용하는 확鑊은 낮에는 취사하는 데에 쓰고 밤에는 야경 도구로 사용했으며 자루와 발이 달린 독특한 형태였습니다. 그 쓰임새로 볼 때 일반 가정에서 사용한 도구는 아니었습니다. 이런 기록들과 연구결과물들을 종합해보면 상대적으로 부釜가 실용적인 조리도구로 사용되었으리라 짐작이 갑니다.

서한시대의 청동초두.(출처: 직접 촬영)

---

28   "以銅作鐎器, 受一斗, 晝炊飮食, 夜擊持行."

솥과 불로 찾아가는 중국 부엌의 역사

하나라부터 춘추전국시대까지

1) 문헌에 보이는 당시의 음식과 문화

하夏로부터 시작해 상商, 주周, 그리고 전국시대에 이르기까지 총 시간은 몇천 년에 달하지만 그들의 주방은 몇 가지 단편적인 자료들로 유추해야 하는 형편입니다. 그러나 각종 제도가 정비되었던 주周나라와 춘추전국시대의 기록을 보면 음식과 관련된 제도, 특히 제례에 올리는 음식에 대해서는 상당 부분 정리가 되었습니다. 아울러서 조리와 관련된 내용도 조금씩 나옵니다.

『시경詩經·대아大雅·행위行葦』에는 '수연壽宴'이 묘사된 부분이 나옵니다.

> 肆筵設席,　자리 깔고 안석 놓고,
> 授几有緝御. 심부름꾼들은 안석을 나르네.
> 或獻或酢,　어떤 이는 술 권하고 어떤 이는 술 받으며,

洗爵奠斝,　잔 씻어 술잔 바치고,

醓醢以薦,　담해를 내놓으며,

或燔或炙,　구운 고기도 있고 구운 간도 있으며,

嘉殽脾臄,　아름다운 안주로 비갹도 있나니,

或歌或咢.　어떤 이는 노래하고 어떤 이는 북을 치네.

이를 보면 고기와 술이 차려진 연회 자리를 연상할 수 있습니다. 고기를 장에 넣고 졸인 음식인 '담해醓醢', 지금의 순대와 유사한 음식이라 추정되는 '비갹脾臄'은 연회 자리엔 빠질 수 없는 고기 음식이었으리라 추정됩니다. 또 '굽다[번燔]', '굽다[적炙]'라는 두 글자가 나옵니다. 역대 주석가들은 이것이 각각 고기를 '굽다[번燔]', 간을 '굽다[적炙]'라고 해석했습니다. 육류를 굽는 방식으로 조리했음을 보여주는 부분입니다. 다만 『시경』은 특정 시기의 산물이 아니라, 서주西周시대부터 춘추 중 일부 시대까지의 시 모음집이라 위의 시가 정확하게 어느 시기의 음식을 반영하고 있는지 특정하기는 어렵습니다.

이외에 『시경·주송周頌·사의絲衣』를 보면 제사를 지내는 장면을 묘사한 데에서 제기가 등장합니다. 바로 '내정급자鼐鼎及鼒'라는 부분입니다. 가운데의 '급及'은 '~와'라는 뜻입니다. 내정鼐鼎은 크기가 큰 정鼎입니다. 자鼒는 크기가 작은 정鼎입니다. 그러므로 종합하면 '크기가 큰 정鼎과 크기가 작은 정鼎'입니다. 우리는 앞에서 지위와 신분에 따라 가질 수 있는 정鼎의 개수가 달랐고 정鼎이 의례에 사용되면서 상징적인 의미가 더욱 강해지게 되었음을 이미 살펴보았습니다. 이 시에서 내정鼐鼎과 자鼒를 언급한 것도 제사 지내는 자의 권위를 의미하는 것일 수 있습니다. 즉, 여기서의 내정鼏鼎과 자鬻는 일상적으로 사용하는 조리도구는 아니라고 봅니다.

당시 사람들의 음식문화를 담은 기록도 여럿 있습니다. 당시 사람들은 국물이 있는 음식을 먹었습니다. 『좌전左傳·환공2년桓公2年』의 기록을 보면 "제사에 쓰는 국에 조미를 하지 않고, 제사에 쓰는 밥을 완전히 찧은 곡식으로 만들지 않는 것은 그 검약함을 보여주는 것입니다."[1]라고 했습니다. 여기서의 대갱大羹, 즉 태갱太羹은 조미를 하거나 채소를 넣지 않은 '순 고기즙'을 일컫습니다. 태갱의 경우 주로 제사에 사용되는 제례용 음식이었습니다. 만약에 여기에 조미를 하게 된다면 '초[혜醯], 젓갈[해醢], 소금[염鹽], 매실액[매梅], 채소[채菜]'를 곁들였다고 합니다. 마지막 부분의 채소란 아욱[규葵], 파[총蔥], 부추[구韭] 등을 가리킵니다.[2] 제례용 음식에는 간을 하지 않았지만 일상식에서는 조미를 했던 것입니다.

『여씨춘추呂氏春秋·본미本味』에는 이윤伊尹이 오미五味를 맞추는 이야기가 나옵니다.

세 무리의 동물이 있는데, 물에 사는 것에서는 비린내가 나고, 육식하는 것에서는 누린내가 나고, 풀을 먹는 것에서는 노린내가 납니다. 악취가 나지만 도리어 맛이 좋기도 한 것에는 모두 각기 내재된 원인이 있습니다. 무릇 맛의 근본이라고 한다면 물이 가장 먼저라고 할 수 있습니다. 오미五味를 삼재三材로 아홉 번 끓이면 아홉 번 변화한다고 하는데, 불이 그중에서 관건이 됩니다. 때로는 맹렬하게 때로는 약하게 하여 비린내를 없애고 누린내를 제거하고 노린내를 빼는

---

1   "大羹不致, 粢食不鑿, 昭其儉也."

2   王力, 『中國古代文化常識』, 北京: 北京聯合出版公司, 2014, 194쪽.

데, 반드시 (악취를) 이길 수 있도록 하고 불조절에서 실수가 있어서
는 안 됩니다. 맛을 맞추는 데에 있어서는 반드시 달고 시고 쓰고 맵
고 짜고 한 다섯 가지 맛을 앞뒤로, 혹은 많고 적게 하는데 매우 적은
양을 조절하면 저절로 (그 맛을) 일으킬 수 있습니다. '정鼎 속에서 일
어나는 변화'는 세밀하고 오묘하고 은미하고 섬세하기에 입으로 말
할 수가 없고 마음으로 비유할 수 없어서 마치 활을 쏘거나 말을 몰
때의 섬세함이나 음양의 변화, 네 계절의 규칙과도 같습니다. 그러므
로 오래 두어도 부패하게 해서는 안 되고, 익히더라도 문드러지게 해
서는 안 되며, 달더라도 지나치게 농후해서는 안 되고, 시다고 하더
라도 독하게 해서는 안 되고, 짜더라도 맛을 훼손하면 안되고, 맵더
라도 맹렬해서는 안 되며, 담박하더라도 옅어서는 안 되고, 기름지더
라도 느끼하게 해서는 안 됩니다.[3]

이는 재상 이윤이 탕왕湯王에게 나라를 다스리려면 근본에 힘써야 한
다며 음식에 빗대어 설명하는 부분으로서 전국시대 말 무렵의 기록입니
다. 그러므로 이 내용이 이윤이 살았던 은나라의 식문화를 반영한 것인지,
아니면 이 이야기를 기록한 전국시대 말, 진秦나라의 식문화를 반영한 것
인지 분명하지 않습니다. 그러나 각 사물이 가진 맛은 그 사물이 먹는 먹거
리에서 기인한다는 점, 식재료의 맛을 끌어내기 위해서 물·나무·불이라는
삼재三材를 조절해야 한다는 식견을 갖추고 있었다는 점이 놀랍습니다. 또

---

3   "三群之蟲, 水居者腥, 肉玃者臊, 草食者膻. 臭惡猶美, 皆有所以. 凡味之本, 水最爲始. 五味
三材, 九沸九變, 火爲之紀. 時疾時徐, 滅腥去臊除膻, 必以其勝, 無失其理. 調和之事, 必甘酸
苦辛鹹, 先後多少, 其齊甚微, 皆有自起. 鼎中之變, 精妙微纖, 口弗能言, 志弗能喻, 若射御之
微, 陰陽之化, 四時之數. 故久不弊, 熟而不爛, 甘而不濃, 酸而不酷, 鹹而不減, 辛而不烈, 澹
而不薄, 肥而不膩."(張雙棣 외 역주, 『呂氏春秋譯註』, 長春: 吉林文士出版社, 1993, 387~395쪽)

솥과 불로 찾아가는 중국 부엌의 역사

이윤이 '정중지변鼎中之變', 즉 조리도구 안에서 조리하는 동안에 일어나는 맛의 오묘한 변화를 지적한 것도 합당합니다. 이와 유사한 취지의 기록이 『좌전』에도 보입니다. 소공昭公 20년(기원전 522) 부분을 보면 안자晏子(기원전 578-기원전 500)는 "조화[화和]는 국[갱羹]을 만드는 일과 같습니다. 물과 불과 초醯와 젓갈醢과 소금과 매실로써 생선이나 고기를 끓입니다[팽烹]."[4]라고 말했습니다. 『안자춘추晏子春秋』의 기록도 보겠습니다. 안자가 제齊나라 경공景公의 질문에 답하는 장면입니다.

> 공이 "조화[화和]와 동일함[동同]은 다르오?"라고 물었다. 안자는 "다릅니다. 조화란 갱羹과도 같아서 물과 불과 초醯와 젓갈醢과 소금과 매실로써 생선이나 고기를 끓이는데, 땔나무로 그것을 익히고 조리사[재부宰夫]가 그것을 조화롭게 합니다. 맛을 맞춰 그것을 가지런하게 함이란, 그 부족한 부분을 구제하고 그 지나친 바를 덜어내는 것입니다. 군자가 이를 먹음으로써 마음을 평온히 합니다. 군주와 신하도 역시 그러합니다. 군주가 옳다고 말하는 것에 잘못된 점이 있다면 신하는 그 잘못을 고하여 그것을 옳게 만듭니다. 군주가 잘못이라고 말하는 것에 괜찮은 부분이 있다면 신하는 그 괜찮은 부분을 고하되 잘못된 부분을 제거합니다."[5]

안자는 군주와 신화의 의견 교환, 소통을 통해서 이룩하는 조화로움,

4 　"和如羹焉, 水·火·醯·醢·鹽·梅, 以烹魚肉."

5 　"公曰, '和與同異乎?' 對曰, '異. 和如羹焉, 水火醯醢鹽梅, 以烹魚肉, 燀之以薪, 宰夫和之. 齊之以味, 濟其不及, 以洩其過. 君子食之, 以平其心. 君臣亦然. 君所謂可, 而有否焉, 臣獻其否, 以成其可. 君所謂否, 而有可焉, 臣獻其可, 以去其否.'"

무조건 찬동贊同하는 것이 조화가 아님을 갱을 끓이는 것에 빗대어 알기 쉽게 설명하고 있습니다. 조화의 경지에 나아가는 과정은 과한 맛은 덜어 내고 부족한 맛은 보충하는 조미調味와도 같습니다. 2014년 시진핑習近平 국가주석도 한 주제강연에서 바로 이 일화를 인용하여 중국의 '허시에和諧'라는 기조를 풀어낸 적이 있습니다.

저는 이 이야기의 상징적인 부분을 덜어내고 음식에 관한 부분만 집중해서 설명하겠습니다. 당시 조리사에 해당하는 '재부宰夫'는 갱을 '팽烹'하였습니다. 『주례周禮』에는 '팽인亨人'이라는 직책이 아예 정해져 있습니다. 이들은 정鼎과 확鑊을 갖추고 물과 불을 조절하여 부엌에 공급하는 직책입니다. 이로 볼 때 조리도구와 물과 불을 다룰 수 있는 기능이 해당 직책의 주된 직무였습니다. 오늘날과 다를 바 없는 부분입니다. 또 갱을 조미하기 위해서 초醯, 젓갈醢, 소금, 매실을 조미료로 활용했습니다. 여기서의 매실은 산미酸味를 담당하는 식재료입니다. 당시에 생매실을 활용했는지 혹은 가공해 사용했는지 단언하기는 어렵습니다. 참고로, 6세기의 기록인 『제민요술齊民要術』에는 조미료로 사용할 수 있는 백매육白梅肉이 소개되어 있습니다. "매실의 씨가 막 생길 때 따서, 밤에는 소금물에 재워두었다가 낮에는 햇볕에 말리는데, 열흘 동안 열 번 재우고 열 번 말리면 완성된다."[6]라고 했습니다. 백매육은 건조식품이기 때문에 오래도록 보관할 수 있고, 사용할 때 물이나 즙에 넣어 산미를 우려낼 수 있어서 유용합니다.

이어서 『예기禮記·내칙內則』에서 팔진미八珍味를 소개한 부분도 보겠습니다.

---

6   "梅子核初成時摘取, 夜以鹽汁漬之, 晝則日曝, 凡作十宿十浸十曝便成."

'포'라는 것은 돼지나 암양을 잡아서 배를 가르고 내장을 제거한 후, 그 배 속에 대추를 채우고 환초로 싸 덩어리로 만들고, 그 위에 칠을 하는데 찰흙으로 한다. 그것을 굽되 겉에 바른 찰흙이 모두 건조해지거든 흙을 벗겨버리고 씻은 손으로 매만져 그 속꺼풀을 제거한다. 쌀가루를 내어 반죽하여서 죽을 쑤고 돼지에 입힌 뒤 기름에 넣어 지지되 기름에 반드시 잠기도록 한다. 큰 확鑊에 물을 끓이고 작은 정鼎에 돼지고기와 향을 넣되, 그 물에 작은 솥이 잠기지 않게 해서 사흘 밤낮으로 불을 빼지 말아야 하며, 후에 초와 젓갈로 조미한다.[7]

여기에는 귀한 진흙 통구이가 소개되었습니다. 돼지나 암양을 깨끗이 장만한 다음에 뱃속에 대추를 채우고 겉을 진흙으로 발라 1차 구이를 합니다. 이것이 끝이 아닙니다. 구이가 끝나면 쌀풀을 고기 겉면에 발라서 기름에 푹 잠기도록 해서 지집니다. 그 후에는 또 다시 중탕을 해서 사흘 밤낮 동안 뭉근히 가열합니다. 굽고 지지고 중탕까지 하고 나면 입에 넣었을 때 그냥 녹아버릴 정도가 될 것입니다. 이 부분에서 주목할 점은 중탕을 할 때 확鑊과 정鼎의 역할 분담이 명확하다는 점입니다. 확鑊에는 물을 넣고 정鼎에는 돼지고기와 향을 넣은 다음, 확鑊 속에 정鼎을 띄워서 중탕을 한다고 말했기 때문입니다. 확鑊은 보통 아가리가 크고 짐승을 통째 삶을 정도로 부피가 큰 조리도구입니다. 따라서 정鼎을 띄울 수 있는 정도의 체적, 정鼎을 넣을 수 있는 정도의 아가리 크기를 가진 조리도구가 필요했다면 과연

---

7   "炮, 取豚若牂, 刲之刳之, 實棗於其腹中, 編萑以苴之, 塗之以謹塗. 炮之, 塗皆乾, 擘之, 濯手以摩之, 去其皽, 爲稻粉, 糔溲之以爲酏, 以付豚, 煎諸膏, 膏必滅之. 鉅鑊湯, 以小鼎, 薌脯於其中, 使其湯毋滅鼎, 三日三夜毋絶火, 而後調之以醯醢."

확鑊이 제격이었을 것입니다.

2) 언甗의 등장

우리는 앞에서 확鑊, 정鼎, 부釜, 과鍋 등의 시대적 변천에 대해 이미 이야기했습니다. 그런데 그와는 다른 독특한 조리도구가 은殷나라 후기에 있었습니다. 은상殷商은 기원전 1300년 경, 상商나라 후반에 허난성 안양현의 은殷으로 천도한 이후의 시대를 말하는데 보통 은殷나라라고 부릅니다. 이 때가 되면 '언甗'이라는 독특한 형태의 조리도구가 보급되었습니다. 이 조리도구는 2가지 조리도구가 혼합된 형태인데, 우선 은대 후기(기원전 13세기-기원전 11세기)에 만들어진 언甗 유물을 살펴보겠습니다.

사진에서 바로 드러나지만 언甗은 두 개의 조리도구를 겹쳐놓은 모양입니다. 아래에는 정鼎 또는 력鬲, 혹은 부釜를 놓고 그 위에 시루, 즉 증甑을 얹은 형태입니다. 위아래의 조리도구가 분리되든, 되지 않든 실질적으로 세트로 만들어 하나의 조리도구로 활용했기 때문에 위아래 조리도구 간에 이격이나 이질감이 전혀 없고 안정감 있습니다.

솥과 불로 찾아가는 중국 부엌의 역사

'아화부정亞盉父丁'이라는 글자가 새겨진 언甗.
(출처: 2022년 국립중앙박물관 특별전시 '중국 고대 청동기, 신에
서 인간으로'에서 촬영)

    사진 속 언甗은 '아화부정언亞盉父丁甗'이라고 부릅니다. 이 솥의 내부에
'아화부정'이라는 글자가 새겨졌기 때문입니다. 여기에서의 '아화亞盉'는
'무관武官인 화盉씨'라는 뜻입니다. '부정父丁'이란 이 조리도구 주인의 아
버지가 십간으로 따졌을 때 '정일丁日'에 사망했다는 뜻입니다.[8] 이처럼 사

---

8   국립중앙박물관·上海博物館, 『중국 고대 청동기: 신에서 인간으로』, 서울: 국립박물관,
     2021, 59쪽.

람이 사망한 날을 십간으로 표기하는 것을 '일명日名'이라고 하는데 상나라의 독특한 문화라고 합니다.

아화부정언의 시루 부분.
(출처: 2022년 국립중앙박물관 특별전시 '중국 고대 청동기, 신에서 인간으로'
에서 촬영)

아화부정언을 구성하는 시루 부분, 증甑의 내부를 살펴보면 역시 수증기를 받아들일 수 있는 구멍이 보입니다. 그러나 동그란 구멍과 같은 흔한 형태가 아니라 무심한 듯, 콩나물 모양으로 쓱 그어서 구멍을 냈습니다. 당시 주식은 찐 알곡이었는데 만약 구멍이 동그랗다면 별도의 천으로 받치지 않는 이상 구멍 사이로 알곡이 빠질 수밖에 없었을 것 입니다. 하지만 위와 같이 선으로 구멍을 내면 아래의 조리도구에서 올라오는 수증기는 다 받아들이면서 알곡이 빠지는 것은 막을 수 있었을 것이라 생각합니다.

둥근 형태의 언甗도 있었지만 방형의 언甗도 있었습니다. 서주시대 후

솥과 불로 찾아가는 중국 부엌의 역사

기(기원전 9세기 상반기 무렵~기원전 771년) 무렵에 만들어진 '숙석부방언叔碩父方甗'은 상하이박물관에 전시되어 있습니다. 산시山西에서 출토된 것으로 보이는데 네 개의 발이 달려서 안정감이 있고 윗부분에는 방형의 시루가 구성되었습니다. 시루 내부를 보니 십자 모양으로 구멍을 내서 수증기가 빠져 나오도록 해두었습니다. 높이가 45.8㎝, 무게가 10여㎏이라 부피감도 큽니다. 문양이나 형태가 균형감이 좋을 뿐만 아니라 참 예뻐서 한참을 들여다보았습니다.

상하이박물관에 전시된 숙석부방언叔碩父方甗.
(출처: 상하이박물관에서 직접 촬영)

상하이박물관에 전시된 방형 언甗과 원형 언甗.
(출처: 상하이박물관에서 직접 촬영)

상하이박물관에 전시된 숙석부방언叔碩父方甗의 시루 내부 모습.
(출처: 상하이박물관에서 직접 촬영)

솥과 불로 찾아가는 중국 부엌의 역사

『설문해자』의 언甗.

(출처: 許慎, 李翰文 譯注,

『(文白對照)說文解字』)

『설문해자』에는 언甗이 력鬲의 부류에 속하는 취사도구라고 설명했습니다. 아마도 언甗의 아래 부분이 력鬲으로 구성되는 경우가 많아서 이런 설명이 가능한 듯합니다. 자형에도 '鬲'이 아래에 놓인 것이 명확하게 반영되었습니다.[9]

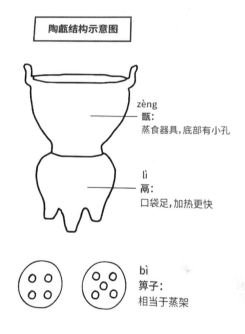

陶甗结构示意图

zèng
甑:
蒸食器具, 底部有小孔

lì
鬲:
口袋足, 加热更快

bì
箅子:
相当于蒸架

아래에는 력鬲, 위에는 증甑을 놓은 언甗의 형태.

(출처: 자싱嘉興 박물관에서 직접 촬영)

---

9   許慎, 李翰文 譯注, 『(文白對照)說文解字』, 北京: 九州出版社, 2006, 239쪽.

비슷한 시기 즈음에 만들어진 언甗인데 형태가 독특한 경우가 또 있습니다.

부호청동삼련언婦好青銅三聯甗.
(출처: 중국국가박물관中國國家博物館 홈페이지)

중국국가박물관에 소장된 '부호청동삼련언婦好青銅三聯甗'입니다. 상나라 후기에 만들어진 것으로 보이는 이 조리도구는 1976년 허난성河南省 안양시安陽市의 은허殷墟에서 발굴됐습니다. 전체 높이가 68㎝, 길이가 103.7㎝, 너비가 27㎝로서 그렇게 작은 크기가 아닙니다. 특히 시루의 높이가 26.2㎝, 입구 직경이 33㎝, 바닥면 직경이 15㎝이기 때문에 결코 작다고 할 수 없습니다. 연구자들이 조사를 해보니 아래에 불을 땐 흔적도 남아 있어서 실사용했던 조리도구였을 가능성이 높다고 합니다. 아래를 보면 마치 상자 모양에 다리를 붙인 듯한 부분이 있습니다. 이 부분은 위에 있는 시루를 받치는 시렁의 역할만 하는 것이 아닙니다. 바로 큰 력鬲에 해당하는 부분으로서 그 아래에서 불을 때면 여기에 넣은 물이 끓습니다. 즉, 큰 상자

솥과 불로 찾아가는 중국 부엌의 역사

모양의 솥인 것입니다. 그 위에 얹힌 3개의 증甑은 세 개가 연달아 있는 '삼련三聯'의 형태입니다. 만약 일반적인 언甗으로 알곡을 찐다면 세 개의 언甗을 놓고 각각에 불을 놓아서 불조절을 해가며 조리해야 하지만 이 삼련언三聯甗을 활용하면 한꺼번에 3배의 음식을 해낼 수 있습니다.

더구나 이 유물은 외부에 각종 연속무늬, 용무늬 등이 새겨져서 예사롭지 않습니다. 이 유물의 주인이 평범치 않은 사람이기 때문입니다. 위에 얹힌 증甑의 내부 및 양쪽 귀 아래 부분 등에서 '부호婦好'라는 글자가 발견되었습니다. 은나라의 왕 가운데, 22대 왕이 '무정武丁'입니다. 은나라 후반기 중흥을 이끌었다는 왕입니다. '부호'는 바로 60여 명에 달하는 무정의 부인 중 한 명입니다. '부호'에서 '호好'가 그녀의 성姓이고 '부婦'는 친족명사이니 무정의 '호씨 부인'이라는 의미인 것입니다. 하지만 그녀는 당시의 대다수 부녀자들과 달리 군사를 직접 이끌고 전장을 누빌 정도로 적극적인 군사 지도자였습니다.[10]

창강 주변 지역에도 비슷한 시대에 언甗을 사용한 흔적이 남았습니다. 상하이上海의 마챠오문화馬橋文化 구역은 대략 하나라와 상나라 시대와 대응하는 곳입니다. 이곳에서 도제 언甗이 발굴되었는데 재질만 흙으로서 다를 뿐 형태는 청동제와 유사합니다.

10　내용 출처: 중국국가박물관 홈페이지(www.chnmuseum.cn)

마챠오문화馬橋文化 구역에서 발굴된 도제 언甗.

(출처: 자싱嘉興 박물관에서 직접 촬영)

저는 저우룬파周潤發가 공자孔子의 역할을 맡았던 영화 「공자」를 여러 번, 열심히 보았습니다. 어느 정도 내용을 파악하고 나자 비로소 인트로 부분이 눈에 들어오기 시작했습니다. 공자의 제자들이 식사에 앞서 손을 씻고 마루에 꿇어앉아 음식을 각자 받아서 손으로 먹는 장면입니다. 그때 저는 상나라, 주나라, 그리고 춘추시대 사람들이 각자 음식을 받아서 식사하는 분찬제分餐制를 시행했으며 손으로 음식을 먹었다는 연구 결과를 떠올렸습니다.

상주商周 때에는 상류층 남자들은 개별적으로 식사했으며, 각각은 자기의 식사 자리에 꿇어앉았고, 옆에는 키가 작은 탁자를 놓아 작은 상이나 기대는 용도로 사용했다. …… 각각의 앞이나 옆에는 세트를

솥과 불로 찾아가는 중국 부엌의 역사

이룬 식기가 놓였고, 식사할 음식물과 음료가 담겼다.[11]

무심히 흘려보냈던 인트로 부분도 고증에 따라 구성됐던 것입니다. 당시의 주식은 곡물이었습니다. 『논어論語·향당鄕黨』에서 "고기가 아무리 많아도, 밥의 기운을 이기게 할 정도(밥 생각이 나지 않을 정도)로는 드시지 않으셨다."[12]라는 기록으로 볼 때 당시에는 곡물을 주재료로 하는 밥이 주식이었고 고기는 부차적이고 고급의 반찬에 속했다고 생각합니다. 그래서 알곡을 쪄서 주식을 만들기 위해 증甑 부분이 강조되었고 자연히 언甗과 같은 조리도구도 중시됐을 것입니다.

3) 제량호형청동조提梁虎形靑銅竈

앞서 보았던 언甗은 아래에 직접 연료를 놓고 불을 땠기 때문에 조竈와는 잘 어울리지 않습니다. 그러나 다른 조리도구를 사용한다면 이야기가 달라집니다. 춘추시대 즈음이 되면 상당히 발전된 형태의 조竈 유물이 보입니다. 산시박물원山西博物院에 소장된 춘추시대 '제량호형청동조提梁虎形靑銅竈'를 살펴보겠습니다.[13] 조竈의 몸체는 둥그런 구릉처럼 솟아 있고 그 앞에 불을 넣을 구멍이 하나 있습니다. 그 위에는 부釜와 증甑이 함께 얹어져 있습니다. 몸체에는 연기를 뺄 연돌煙突도 달려 있습니다. 재밌는 것은

---

11   장광직, 하영삼 역, 『중국 청동기 시대』, 서울: 學古房, 2013, 429~431쪽.

12   "肉雖多, 不使勝食氣."

13   사진 출처: 바이두百度 백과.

휴대를 하기 위함인지 옆면에 고리도 달려 있다는 점입니다. 竈竈 몸체의 높이가 22㎝, 길이가 46㎝, 너비가 38㎝입니다. 크기가 비록 작지만 휴대용 화로 정도의 크기라 단순히 부장품으로 제작된 것인지 실제로 사용하던 것인지 가늠하기 어렵습니다. 그러나 형태나 구성이 한나라 때의 竈竈와 큰 차이가 없어서 춘추시대에 이미 우리가 일반적으로 떠올릴 수 있는 조竈의 형태가 나왔음을 입증합니다.

제량호형청동조提梁虎形青銅竈.(산시박물원山西博物院 소장. 출처: 바이 두百度)

솥과 불로 찾아가는 중국 부엌의 역사

7

한

—산 자와 죽은 자를 위한 주방

1) 산 자의 식생활

한漢(기원전 202-기원후 220)은 실질적인 의미에서 대륙의 통일을 이룩하고 각종 사회제도를 정비했을 뿐만 아니라 문화적인 측면에서도 진일보한 면모를 보여주었습니다. 음식 부분에서도 남다른 변화가 있었습니다. 한나라 때가 되면 다양한 향신료가 수입되고 식재료의 범위도 더 확대되었습니다.

서한西漢 소제昭帝 시원始元 6년(기원전 81)에 열렸던 염철회의鹽鐵會議의 기록을 정리한 『염철론』이 있습니다. 그중 「산부족散不足」 편에서 현량賢良, 즉 '천거를 받아 황제 앞에서 당시의 현실을 고하는 역할을 했던 직위'에 있는 사람이 당시 식생활의 변화를 다음과 같이 이야기합니다.

옛날에는 곡식·채소·과일은 때가 되지 않은 것은 먹지 않았고, 날
짐승·들짐승·물고기와 자라는 잡기에 적당하지 않은 것은 먹지 않았

습니다. 그러므로 눈금이 가는 그물은 연못에 던지지 않았고, 솜털이 섞인 짐승은 잡지 않았습니다. 그런데 지금의 부자들은 짐승들을 좇아 다니면서 가는 그물로 어린 사슴이나 어린 새까지 포획하고, 술에 빠져 마시는 술은 백 개의 강을 채울 정도입니다. 새끼 양의 신선한 고기를 먹고, 새끼 돼지를 죽이고, 어린 새의 털을 벗깁니다. 봄에는 어린 거위와 가을에는 어린 닭을, 겨울에도 아욱과 온실에서 기른 부추를 먹고, 준(菱)·생강·여뀌·차조기 같은 향신료와, 상이버섯·목이버섯 등등의 각종 버섯류에, 털 짐승이나 털 없는 짐승, 발 달리거나 기어다니는 작은 짐승들까지 먹지 않는 것이 없습니다.[1]

위의 글에서 현량은 옛날과 당시의 식습관을 비교하면서 현실에 대해 비판하고 있습니다. 이 내용에 근거하면 기원전 81년 즈음의 사람들은 새끼 짐승을 잡아 부드러운 고기를 즐기고 각종 향신료를 사용하고 온실에서 키운 채소를 먹었습니다. 식재료의 범주가 그만큼 확장되었다는 의미일 것입니다. 이뿐만이 아닙니다. 현량은 나음과 같이 말을 이어 나깁니다.

옛날에는 기장이나 피를 (찌지 않고) 불에 (달군 돌에) 구워 먹었고, 돼지를 찢어서 (불에 달군 돌에 구워) 손님을 대접했습니다. 그 후 향인(鄉人)들이 술을 마시는 연회에서는, 노인은 몇 그릇에 음식을 따로 담아 대접하지만 젊은 사람들은 선 채로 먹었는데, 장 한 그릇에 고기 한 접시로 여럿이 함께 술을 마셨을 뿐입니다. 그 후에 이르러 빈례(賓禮)나 혼례(婚禮)에 사람들을 서로 초대할 때는 콩국, 흰 쌀밥, 잘게 썬 익힌 고기를 대접했습니다. 그런데 지금 민간의 술상에는 고

---

1   桓寬, 김한규·이철호 역, 『염철론』, 서울: 소명출판, 2002, 224쪽.

솥과 불로 찾아가는 중국 부엌의 역사

기 접시가 즐비하게 포개져 차려지고, 구운 고기는 술상을 가득 채우고, 삶은 자라와 잘게 여민 잉어살, 뱃속에 든 사슴 새끼와 메추라기, 등자나무 열매, 나도후추 열매로 만든 장, 복어, 가물치, 젓갈, 초 등 많은 음식과 온갖 맛이 다 있습니다.[2]

옛날에는 익힌 음식을 팔지 않았고, 거리에서 음식을 사 먹지 않았습니다. 그 후에 이르러서 푸줏간이 생겼고, 술을 팔거나 마른고기와 소금을 팔았을 뿐입니다. 그런데 지금은 익힌 음식을 파는 곳이 줄지어 있고, 고기를 늘어놓고 파는 곳이 시장을 이루어, 사람들이 일은 게을리하면서도 먹는 것은 반드시 때에 맞춰 먹습니다. 구운 돼지고 부추를 넣어 볶은 계란, 얇게 저민 개고기, 말고기 국, 기름에 튀긴 생선, 간 편육, 소금에 절인 양고기, 닭고기 장육, 말젓 술, 말린 나귀고기, 말린 위, 삶은 새끼 양고기, 두사(豆賜), 새끼 새고기 탕, 기러기 고기 탕, 냄새나는 절인 생선, 참외, 좋은 밥, 양념하여 구운 고기 등을 사 먹습니다.[3]

위의 인용문에 나오는 식재료는 상당히 다양합니다. 자라, 잉어, 사슴, 메추라기, 등자나무 열매, 나도후추 열매, 복어, 가물치, 돼지, 부추, 계란, 말, 간, 양, 닭, 말젓, 나귀, 기러기 등이 그것입니다. 특히 각종 육류를 즐기는 풍조가 마련되었고 이에 곁들여 소스에 해당하는 장, 초 등을 즐겼음도 알 수 있습니다. 또 외식하는 문화가 퍼지기 시작했습니다. 육류를 즐기는 시속에 대해서는 다음에도 부연 설명됩니다.

---

2   桓寬, 김한규 · 이철호 역, 『염철론』, 서울: 소명출판, 2002, 229쪽.

3   桓寬, 김한규 · 이철호 역, 『염철론』, 서울: 소명출판, 2002, 233쪽.

옛날에 서인들은 현미에 명아주나 콩잎을 반찬 삼아 먹었고, 향음주례(鄕飮酒禮)와 누제와 납제나 제사 때가 아니면 술과 고기가 없었습니다. 그러므로 제후는 특별한 이유 없이 소나 양을 죽이지 않았고, 대부와 사는 특별한 이유 없이 개나 돼지를 죽이지 않았습니다. 그런데 지금 거리의 백정들과 시골의 도살꾼들은 특별한 이유 없이 짐승들을 죽이면서 야외에 몰려들 있습니다. 사람들은 곡식을 짊어지고 가서는 고기를 손에 돌아옵니다. 대략 돼지 한 마리분의 고깃값은 평년의 농가 수입에 해당하는데, 돼지고기 한 근 값은 곡식 15두(斗)와 맞먹고 이는 성인 남자 반 달 치의 식량에 상당합니다.[4]

위의 글에서는 육식을 좋아하는 식습관이 팽배해지면서 도축도 성행하게 되었음을 비판적으로 이야기하고 있습니다. 현량이 이렇게 비판한 이유는 고기 소비를 사치품 소비로 이해했기 때문입니다. 특히 주식으로 사용해야 할 곡식을 가지고 부식이어야 할 고기와 바꿔 먹는 풍조가 우려스러울 정도라고 판단했기 때문인 듯합니다.

현량이 언급한 대로 한나라 때의 식문화에는 많은 변화가 있었습니다. 지역마다 차이는 있지만 지금으로부터 9000년에서 8000년 전 사이가 되면 중국에서 조, 기장, 벼를 재배할 수 있었습니다. 황허黃河 유역 등지에서는 조와 기장, 창강長江 유역 등지에서는 도미稻米를 먹었으며 같은 시기에 보리, 밀 등도 먹었습니다.[5] 이후 기원전 6000년 무렵이 되면 낱알 곡식을 쪄서 먹었습니다. 한대가 되면 주식으로 사용하는 곡식의 종류도 다양해졌

---

4 桓寬, 김한규·이철호 역, 『염철론』, 서울: 소명출판, 2002, 230쪽.
5 쌀은 귀한 곡식이었으므로 남조南朝 중후기에 이르러서야 벼 재배 면적이 늘어났고 쌀이 주식이 된 것은 수당 이후였다고 한다.

솥과 불로 찾아가는 중국 부엌의 역사

습니다. 당시의 명기明器에 쓰여진 문자를 살펴보면 '미米'자가 '량미粱米', '서미黍米' 등의 의미로 사용됩니다. 이로 보아 미米는 곡식을 통칭하는 의미로 많이 사용되었을 것입니다.[6] 또 명기에 남은 단어로 백미白米, 량미粱米, 서미黍米, 흑미黑黍, 도미稻米[7], 대맥大麥, 소맥小麥, 대두大豆, 소두小豆, 금두金豆, 찰벼[나稬][8] 등이 있는 것으로 보아 다양한 종류의 곡식을 활용하고 있었다고 생각합니다. 또 장군 마원馬援이 베트남에서 율무를 싣고 돌아왔다는 기록이나 '호식胡食'이 유행하면서 참깨, 고수, 후추가 도입되었다는 사실을[9] 놓고 볼 때 외부의 식재료가 활발히 전래되었음을 알 수 있습니다. 그중 후추는 기원전 2세기 무렵에 들어와 오랜 시간 중국의 음식에서 빠질 수 없는 향신료로 활용되었습니다. 아울러 곡식을 가공한 가루 음식이 유행했다는 점도 꼭 짚고 가야합니다.[10] 이처럼 한나라 때의 식재료와 음식은 상당히 다양해졌습니다. 그러니 이런 식재료와 음식들을 해내는 주방에도 변화가 있었을 것이라 예상합니다. 이 시대 산 자의 주방 내부를 유추하기 위해서는 죽은 자의 주방을 살펴보아야 합니다. 그 이유는 무엇일까요.

6 林巳奈夫, 「漢代の飲食」, 『Journal of Oriental studies』 Vol.48, 1975, 3쪽.

7 '稻'는 '稬', 즉 찰벼를 가리키는 것으로 보인다.(林巳奈夫, 「漢代の飲食」, 『Journal of Oriental studies』 Vol.48, 1975, 5쪽)

8 林巳奈夫, 「漢代の飲食」, 『Journal of Oriental studies』 Vol.48, 1975, 4쪽.

9 胡曉建, 「중국 전통 식품과 식기의 기원 및 변천」, 『맛을 담는 그릇의 멋: 중국 고대 음식 기구전』, 대구: 계명대학교, 2009, 91쪽.

10 진욱, 「중국 전통 식품과 식기의 기원 및 변천」, 『맛을 담는 그릇의 멋: 중국 고대 음식기구전』, 대구: 계명대학교, 2009, 103~110쪽.

2) 죽은 자를 위한 주방

묘실을 실제 거주하는 공간처럼 꾸며서 벽화묘를 조성하는 것은 서한 西漢시대부터 유행이 시작되어 동한東漢 때에 이르면 동북쪽의 행정 중심지라 할 수 있는 요양遼陽 지역까지 전파되었습니다.[11] 이들은 묘의 화상석 畵像石에 묘지 주인이 비록 죽었지만 살아있을 때와 마찬가지로 생활할 것을 염원하며 현실 속의 일순간, 일순간을 포착하여 새겨 넣었습니다. 당시 무덤을 꾸미는 세태에 대해 『염철론』에서는 다음과 같이 말합니다.

옛날에는 명기(明器)는 모양만 있고 실질은 없게 하여 백성들에게 사용할 수 없는 물건임을 보였습니다. 그 후에 이르러서는 식초나 젓갈을 부장하는 풍습이 생겼고, 오동나무로 만든 말과 (토제, 목제의) 인형을 부장하고 상제를 마쳤으며, 그 물건들이 많지는 않았습니다. 그런데 지금은 큰돈을 들여 많은 물건을 부장하는데, 그 기물들은 산 사람이 사용하는 것과 같습니다. 군국(郡國)의 관리들이 타는 수레도 소박한 뽕나무 외륜을 사용하는데 부장품으로 넣는 수레에는 큰 수레바퀴가 있고 필부들은 조끼도 못 입는데 오동나무 인형은 비단옷을 입습니다. 옛날에는 봉분을 만들지 않았고 주위에 나무를 심지도 않았으며, 돌아와서는 사자의 침소에서 우제(虞祭)를 지냈을 뿐, 제단을 쌓고 사당을 만들거나 사당 안에 위패를 모시는 일도 없었습니다. 그 후에 이르러서야 봉분을 만들었지만, 서인들의 봉분은 반 길에 불과해 그 높이는 사람이 가릴 수 있을 정도였습니다. 그런데 지금의 부자들은 흙을 쌓아 산을 만들고 나무를 줄지어 심어 숲을 만드는 데

11   李龍彬·馬鑫·鄒寶庫, 『漢魏晉遼陽壁畵墓』, 沈陽: 遼寧人民出版社, 2020, 5쪽.

다, 고대와 누각들을 연이어 지어 건물들을 한 데 모으고 층을 높입니다. 중류층 사람들은 사당에 차면 담과 누각을 만들고, 담장을 두르고 궐문을 세우고 부시(罘罳)를 설치합니다.[12]

위의 인용문에서는 당시에 묘를 만들고 부장품을 넣는 데에 사치 풍조가 일어났음을 비판적으로 논하고 있습니다. 그런데 이 기록은 역으로 한나라 묘에 그려진 그림과 부장품들은 실제 사용이라도 할 것처럼 돈을 들여 만든 것임, 즉 현실을 그대로 반영하고 있는 사물들임을 입증합니다. 그래서 저는 죽은 자의 무덤 속 주방을 통해 산 자의 주방을 유추하려고 하는 것입니다.

한나라 때 사람들은 죽어서도 식생활의 풍족함이 영속되기를 강하게 바랐던 듯합니다. 화상석에 풍성한 식재료가 걸려 있는, 음식 하느라 연기가 솟아오르는 주방이 자주 묘사되어 있기 때문입니다.

우선 랴오양遼陽 북쪽 교외에 위치한 삼도호거기묘三道壕車騎墓의 화상석 사진을 보겠습니다.[13]

---

12 桓寬, 김한규·이철호 역, 『염철론』, 서울: 소명출판, 2002, 234~235쪽.

13 李龍彬·馬鑫·鄒寶庫, 『漢魏晉遼陽壁畫墓』, 沈陽: 遼寧人民出版社, 2020, 100쪽.

삼도호거기묘三道壕車騎墓의 화상석 모사도.

(출처: 李龍彬·馬鑫·鄒寶庫,『漢魏晉遼陽壁畫墓』)

위의 그림을 보면 아래에 사람들이 있고 상단에 무언가가 걸려 있는 모
습이 표현되었습니다. 토끼, 꼬리가 긴 새, 배를 갈라놓은 생선, 통째로 걸
린 생선은 형체가 확실합니다. 이곳 화상석에는 이들 식재료를 조리하는
주방의 조竈도 상세히 표현되어 있습니다.[14]

---

14   李龍彬·馬鑫·鄒寶庫,『漢魏晉遼陽壁畫墓』, 沈陽: 遼寧人民出版社, 2020, 100쪽.

솥과 불로 찾아가는 중국 부엌의 역사

삼도호거기묘三道壕車騎墓 화상석의 조찬竈.
(출처: 李龍彬·馬鑫·鄒寶庫, 『漢魏晉遼陽壁畫墓』)

이 그림을 보면 한 사람은 조찬竈에 불을 넣고 다른 한 사람은 그 옆에서 크기가 상당히 큰 조리도구를 지켜보고 있습니다. 조찬竈는 장방형인데 큰 조리도구와 작은 조리도구들이 화안火眼에 얹어져 있습니다.

이보다 더욱 상세한 그림도 있습니다. 먼저 해당 그림 전체를 살펴보겠습니다. 산둥山東 주청현諸城縣 치안량타이前涼臺 한묘漢墓에서 발견된 「포주도庖廚圖」입니다.

산둥山東 주청현諸城縣의 「포주도庖廚圖」.(출처: 바이두百度)

주방 안팎에서 일어나는 행위들을 생생하게 묘사한 그림입니다. 각 부분을 하나하나 정리하면 다음과 같습니다.

솥과 불로 찾아가는 중국 부엌의 역사

그림(출처: 바이두百度)	설명
	• 화면의 상단. • 각종 식재료가 걸려 있는 모습이 묘사되었음. • 돼지머리, 배를 갈라놓은 짐승, 내장 종류, 생선 등으로 파악됨.
	• 화면의 오른쪽 위. • 사람들이 고기를 꼬치에 꿰어 이동형 화로火爐에서 굽는 모습이 묘사됨. • 당시 사람들이 어떤 음식을 만드느냐에 따라 고정형 조竈를 사용할지, 이동형 화로를 사용할지, 용도를 구별해서 사용했음을 알 수 있음.
	• 화면의 왼쪽 중간 부분. • 우물에서 도르래를 사용해서 물을 긷는 모습. • 주방에서 조리를 위해 식수 확보가 필수적임을 생각해 보면 우물 그림이 왜 함께 그려졌는지 이해할 수 있음. • 우물 곁으로 가금류로 보이는 동물들이 묘사됨.

• 화면의 오른쪽 아래.
• 한 사람은 돼지로 보이는 짐승을 끈으로 묶어 제압하고 다른 한 사람이 몽둥이를 들고 그 곁에 있는 모습.
• 식재료로 사용할 돼지를 잡는 모습이라 생각됨.

• 화면의 왼쪽 중간 부분.
• 고정형 조竈 앞에 한 사람이 앉아 나무를 넣어 불을 조절하고, 다른 한 사람이 아가리가 큰 조리도구(확鑊이라 생각됨)의 음식을 조리하고 있음.
• 화안火眼이 하나이며 연기가 빠져나가는 연통이 갖춰져 있고 아래에서 불을 땔 수 있도록 안배됨. 이후 시대의 것과 큰 차이가 없을 정도로 형태가 완벽함.

위에서 언급한 것 이외에도 직관적으로 무엇을 하고 있는지 짐작할 수 있는 도상들이 곳곳에 보입니다. 큰 막대기로 음식을 젓고 있는 모습, 용기를 시렁에 얹어 수분을 빼고 있는 모습, 재료를 손질하고 있는 모습 등은 모두 주방 안팎에서 일어날 법한 모습입니다. 동원된 인원이나 식재료의 구성도 적지 않습니다. 저는 특히 조리 형태에 따라 선택적으로 고정형 조竈와 이동형 화로를 사용했다는 점이 인상 깊었습니다. 고정형 조竈는 화

솥과 불로 찾아가는 중국 부엌의 역사

력이 세지만 자리 차지를 많이 하고 이동형 화로는 화력은 그만 못해도 불의 세기를 세밀하게 조절할 수 있고 직화구이가 가능하다는 장점이 있습니다. 그런데 위의 그림에서 고정형 조찬竈에서 연기를 처리하는 방식에 대해서는 의문이 생깁니다. 연통이 있어서 연기가 빠져나가고 있지만 그 길이가 짧습니다. 만약에 벽이 있는 실내에서 이 설비를 사용했다면 매캐한 연기가 가득했을 텐데 어떻게 활용했을지 궁금합니다.

다음으로 살펴볼 것은 봉대자1호묘棒臺子1號墓의 주방 그림입니다. 이 묘소는 랴오양의 북쪽 교외, 타이즈허구太子河區 방타이즈촌棒臺子村 북쪽 평지에 위치하며 거의 완정한 상태로 1944년에 발견되었습니다. 이곳 화상석에 묘사된 주방의 모습도 상당히 다채롭습니다. 전체 그림과 함께 각 부분의 설명도 함께 해보겠습니다.

봉대자1호묘棒臺子1號墓의 화상석 모사도.(출처: 李龍彬·馬鑫·鄒寶庫, 『漢魏晉遼陽壁畫墓』)

그림 (자료출처: 李龍彬·馬鑫·鄒寶庫,『漢魏晉遼陽壁畫墓』)	설명
	• 거북이 혹은 자라, 새, 새끼 돼지, 덩어리 고기 등이 걸려 있는 모습을 묘사함. • 연구자들은 이것들이 거위, 꿩, 원숭이, 심장과 폐, 돼지, 말린 생선 등일 것으로 생각함.[15]
	• 작은 장방형의 화로 위에서 꼬치를 양 손에 들고 굽는 모습을 묘사.
	• 한 사람은 식재료를 담은 용기를 운반하고 다른 한 사람은 식재료를 다듬는 과정을 묘사한 것으로 생각됨.

15   李龍彬 · 馬鑫 · 鄒寶庫,『漢魏晉遼陽壁畫墓』, 沈陽: 遼寧人民出版社, 2020, 14~17쪽.

솥과 불로 찾아가는 중국 부엌의 역사

- 손잡이가 달린 조리도구 앞에서 국자로 보이는 도구를 들고 조미하는 듯한 모습임.
- 사람 앞의 손잡이 있는 조리도구는 부솥일 것으로 생각됨.[16]
- 참고로 한나라 때의 국자는 다음과 같은 모습임.

한나라 동작銅勺(손잡이 부분이 떨어진 상태임. 출처: 산시역사박물관陝西歷史博物館 홈페이지)

위의 그림에서 양손에 꼬치를 들고 굽고 있는 듯한 모습을 보면 재밌습니다. 선진先秦시기만 하여도 조리 기술이 굽고 찌고 끓이는[소燒·고烤·증蒸·자煮] 정도에 그쳤습니다. 그러나 한나라 때부터 식물성 기름이 발명되면서[17] '볶고 튀기고 지지는[초炒·폭爆·작炸·전煎]'의 기술이 구사되었다고 합니다. 마왕뒈이馬王堆의 문서에서도 굽기[적炙], 볶기[포炮], 지지기[전煎], 달이기[오熬], 찌기[증蒸] 등의 조리 기술과 관련된 글자들이 나와서 이를 뒷받침합니다.[18] 이후 위진魏晉시대에 약한 불에 굽는 조리 기술을 활용

16   李龍彬·馬鑫·鄒寶庫,『漢魏晉遼陽壁畫墓』, 沈陽: 遼寧人民出版社, 2020, 84쪽.
17   王其鈞,「中國傳統廚房硏究」,『南方建築』, 2011年06月, 19쪽.
18   王倩·宋蔚,「漢畫中的飮食硏究」,『阜陽師範學院學報』, 2016年 第6期, 121쪽.

할 수 있었던 것도 한나라 때 조리 기술이 발전했던 덕분이었습니다. 특히 한나라 때에는 조미료나 기름을 발라서 굽는 꼬치구이 조리법이 유행하였는데[19] 바로 이러한 유행이 화상석에도 반영된 것입니다.

꼬치를 굽던 이동형 화로의 경우 유물로 확인할 수도 있습니다. 1969년에 산시陝西 시안西安에서 출토된 상림방로上林方爐(산시역사박물관陝西歷史博物館 소장)는 한나라 화상석에서 고기를 굽는 장면에서 나오는 바로 그 화로입니다.

상림방로上林方爐.(출처: 바이두百度)

이 화로는 크게 두 부분으로 나뉩니다. 위의 노반爐盤에는 연료(특히 숯불)를 가지고 불을 피워 고기를 굽습니다. 그 과정에서 생긴 재는 거름망을 통해 아래로 떨어집니다.[20] 이 화로는 원래 위쪽 몸체에서 42글자의 글자도 발견됐습니다. 그 기록에 따르면 이 화로가 별궁인 홍농궁弘農宮의 물건이

---

19 李龍彬·馬鑫·鄒寶庫, 『漢魏晉遼陽壁畫墓』, 沈陽: 遼寧人民出版社, 2020, 100~101쪽.

20 張耀引, 「史前至秦漢炊具設計的發展與演變研究」, 南京藝術學院 석사학위논문, 2005, 28쪽.

솥과 불로 찾아가는 중국 부엌의 역사

었는데 초원初元 3년(기원전 46년)에 상림궁上林宮에서 조달해 갔다고 했습니다. 또 화로의 길이가 2척尺(현재 측정했을 때 47cm), 너비가 1척(현재 측정했을 때 23.25cm), 무게가 36근斤이며 감로甘露 2년(기원전 52)에 주조했는데 주조한 장인의 이름이 '상개常緒'라는 것까지 기록되었습니다. 이로 볼 때 이 화로는 당시 장안長安의 궁궐에서 사용하던 일상 품목이었음이 분명합니다.

산시역사박물관陝西歷史博物館에는 위의 화로와 유사한 형태의 또 다른 유물이 소장되어 있습니다. 이른바 제량동방로提梁銅方爐, 즉 손잡이가 달린 청동 장방형 화로입니다. 높이 12.7cm, 길이 25.2cm, 너비 16.1cm, 무게 2.035kg로서, 16cm×47cm×23.25cm인 상림방로에 비해서는 작은 크기입니다. 하지만 손잡이 부분이 분명히 남아 있어서 장소에 구애받지 않고 이동하며 사용했던 도구라고 생각합니다.

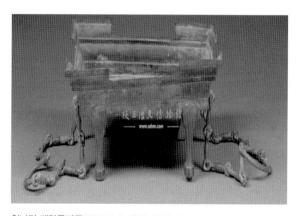

한나라 제량동방로提梁銅方爐.(출처: 산시역사박물관陝西歷史博物館 홈페이지)

또 다른 주방 그림으로 산둥山東 쟈샹嘉祥 우량쓰武梁祠 한나라 묘의 화상석 그림을 소개합니다. 이 묘는 147년 즈음에 만든 것으로 생각되는데 위에서 보았던 화상석과 마찬가지로 그림의 상단에 주렁주렁 식재료를 매단 모습이 나타납니다.[21] 우선 전체 그림을 본 후 화면의 각 영역을 설명하겠습니다.

산둥山東 쟈샹嘉祥 우량쓰武梁祠 한묘의 화상석 모사도.
(출처: 林巳奈夫, 「漢代の飲食」)

---

21   林巳奈夫, 「漢代の飲食」, 『Journal of Oriental studies』 Vol.48, 1975, 26쪽.

그림 (자료출처: 林巳奈夫,「漢代の飮食」)	설명
	• 화면 상단. 고깃덩어리, 배를 갈라놓은 짐승, 새, 생선이 매달려 있음.
	• 화면 하단, 돼지머리, 배를 갈라놓은 짐승 (토끼로 보임), 새, 생선이 매달려 있음.
	• 조리사가 칼을 들고 식재료를 손질하려고 하는 모습.
	• 화면 상단에 벽돌로 쌓은 조竈가 표현되어 있음. • 조竈 위에는 아가리가 넓고 크기가 큰 조리 도구가 얹어져 있음.

• 화면 하단에도 조竈 앞에서 일을 하는 사람이 묘사되었음.
• 조竈 위에는 조리도구가 얹어져 있는데 상단의 그림과 달리 뚜껑이 덮인 모습으로 묘사되었음.

천장에 식재료를 매단 모습, 불을 사용하는 모습, 다양한 육류를 식재료로 활용한 것 등, 당시 주방의 상황과 식습관까지 보여주는 그림입니다.

위의 그림에는 크고 작은 조리도구와 뚜껑이 덮인 솥과 덮이지 않은 솥이 있습니다. 우선 다른 유물들과 비교해 보겠습니다. 한나라 때 조리도구 중에서 특징적인 것을 꼽으라면 오숙부五熟釜라는 것이 있습니다. 다섯 가지 재료를 한꺼번에 익힐 수 있도록 용기 내부가 다섯 개의 구역으로 나누어져 있고 발이 달려 있는 형태입니다. 조리에 어떻게 활용되었는지 확단할 수는 없지만 비슷한 온도로 조리해야 하는 식재료이면서 다양한 맛을 내놓아야 하는 상황이었다면 상당히 쓸모 있는 도구였으리라 생각합니다. 그러나 이는 한나라 때의 다른 부와 비교했을 때 형태의 차이가 매우 큽니다. 다른 부釜는 보통 조竈나 화로 위에 얹을 수 있는 형태이지만 오숙부는 다리가 있어 그럴 수 없다는 점 때문입니다.

솥과 불로 찾아가는 중국 부엌의 역사

한나라 오숙부(난징박물원南京博物院 소장. 출처: 바이두百度)

한나라 동부銅釜.(출처: 산시역사박물관陝西歷史博物館 홈페이지)

한나라 때 유물 중 독특한 형태의 조리도구가 또 하나 있습니다. 이를 연구한 학자는 이것을 '고압과高壓鍋', 즉 지금의 압력솥과 유사한 도구라고 설명합니다. 1968년 허베이河北 바오딩링산만청保定陵山滿城의 한나라 묘에서 다량의 취사도구가 발굴되었습니다. 그중 서한 시대의 유물인 사수뉴웅족동정四獸紐熊足銅鼎은 그 형태 때문에 주목을 받았습니다.[22] 이 도구는 둥근 몸체에 세 개의 발이 달려 있습니다. 그 발의 모양이 곰의 형태를 취하고 있습니다. 용기의 배 부분 양쪽에는 장방형의 귀가 세워져 있는데 그 끝에는 짐승이 조각되어 있고 걸개고리처럼 그 귀를 접었다 펼 수 있습니다. 이 조리도구에 뚜껑이 있는데 편평하지 않고 깊이감이 있고 그 위에 네 마리의 짐승이 달려 있습니다. 중요한 점은 도구의 몸체에 달린 두 개의 귀를 펴서 뚜껑에 붙은 짐승에다가 걸 수 있게 고안됐다는 것입니다. 즉, 몸체와 뚜껑을 단단히 고정해서 뚜껑이 쉽게 열리지 않는데, 설사 열이 가해져 용기 내부에 압력이 높아져도 뚜껑이 들썩거리지 않으니 음식에 열기와 압력이 충분히 전달되게끔 만든 도구이지요. 그래서 이것이 마치 압력솥과 유사한 도구라고 주장하는 연구자도 있습니다.

---

22   이상의 내용은 李雅雯의 「不可思議的漢代高壓鍋」(『文物鑒定與鑒賞』, 2019年第07期, 26~27쪽)를 정리한 것이다.

솥과 불로 찾아가는 중국 부엌의 역사

사수뉴웅족동정四獸紐熊足銅鼎.
(허베이박물관 소장. 출처: 李雅雯의「不可思議的漢代高壓鍋」)

　　다시 주방 이야기로 돌아가 보겠습니다. 앞에서 저는 화상석에 보이는
고정형 조竈의 연기 처리 문제가 궁금하다고 말했습니다. 연통이 짧아서
주방의 벽체와 연결하여 바깥으로 연기를 뺄 수 있는 형태가 아니기 때문
에 만약 밀폐된 공간에서 사용하게 될 경우 주방 내부가 연기로 가득했을
것이라고 말입니다. 허난河南 미현密縣 다후팅打虎亭의 한나라 묘에 묘사된
조竈에서도 비슷한 의문이 들었습니다. 우선 1호묘 동이실東耳室 남벽 동폭
東幅의 모사도[23]와 탁본[24]을 연속해서 보겠습니다.

23　　河南省文物硏究所,『密縣打虎亭漢墓』, 北京: 文物出版社, 1993, 136쪽.
24　　河南省文物硏究所,『密縣打虎亭漢墓』, 北京: 文物出版社, 1993, 도판부록 35쪽.

다후팅打虎亭 동이실東耳室 남벽 동폭東幅 그림의 모사
도.(출처: 河南省文物研究所,『密縣打虎亭漢墓』)

다후팅打虎亭 동이실東耳室 남벽 동폭東幅 그림의 탁
본.(출처: 河南省文物研究所,『密縣打虎亭漢墓』)

솥과 불로 찾아가는 중국 부엌의 역사

이 그림 역시 다채로워서 화면의 각 부분을 상세히 살펴볼 필요가 있겠습니다.

그림 (출처: 河南省文物研究所, 『密縣打虎亭漢墓』)	설명
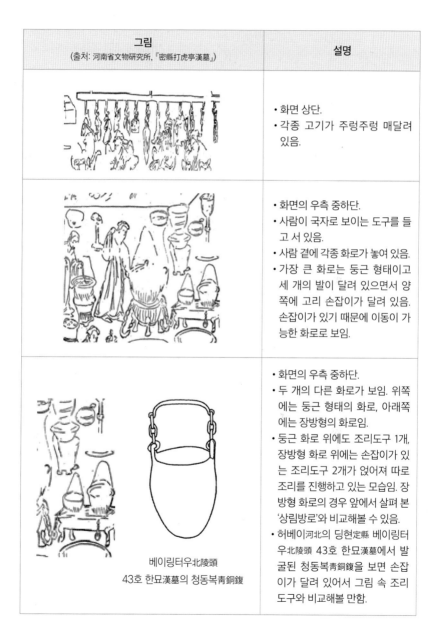	• 화면 상단. • 각종 고기가 주렁주렁 매달려 있음.
	• 화면의 우측 중하단. • 사람이 국자로 보이는 도구를 들고 서 있음. • 사람 곁에 각종 화로가 놓여 있음. • 가장 큰 화로는 둥근 형태이고 세 개의 발이 달려 있으면서 양쪽에 고리 손잡이가 달려 있음. 손잡이가 있기 때문에 이동이 가능한 화로로 보임.
베이링터우北陵頭 43호 한묘漢墓의 청동복青銅鍑	• 화면의 우측 중하단. • 두 개의 다른 화로가 보임. 위쪽에는 둥근 형태의 화로, 아래쪽에는 장방형의 화로임. • 둥근 화로 위에도 조리도구 1개, 장방형 화로 위에는 손잡이가 있는 조리도구 2개가 얹어져 따로 조리를 진행하고 있는 모습임. 장방형 화로의 경우 앞에서 살펴 본 '상림방로'와 비교해볼 수 있음. • 허베이河北의 딩현定縣 베이링터우北陵頭 43호 한묘漢墓에서 발굴된 청동복青銅鍑을 보면 손잡이가 달려 있어서 그림 속 조리도구와 비교해볼 만함.

- 화면 좌측 중간.
- 전체 화면을 보면 10명 이상의 사람들이 조리 과정에 참여하고 있음.
- 각자 분업하여 조리하고 있음.

　　위의 그림에서 장방형 화로 뒤편에 있는 둥근 형태의 화로를 찾으셨나요? 2002년에 뤄양洛陽기차역 주변의 서한 시대 묘소를 발굴하다가 나온 IM1779의 화로+부釜+증甑 조합과 구성 면에서 유사합니다.[25] 다만, 이는 명기이기 때문에 크기가 작습니다. 화로의 높이가 13.5cm, 직경 17.5cm이고 부의 높이가 13.6cm, 배 부분에서 가장 큰 부분의 직경이 19.2cm이며, 증은 바닥에 구멍이 있는데 높이가 10.3cm, 입구 직경이 19.1cm에 불과합니다. 동한시대 부장품 화로, 그리고 서한시대의 부장품 조竈에도 역시 이와 유사한 조리도구의 조합이 보입니다.[26]

25　　洛陽師範學院·河洛文化國際研究中心,『洛陽考古集成·秦漢魏晉南北朝(上)』, 北京: 北京圖書館出版社, 2007, 491쪽.

26　　西安博物院 편,『西安博物院』, 西安: 世界圖書出版西安公司, 2007, 94쪽.

동한시대 부장품 화로의 구성.(출처: 뤄양박물관에서 직접
촬영)

뤄양에서 발굴된 서한시대 화로 및 조리
도구.(출처: 洛陽師範學院·河洛文化國際硏究中心,
『洛陽考古集成·秦漢魏晉南北朝(上)』)

서한시대 竈+釜+甑의 조합. (출처: 西
安博物院 편, 『西安博物院』)

그런데 이상의 그림을 보면 주방이 좁을 경우 해당 인원을 다 수용하지 못하거나 조리 과정을 모두 소화하기 힘들 것 같다는 생각이 듭니다. 10명 이상의 사람이 식재료 손질부터 꼬치구이까지, 분업하여 조리에 참여하고 있다는 점, 크고 작은 화로를 4개 놓고 조리하고 있다는 점을 보면 한정된 주방 공간에서는 조리 동선 확보도 쉽지 않겠습니다. 특히 사방을 벽으로 둘러치고 지붕이 있는 주방이라면 아무리 창과 문을 연다고 해도 실내에 그득한 연기를 어떻게 감당할 수 있을지 의문입니다. 지붕이 없는 야외, 즉 '한뎃부엌' 같은 곳에서라야 그러한 조리를 다 해낼 수 있을 것 같습니다. 과연 한나라 때 주방은 어디에 어떤 형태로 위치했을까요.

한나라 때 민가民家에는 원院을 구성하는데 여기에 주방, 화장실, 돼지 축사 등이 세트로 들어갑니다. 화상석을 보면 당시 가옥과 관련된 이와 같은 규정 및 기록과 일치하는 부분이 발견됩니다.[27] 먼저 쓰촨四川 청두成都 양즈산羊子山에서 출토된 화상석을 예로 들겠습니다.[28] 당堂과 누樓, 대문과 담장의 구성 등, 당시 가옥의 모습을 보여주는 귀중한 그림입니다만 아쉽게도 주방의 모습이 보이지 않습니다.

---

27 李龍彬 · 馬鑫 · 鄒寶庫, 『漢魏晉遼陽壁畫墓』, 沈陽: 遼寧人民出版社, 2020, 95쪽.

28 徐星媛 · 尹釗 · 戴雪峰, 「從漢畫像石中品漢代建築之美」, 『收藏與投資』, 2019年11月, 104쪽.

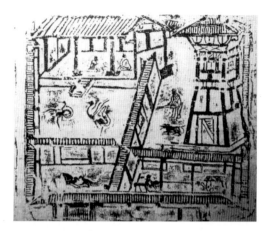

양즈산羊子山에서 출토된 화상석.

(출처: 徐星媛·尹釗·戴雪峰, 「從漢畫像石中品漢代建築之美」)

주방이 묘사된 것으로 쓰촨四川 광한시廣漢市 저우촌周村에서 출토된 화상석이 있습니다. 그중 동시문東市門이라는 글자가 쓰인 장면이 있습니다. 그림의 왼쪽 하단을 보면 조竈가 하나 보이고 그 위에는 조리도구가 얹어져 있습니다.[29] 특이한 것은 조竈 주변에는 지붕만 있는 건물구조체가 보일 뿐, 벽체라든가 바람을 막을, 밀폐된 부분이 묘사되어 있지 않습니다. 즉, 벽이 없고 지붕만 설치된 곳에 조竈가 놓여 있어서 조리 과정을 외부에서 모두 볼 수 있게 되어 있습니다. 이런 경우라면 연통의 길이가 길지 않아도 됩니다. 조竈나 화로에서 나온 연기를 주방 벽체 외부로 빼지 않아도 되니까요. 사실 당시 주방이 이처럼 개방된 형태였는지 속단하기는 어렵습니다. 그러나 적어도 사람들이 많이 오가는 동시문東市門, 즉 상업이 이

---

29 魏崴, 「四川漢代市肆圖略說: 以四川漢畫像磚爲例」, 『文物天地』, 2019年01月, 62~63쪽.

루어지는 곳에서는 이처럼 개방된 주방도 가능했으리라 생각합니다. 그리고 조竈를 놓고 지붕과 기둥을 세워 지붕, 즉 윗부분을 차단했다는 것은 조竈를 위한 별도의 공간을 안배한 것이라고 의의를 찾을 수도 있겠습니다.

광한시廣漢市 저우촌周村의 화상석 탁본.
(출처: 魏崴, 「四川漢代市肆圖略說: 以四川漢畫像磚爲例」)

이어서 분주한 주방의 모습이 묘사된 또 다른 화상석을 소개합니다.[30] 화면을 보면 역시 지붕과 기둥만 있는 공간에서 사람들이 조리하고 있습니다. 화상석이 현실을 반영하긴 하지만 평면에 묘사하다 보니 공간이나 위치를 왜곡하는 경우도 있습니다. 마치 투시도와 같기 때문에 이런 화상석을 근거로 당시 주방이 벽체가 없는 공간이었다고 단언하기 어려울 수

30   사진 출처: 趙紹印·宋國盛, 「徐州漢畫像石中飲食器具」, 『四川旅遊學院學報』, 2010年02期.

도 있습니다. 그러나 화로나 조竈에서 나오는 연기의 처리, 조리 공간 및 동선을 생각했을 때, 또 화상석에 묘사된 인원이 그 정도의 조리를 진행해야 한다고 생각했을 때 지붕과 기둥은 있지만 벽은 없이, 외부로 노출된 공간을 활용한 형태였을 때가 더 효율적이었을 것 같다고 저는 생각합니다.

한나라 화상석의 주방 그림.
(출처: 趙紹印·宋國盛, 「徐州漢畵像石中飮食器具」)

그림으로 부족한 부분은 부장품에 묘사된 가옥 모형을 참고해서 유추할 수도 있습니다. 1972년에 뤄양 진구위안金谷園 정류장의 11호 동한시대 묘소 발굴 현장에서 다음과 같은 도기가 발굴되었습니다. 이 도기의 지붕 양쪽에는 경사가 있는데 뒤쪽이 더 협소합니다. 건물 내부 문 입구 쪽에 타원형의 우물이 있고 우물 입구에 도르래가 있습니다. 그리고 실내의 왼쪽에 부釜가 얹어진 방형의 조竈가 있습니다.[31] 그런데 이 주방은 지붕과 양쪽 벽체는 있지만 앞쪽으로는 개방된 형태입니다. 실제로 이렇게 개방된 모습이라면 연기나 김이 빠져서 공기의 순환이 잘 될 수 있을 것입니다.

两坡式陶作坊

동한시대 주방의 모습을 반영한 도기.
(출처: 뤄양박물관에서 직접 촬영)

图一七　陶房 (M11: 189)

서한시대 주방 모습의 도기.
(출처: 洛陽師範學院·河洛文化國際研究中心, 『洛陽考古集成·秦漢魏晉南北朝(上)』)

이어서 또 다른 사진을 소개합니다. 지붕이 있는 공간에 조竈와 각종 조리도구가 갖춰진 모습입니다. 역시 앞부분은 벽이 없이 개방된 상태인 것처럼 묘사되어 있습니다.

31　洛陽師範學院·河洛文化國際研究中心, 『洛陽考古集成·秦漢魏晉南北朝(上)』, 北京: 北京圖書館出版社, 2007, 662~668쪽.

솥과 불로 찾아가는 중국 부엌의 역사

동한시대 묘에서 발굴된 부장품 도기. 주방과 조리도구의 모습을 반영하고 있다.(출처: 뤄양박물관에서 직접 촬영)

한나라 시대를 배경으로 하는 중국의 드라마나 다큐멘터리를 보면 지붕과 기둥만 있는 곳, 사방에 벽이 전혀 없는 경우, 혹은 벽체가 있더라도 2면, 혹은 3면에만 있어서 개방된 형태의 주방에서 조리하는 모습이 재연됩니다. 그 고증의 근거가 무엇인지 저는 정확하게 찾지 못했습니다. 그러나 화상석과 부장품에 보이는 주방을 보면 당시 주방이 이렇게 개방된 형태였을 가능성이 있다고 생각합니다.

아울러서 주방이 언제부터 별도의 공간으로 구성되었는지 명확하지 않습니다. 춘추시대에 이미 고정형 조竈가 나왔으므로 이에 따라 주방 역시 별도로 설치되었을 가능성이 높다고는 하지만 그것이 주방에 어떻게 자리하고 있었는지를 말해주지는 못합니다. 다만 주방이 독립적 공간으로 구성되는 것이 보편화된 것은 한나라 때이며 이때 중국의 전통 주방의 구조가 자리 잡았다고 추정합니다.[32] 선진先秦시대에 일반적으로 가옥 안쪽에 가옥의 입구를 마주하는 쪽으로 조갱竈坑이나 화당火塘을 만들어 물을 끓이고 밥을 짓고 조명이나 난방, 들짐승들의 침입에 대비하는 기능도 수행하도록 했다가, 이후 서한西漢부터는 가옥 안, 즉 건물 안에 조竈를 쌓았다는[33] 연구자들의 주장을 참고할 수 있습니다.

32 張耀引, 「史前至秦漢炊具設計的發展與演變研究」, 南京藝術學院 석사학위논문, 2005, 29쪽.

33 張覺民, 『江南竈畵』, 北京: 中國輕工業出版社, 2012, 2~6쪽.

솥과 불로 찾아가는 중국 부엌의 역사

한

—산 자와 죽은 자를 위한 조竈

1) 고정형 조竈의 정착

오객吳客이 말했다. "특별하게 사육된 송아지 복부의 기름진 고기를 삶아서 죽순과 포아蒲芽를 섞어서 요리를 만들고, 또한 기름진 개고기를 익혀서 그 위에 산부山膚 채소를 덮습니다. 초의 묘산苗山 쌀로 지은 밥이나, 고미菰米로 지은 밥은 손으로 뭉쳐 놓아 흩어지지 않지만 일단 입으로 들어가기만 하면 흩어져 버립니다. 이에 음식을 잘 만드는 상商의 재상 이윤伊尹으로 하여금 음식을 만들게 하고 음식으로 제齊 환공桓公의 총애를 받은 역아易牙에게 맛을 조절케 합니다. 그 종류들은 잘 익은 곰의 발바닥도 있고 작약의 뿌리를 사용한 탕즙湯汁도 있고 등심의 얇은 구운 고기도 있고 신선한 잉어회도 있으며 가을에 황색이 된 자소엽紫蘇葉도 있고 또한 백로 때의 맛있는 채소도 있습니다. 식후에 입가심을 하기 위하여 난초로 담근 술이 준비되어 있고 게다가 야생 꿩으로 만든 요리와 사육한 표범의 태아胎兒로 만든 것도 있습니다. 적게 먹든 혹은 많이 마시든지를 막론하고 끓인

물을 눈 위에 뿌리는 것 같이 대단히 상쾌하고 편안하게 소화가 되어 버립니다. 이것이야말로 역시 천하의 가장 맛있는 맛이라고 할 수 있습니다. 태자는 무리를 해서라도 일어나 이것을 맛보지 않겠습니까?"[1]

매승枚乘의 「칠발七發」에서 오객吳客이 태자를 향해 온갖 산해진미를 읊는 장면입니다. 매승이 사망한 해가 기원전 140년 즈음으로 추정되니 이 장면에서 나오는 온갖 미식은 한나라의 음식 문화를 반영하고 있을 것입니다. 이러한 미식이 만들어지기 위해서는 당연히 주방의 여건도 갖춰져야 합니다. 진한秦漢시대 이후에는 실내에 두는 고정형 조竈의 형태가 정착되었다고 합니다. 조竈의 위에는 화안火眼을 내어 화력이 센 쪽에는 조리도구를 얹어 음식을 조리하고, 약한 쪽에는 부釜 및 증甑을 올려서 찌거나 오래 끓이기를 했습니다. 이와 더불어 이동이 가능한 조竈도 사용했는데 실질적으로는 '로爐', 즉 '화로'에 해당하기 때문에 '로조爐竈', '행로行爐'라고 불렀습니다.[2] 한편으로 이러한 조竈의 형태가 자리 잡으면서 정鼎과 같이 발이 길게 달린 취사도구는 여기에 얹을 수가 없었습니다. 그래서 그 대신에 조竈에 얹을 수 있는 형태인 부釜와 확鑊 등이 동, 철, 도기 재질로 만들어져 널리 사용되었습니다. 또한 조竈에 넣는 연료로 땔나무나 풀뿐만 아

---

1 "客曰, "犓牛之腴, 菜以筍蒲. 肥狗之和, 冒以山膚. 楚苗之食, 安胡之飯. 搏之不解, 一啜而散. 於是使伊尹煎熬, 易牙調和. 熊蹯之臑, 芍藥之醬. 薄耆之炙, 鮮鯉之膾, 秋黃之蘇, 白露之茹. 蘭英之酒, 酌以滌口. 山梁之餐, 豢豹之胎. 小飯大歠, 如湯沃雪. 此亦天下之至美也. 太子能強起嘗之乎."(백승석, 「매승(枚乘)의 <칠발(七發)> 연구」, 『중국어문학』 Vol.18, 1990, 10쪽)

2 張覺民, 『江南竈畫』, 北京: 中國輕工業出版社, 2012, 2~6쪽.

솥과 불로 찾아가는 중국 부엌의 역사

니라 초식 동물의 분변도 사용되었습니다.[3] 분변을 이용해 더 강한 화력을 기대할 수 있게 되었다는 사실은 더 다양한 맛을 낼 수 있게 되었음을 의미합니다.

그러면 한나라의 조竈는 어떻게 생겼고 주방에서 어떻게 배치되었을까요. 죽은 자를 위해서 준비한 조竈 부장품과 무덤 벽화를 통해서 유추해보겠습니다.

한나라 때부터 부장품으로 조竈가 묻히는 경우가 많았습니다. 『시안롱서우위안 한묘西安龍首原漢墓』에서 정리한 바에 따르면 42군데 서한 초기 묘에서 32건의 조竈가 출토되었고 『창안 한묘長安漢墓』의 정리에 따르면 서한 중기부터 왕망의 신新 시대까지의 139군데 묘에서 65건의 조竈가 출토되었다고 합니다.[4] 이는 부장품으로서 조竈가 얼마나 중요한 사물이었는지를 알려줍니다. 또 이 정도 출토 유물의 숫자라면 부장품의 형태를 종합해 한나라 때 조竈 형태를 가늠할 수도 있을 것입니다. 시안西安 롱서우위안龍首原에서 출토된 서한시대 초기 조竈의 형태를 정리하면 다음과 같습니다.[5]

---

3   李龍彬 · 馬鑫 · 鄒寶庫, 『漢魏晉遼陽壁畫墓』, 沈陽: 遼寧人民出版社, 2020, 101쪽.

4   周俊屹, 「河西地區漢晉墓葬出土陶竈硏究」, 西北師範大學 석사학위논문, 2016, 50쪽.

5   아래의 표는 周俊屹의 「河西地區漢晉墓葬出土陶竈硏究」(西北師範大學 석사학위논문, 2016, 50-54쪽)를 정리한 것이다.

구분	대표적 형태	특징
A형		• 장방형. • 연기 배출 구멍, 혹은 연돌 煙突 있음. • 조문竈門 주변에 문양 새김. • 조문竈門이 땅에 붙은 경우, 그렇지 않은 경우가 있음.
B형		• 말굽형. • 조문竈門이 있는 쪽은 방형, 뒤쪽은 둥글게 처리한 말굽 형태. • 뒤쪽에 연기 배출 구멍이 있음. • 조문竈門이 땅에 붙은 경우, 그렇지 않은 경우 있음.
C형		• 조문竈門이 있는 쪽은 방형, 뒤쪽은 호형으로 처리함. • 화안火眼을 品자 형태로 배치함. • 뒤쪽에 연기 배출 구멍이 있음. • 조문竈門이 땅에 붙은 경우, 그렇지 않은 경우가 있음.

솥과 불로 찾아가는 중국 부엌의 역사

시안과 인접해 있는 뤄양落陽 지대의 한나라 때 조竈 부장품의 형태를
정리하면 다음과 같습니다.[6]

구분	대표적 형태	특징
A형		• 장방형. • 화안火眼 위에 부釜와 증甑이 얹어짐. • 연기 배출 구멍이 투박하게 있음. • 조문竈門이 땅에 내려와 있음.
B형	한나라 때 도조陶竈 명기. 끄트머리에 붙어 있는 연창을 확인할 수 있다.(출처: 쟈싱嘉興박물관에서 직접 촬영)	• 장방형. • 뒤쪽에 연기 배출하는 매우 짧은 길이의 장치가 붙어 있음. • 조문竈門이 땅에 붙어 있음.

---

6 아래의 표는 周俊屹의 「河西地區漢晉墓葬出土陶竈研究」(西北師範大學 석사학위논문, 2016, 54~59쪽)를 정리한 것이다.

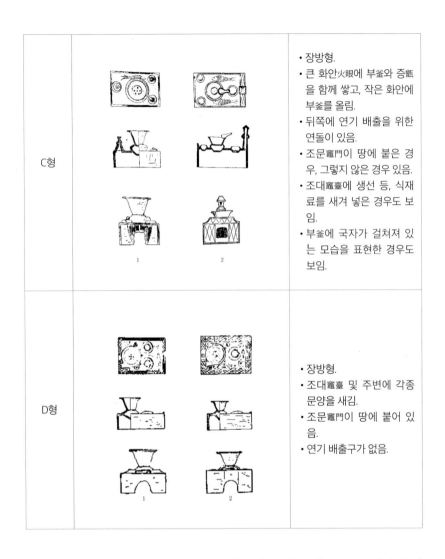

C형		• 장방형. • 큰 화안火眼에 부부와 증甑을 함께 쌓고, 작은 화안에 부부를 올림. • 뒤쪽에 연기 배출을 위한 연돌이 있음. • 조문竈門이 땅에 붙은 경우, 그렇지 않은 경우 있음. • 조대竈臺에 생선 등, 식재료를 새겨 넣은 경우도 보임. • 부부에 국자가 걸쳐져 있는 모습을 표현한 경우도 보임.
D형		• 장방형. • 조대竈臺 및 주변에 각종 문양을 새김. • 조문竈門이 땅에 붙어 있음. • 연기 배출구가 없음.

이처럼 부장품으로 사용된 조竈는 다양한 형태를 하고 있는 데다가 정교한 만듦새 때문에 실제로 사용했던 조竈도 이렇게 생겼으리라는 것을 짐작하게 합니다.

솥과 불로 찾아가는 중국 부엌의 역사

동한시대 유물 중 뤄양 지역에서 발굴된 장방형 竈竈.
(출처: 뤄양박물관에서 직접 촬영)

동한시대 유물 중 뤄양 지역에서 발굴된 장방형 竈竈. 화안 위에 부솥,
증甑이 얹어진 것과 국자처럼 보이는 조리도구가 들어가 있는 것도 보
인다. 끝부분에는 연기가 배출될 수 있는 연통이 짧게 붙어 있다.(출처:
뤄양박물관에서 직접 촬영)

8. 한—산 자와 죽은 자를 위한 竈竈

보시다시피 조찬竈 명기의 크기는 크지 않습니다. 길이가 32㎝를 넘지 않는 미니어처 조찬竈입니다. 이런 명기는 무덤 속에서 어떤 모습으로 발굴될까요. 발굴 당시의 모습을 세밀히 기록한 그림을 보면 동그란 화안火眼 때문에 이것들을 금방 찾을 수 있습니다.[7]

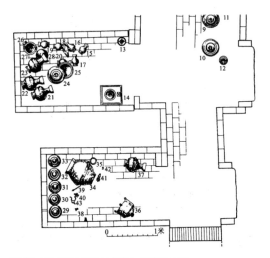

뤄양의 서한시대 묘 내부 발굴도. 14번이 조찬竈.

(자료출처: 洛陽師範學院·河洛文化國際研究中心, 『洛陽考古集成·秦漢魏晉南北朝(上)』)

7   洛陽師範學院·河洛文化國際研究中心, 『洛陽考古集成·秦漢魏晉南北朝(上)』, 北京: 北京圖書館出版社, 2007, 293쪽.

솥과 불로 찾아가는 중국 부엌의 역사

2) 다양한 형태의 조竈 명기

이렇게 발굴된 조竈 명기는 숫자가 상당히 많아서 다양한 예시를 보여
드릴 수 있습니다. 우선 허난河南박물관에 소장된 유물들을 정리하면 다음
과 같습니다.

그림 (자료출처: 허난河南박물관 홈페이지)	설명
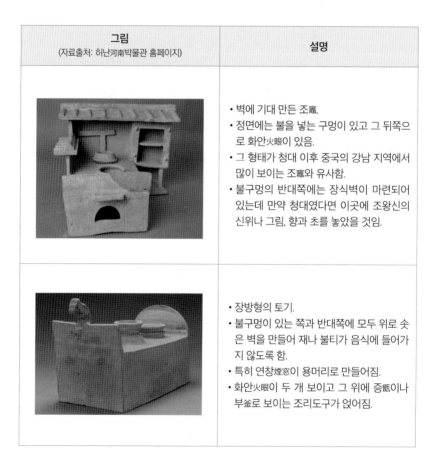	• 벽에 기대 만든 조竈. • 정면에는 불을 넣는 구멍이 있고 그 뒤쪽으로 화안火眼이 있음. • 그 형태가 청대 이후 중국의 강남 지역에서 많이 보이는 조竈와 유사함. • 불구멍의 반대쪽에는 장식벽이 마련되어 있는데 만약 청대였다면 이곳에 조왕신의 신위나 그림, 향과 초를 놓았을 것임.
	• 장방형의 토기. • 불구멍이 있는 쪽과 반대쪽에 모두 위로 솟은 벽을 만들어 재나 불티가 음식에 들어가지 않도록 함. • 특히 연창煙窓이 용머리로 만들어짐. • 화안火眼이 두 개 보이고 그 위에 증甑이나 부솥釜로 보이는 조리도구가 얹어짐.

둘 다 고정형을 주방의 한곳을 차지하도록 만든 조竈입니다. 이런 명기

들의 경우 화안에 얹어진 조리도구가 하나하나 분리가 되도록 섬세하게 만든 경우가 많아서 앙증맞지만 너무나 현실적인 부장품이라는 생각이 듭니다. 또한 음식을 할 때 날리는 연기, 재, 불티 등이 음식에 들어가지 않도록 장치를 안배하면서도 미적인 면도 놓치지 않았습니다.

　이 시기의 조竈 중에는 독특한 형태를 가진 것도 보입니다. 아래의 사진을 먼저 보겠습니다.[8]

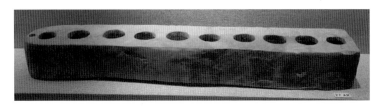

동한회도십안조東漢灰陶十眼竈.(자료출처: www.sohu.com)

　이는 충칭重慶 중현忠縣 우양묘군烏楊墓群 중 133호 한나라 묘에서 발굴된 동한회도십안조東漢灰陶十眼竈도 입니다. 높이 10.7㎝, 길이 89㎝, 너비 15.7㎝로서 별도의 장식은 없지만 길이가 길고 화안의 개수가 10개나 됩니다.[9] 또 동한회도십안조는 불을 넣는 곳이 한 곳에만 있지 않고 양쪽 면, 즉 두 곳에서 불을 넣도록 했습니다. 불 조절이 쉽지 않았을 텐데도 이렇게 화안을 많이 만들고 불을 넣는 곳도 두 군데나 만들어 놓은 이유가 무엇일까요. 아마도 이것이 일반적인 음식을 조리하는 조竈가 아니라 소금을 만들

8　자료출처: 東漢灰陶十眼竈(https://www.sohu.com/a/238971541_684878)
9　여러 유물들을 찾아보니 화안이 5~10개가 되는 경우가 있었다. 이 책의 명대 부분에서 관련된 내용과 자료를 서술하였다.

　　　　　　　　　　　　　　솥과 불로 찾아가는 중국 부엌의 역사

때 사용했던 것이다보니 한꺼번에 다량의 소금을 만들기 좋게 하려고 이런 구조를 고안한 것 같습니다.

다음의 유물은 3개의 화안이 있는 예입니다.[10]

다화안대온항조多火眼帶溫缸竈.
(중국국가박물관中國國家博物館 소장. 출처: 劉米, 「中國傳統家用竈具形態演變研究」)

위의 명기는 다화안대온항조多火眼帶溫缸竈, 즉 화안이 여러 개[다화안多火眼]이면서 따뜻하게 데우는 항아리가 딸린[대온항帶溫缸] 조竈입니다. 각 부분의 특징을 살펴보겠습니다.

10   출처: 劉米, 「中國傳統家用竈具形態演變研究」, 湖南科技大學 석사학위논문, 2018, 27쪽.

그림	설명
	• 불을 넣는 곳을 방형으로 안배함. • 불티나 재가 음식 쪽으로 날아가지 않도록 가림막과 같은 장치를 구성함.
	• 화안이 3개임. • 화안 위에는 부釜로 보이는 조리도구가 일렬로 나란히 엎어져 있음. • 조리도구 위에 모두 뚜껑이 엎어진 것으로 표현됨.
동한시대의 도조 명기. 새꼬리처럼 끄트머리를 만들고 연기가 나가는 구멍을 냈다.(출처: 자싱嘉興박물관에서 직접 촬영)	• 조竈이 끄트머리 부분에 새꼬리처럼 약간 치켜올린 부분을 만들고 그곳에서 연기가 빠져나갈 수 있도록 안배함.

솥과 불로 찾아가는 중국 부엌의 역사

- 옆면에 뚜껑이 있는 항아리가 붙어 있음.
- 이곳에 물을 넣어서 간접적인 열로 데우는 등, 불기운을 효율적으로 사용하기 위한 장치라고 생각됨.

　　위의 명기에서 가장 큰 특징은 바로 옆면에 달린 항아리입니다. 우리가 음식을 해보면 따뜻한 물만 있어도 조리 속도를 높일 수 있다는 경험을 얻을 수 있습니다. 만약 당시 사람들도 불을 넣는 김에 그 열기로 물을 데우고 있었다면 그 물을 사용해서 조리할 때 한결 속도를 낼 수 있었을 것입니다. 이 항아리의 정확한 용도를 단언하기는 어렵지만 간접적인 열도 놓치지 않고 활용하려는 의도가 있었던 것만은 확실해 보입니다.

　　우리나라의 박물관에서도 간혹 한나라 때의 명기 전시를 볼 수 있습니다. 아래는 부여박물관에서 전시했던 유물로서 모두 한나라 때의 것입니다.

부여박물관 전시품.(출처: 직접 촬영)

부여박물관 전시품.(출처: 직접 촬영)

3) 죽은 자의 내세를 위한 조竈 명기와 무덤의 조竈 그림

조竈 명기는 부장품으로서 비록 미니어처 같아 보이지만, 죽은 자가 살아있을 때와 마찬가지로 식사하도록 만든 조리 설비이기 때문에 금방이라도 음식을 조리할 수 있게, 풍성한 식재료로 조리할 수 있을 정도로 사실적으로 묘사됩니다. 그래서 조竈 명기는 부釜와 증甑, 국자, 식재료들이 얹어진 형태로 만들어지기도 합니다. 조리하는 한 장면을 포착한 것처럼 말입니다. 뤄양에서 발굴된 아래의 명기들을 보면 이점이 분명히 드러납니다.[11]

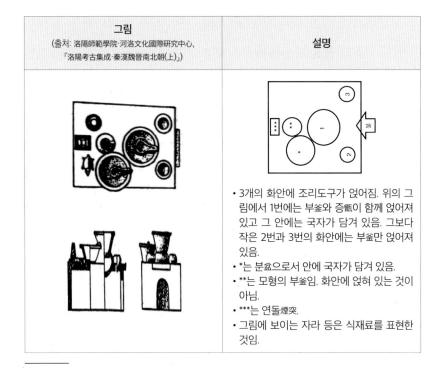

그림 (출처: 洛陽師範學院·河洛文化國際研究中心, 『洛陽考古集成·秦漢魏晉南北朝(上)』)	설명
	• 3개의 화안에 조리도구가 얹어짐. 위의 그림에서 1번에는 부釜와 증甑이 함께 얹어져 있고 그 안에는 국자가 담겨 있음. 그보다 작은 2번과 3번의 화안에는 부釜만 얹어져 있음. • *는 분盆으로서 안에 국자가 담겨 있음. • **는 모형의 부釜임. 화안에 얹혀 있는 것이 아님. • ***는 연돌煙突. • 그림에 보이는 자라 등은 식재료를 표현한 것임.

---

11 출처: 洛陽師範學院·河洛文化國際研究中心, 『洛陽考古集成·秦漢魏晉南北朝(上)』, 北京: 北京圖書館出版社, 2007.

솥과 불로 찾아가는 중국 부엌의 역사

	• 허난 옌스현偃師縣 신망新莽 시대 벽화묘 (M1), 1991년도에 발굴. • 화안은 2개임. • 위에 물고기, 자라, 전갈, 도마뱀 등의 식재료와 주발, 이배耳杯, 국자, 불갈고리火鉤 등이 묘사되어 있음. • 둘레에 연속무늬로 장식함.
	• 허난 옌스현偃師縣 신망新莽 시대 벽화묘 (M1), 1991년도에 발굴. • 조리한 생선을 담은 모습까지 묘사됨. 

한나라 때 무덤의 화상석에서 풍성한 식재료, 금방이라도 따끈한 음식을 내놓을 수 있을 것처럼 활발하게 움직이고 있는 조리사들의 모습이 묘사된 것도 결국 죽은 자가 내세에서도 풍요로움을 누리도록 기원하는 것입니다. 그 예시를 차례로 살펴보겠습니다.

안훼이安徽 쑤현宿縣 주란진褚蘭鎭에 있는, 건녕建寧 4년(171)에 만들어진 호원임胡元壬 사당의 화상석에는 다음과 같은 그림이 있습니다.[12] 누군가 조竈에 불을 붙이려는 듯 한 손에 불을 들고 있습니다.[13] 가운데에는 매

---

12   楊愛國, 『幽明兩界: 紀年漢代畵像石硏究』, 西安: 陝西人民美術出版社, 2006, 126쪽.

13   楊愛國, 『幽明兩界: 紀年漢代畵像石硏究』, 西安: 陝西人民美術出版社, 2006, 125쪽.

듭 문양이 새겨져 있고 위에 얹힌 아가리가 넓은 조리도구 안에 생선대가
리와 꼬리가 보입니다. 조찬竈의 끝부분은 새꼬리처럼 살짝 치켜져 있고 그
곳에서 연기가 나오는 것이 표현되었습니다.

안훼이安徽 쑤현宿縣 주란진褚蘭鎭의 화상석.

(출처: 楊愛國, 『幽明兩界: 紀年漢代畫像石硏究』)

허난河南 다후팅打虎亭의 한나라 1호묘 동이실東耳室 동벽 모사도[14]를 보
면 조찬竈, 화로의 모습과 함께 활발한 주방의 모습을 발견할 수 있습니다.

---

14   河南省文物硏究所, 『密縣打虎亭漢墓』, 北京: 文物出版社, 1993, 138쪽.

솥과 불로 찾아가는 중국 부엌의 역사

그림 (자료출처: 河南省文物研究所, 『密縣打虎亭漢墓』)	설명

	• 화면 우측 상단. • 고정형 조竈. • 앞쪽에 불을 넣는 구멍이 있음. • 뒤쪽에 긴 연돌燕突이 붙어 있음.
	• 화면 중앙 상단. • 발이 달려 있는 큰 조리도구의 아래에 바로 불을 넣어 조리하고 있음. • 그 곁의 사람은 서서 긴 막대로 내용물을 저어서 섞고 있음. • 음식에서 나는 김이 그대로 묘사되어 있어 상당한 열기로 끓이는 도중으로 생각됨.

- 화면 중앙 하단.
- 발이 달려 있지 않은 조리도구 아래에 괼 수 있는 도구를 놓고 직접 불을 놓아 끓이고 있는 모습임.
- 끓고 있는 모습과 김이 나는 모습이 표현되어 있어 상당한 열기로 조리하는 과정이라 생각됨.
- 고정형 조찬竈가 있지만 필요에 따라서는 이와 같이 직접 불을 가열하는 방식으로도 조리했을 것임.

중국의 농촌 지역에서는 요즘에도 동네에 경조사가 있을 때 즉석에서 임시 조竈를 쌓아서 용도별로 음식을 해낸다고 합니다. 이때 만드는 1회용 조竈나 화로의 개수에 따라 잔치의 규모를 가늠할 수 있다고 하는데요. 잔치를 크게 했다고 자랑할 때 조竈를 7개 놓았다, 9개 놓았다는 식으로 말한다고 합니다. 위의 그림을 보면 고정형 조竈가 있지만 별도로 바닥에 불을 직접 놓고 그 위에 조리도구를 얹어 팔팔 끓이는 모습이 두 군데 묘사되어 있습니다. 이로 볼 때 이 주방에서 상당한 양의 음식을 준비하고 있다고 생각합니다. 살아서 이 정도 규모로 먹고 살았으니 죽어서도 이대로 살게 해달라는 기원과도 같은 그림입니다.

같은 무덤의 동이실東耳室 북벽 동폭東幅에도 역시 주방 그림이 있습니다.[15]

---

15   河南省文物研究所, 『密縣打虎亭漢墓』, 北京: 文物出版社, 1993, 143쪽.

솥과 불로 찾아가는 중국 부엌의 역사

그림 (자료출처: 河南省文物研究所, 『密縣打虎亭漢墓』)	표

- 도마로 보이는 물건 위에 생선을 올려놓고 칼로 손질하는 모습.
- 도마의 높이가 적당해서 앉아서 작업하기 좋은 정도임.

- 고정형 조竈.
- 불을 넣는 구멍이 4개이므로 상당히 큰 규모임.
- 각각의 화안에는 부솥나 증甑을 얹어 조리하고 있음.
- 장방형 조竈의 양쪽에서 사람들이 협업하여 음식을 만들고 있음.

- 한 사람은 손에 무언가 길쭉한 것들을 들고 있음.
- 사람의 앞에 다리가 달려있는 장방형의 기물이 보이는데 아마도 방형 화로일 것으로 추정됨.
- 고정형 조竈와 별개로 필요에 따라 화로를 병행해서 사용하고 있음.

탁본(『密縣打虎亭漢墓』, 도판부록 37쪽)

솥과 불로 찾아가는 중국 부엌의 역사

당시 발굴 현장을 기록한 그림들을 보면 무덤 주인의 뼈와 함께 각종 부장품이 놓여 있습니다. 영원을 약속할 수 없는 인간의 몸이지만 죽어서도 이 세상에서 누렸던 영화를 지속하고 싶었던 인간의 욕망이 부장품을 통해 나타납니다. 그리고 그 곁에 놓인 무덤 주인의 뼈는 그 욕망이 얼마나 부질없는지 보여줍니다. 그러나 한편으로는 실물을 본뜬 정교한 미니어처 부장품들 덕분에 과거의 생활을 엿볼 수 있다는 점에서 고마운 유물이라 생각합니다.[16]

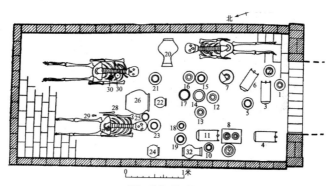

图九 铁墓8平、剖面图

1、2、5、7、12、13、15、16、19、21—24、26. 陶罐 3、4、6、9、11. 陶仓 8. 陶灶 10. 铁釜
14. 铜铜 17、18. 陶壶盖 20、32. 陶壶 25. 铁灯 27、31. 铜钱 28. 铁刀 29. 铜带钩 30. 铜镜

뤄양에서 발굴된 서한시대 묘소 내부. 8번이 조찬이다.

(자료출처: 洛陽師範學院·河洛文化國際研究中心, 『洛陽考古集成·秦漢魏晉南北朝(上)』)

16　洛陽師範學院·河洛文化國際研究中心, 『洛陽考古集成·秦漢魏晉南北朝(上)』, 北京: 北京圖書館出版社, 2007, 260쪽.

위진남북조魏晉南北朝 시대의
미니어처 조竈

1) 호사가의 시대

221년에 위魏의 조비曹丕가 황위를 강제 선양 받은 이후로 크고 작은 나라들이 대륙에서 세워지고 없어졌습니다. 위魏, 사마씨司馬氏의 진晉나라, 수도를 옮겨서 명맥을 유지했던 동진東晉, 그리고 대륙의 남쪽과 북쪽에서 수없이 많은 나라들이 교차되었기에 이 시기 중국의 역사를 파악하기란 여간 어렵지 않습니다.

한나라 이후로 중국에서 가루로 먹거리를 만드는 방식은 지속적으로 유행했습니다. 소맥을 가루로 가공해서 각종 음식을 만드는 것이 중국의 남쪽과 북쪽 없이 확산됐는데 그중 한 가지를 꼽자면 바로 호병胡餅입니다. 호병은 당시 기준으로 북방 이민족[호胡]의 음식이었는데 한나라 때 중원에 유입되었습니다. 이후에는 동한東漢 영제靈帝(재위, 168~189), 즉 황제도 매우 좋아하는 음식이 되었다고 하니 반죽을 잘하여 갓 구워낸 호병의 힘이 대단합니다.

저는 여기에서 호병과 관련된 동진東晉 때의 이야기를 소개하려고 합니다. 당시에 치감郗鑒(269~339)이라는 유명한 인물이 있었습니다. 그의 행적 중 일부가 『몽구蒙求』에 인용되기도 했습니다. 그는 엄청난 세력을 가진 왕씨王氏 집안과 사돈을 맺기로 하고 그 집안의 어느 자제를 사위로 선택할지, 사람을 시켜 관찰하도록 했다고 합니다. 아마 이 소식이 전해졌던 듯, 왕씨네 자제들은 그 집안 자제들이 모여 있는 곳[동상東床]에서 자세를 가다듬고 자못 진지하게 이야기를 나누거나 공부하는 모습을 취했습니다. 하지만 왕희지王羲之(303~361)만은 침상에 배를 드러내고[탄복坦腹] 누워서 누가 오든 가든 신경 쓰지도 않고 손가락으로 자신의 배 위에 글씨를 쓰는 연습을 했습니다. 치감은 이 소식을 듣고 왕희지를 가장 마음에 들어하며 사위로 선택했습니다. 동상에서 배를 까고 있다는 의미의 '탄복동상坦腹東床'이란 사자성어가 바로 여기에서 나왔습니다. 그런데 이 일화에는 하나의 변주가 더 있습니다. 치감이 파견한 이가 자제들을 관찰하러 갔을 때 왕희지가 배를 까고 글씨 연습을 하고 있는 것이 아니라 배를 까고 누워 '호병'을 먹고 있었다는 것입니다.[1] 이 이야기의 핵심은 누군가에게 잘 보이고 싶은 사심을 전혀 드러내지 않고 자기 할 일을 하는 왕희지의 성격을 부각하는 데에 있습니다. 그래서 저는 배를 까고 호병을 먹고 있는 쪽의 이야기가 더 흥미롭다고 느꼈습니다. 호병은 이처럼 한족에게도 인기 있는 음식이 되어서 더 이상 이민족의 음식으로 머물지 않게 되었습니다.

심지어 호병을 굽는 화로를 호병로胡餅爐라고 이름까지 붙여준 예를 찾을 수 있습니다. 『제민요술齊民要術』에는 수병髓餅이라는 음식이 나옵니다.

---

[1]   朱大渭 외, 『魏晉南北朝社會生活史』, 北京: 中國社會科學出版社, 1998, 123쪽.

소뼈를 끓여서 얻은 지방인 수지髓脂, 밀가루, 꿀을 반죽해서 굽는 음식인데, 그 반죽을 바로 '호병로胡餠爐' 안에 넣어 굽는다고 했습니다.[2] 요즘 차이나타운에 가면 화로 안쪽 벽에 붙여서 구워내는 중국식 호떡을 파는데 그와 유사한 방식으로 굽는 음식이라고 생각합니다. 그러니 이 책을 저술한 후위後魏시대, 6세기 즈음이면 호병의 인기에 힘입어 호병을 굽는 화로도 특화, 특정되었다고 볼 수 있습니다.

혼란한 위진남북조시대에 대다수가 어려움을 겪으며 살아갔지만 이 시대에도 잘 먹고 잘사는 소수의 사람들, 특히 호족 계층은 음식에 있어서도 극도의 화려함을 추구했습니다. 『진서晉書』의 기록을 보겠습니다. 진晉 무제武帝가 사위인 왕제王濟의 집에 간 적이 있었습니다. 왕제가 헌상한 음식은 모두 화려한 유리그릇에 담겨 있었을 뿐 아니라, 맛도 특별했습니다. 그 가운데서 새끼 돼지를 찐 음식[증순蒸肫]이 특히 맛있어서 물어보니 '사람의 젖으로 쪘다'고 대답했다고 합니다. 당시의 여러 기록으로 보아 평민과 하급 관료의 경우 평상시에 고기를 즐겨 먹을 수 있는 형편이 결코 아니었습니다.[3] 그런데 다 크지도 않은 새끼 돼지를 잡아서 심지어 사람의 젖으로 찌다니 그 호사스러움은 이해하기 어려울 정도입니다.

또 다른 예로 『세설신어世說新語』의 기록을 보려고 합니다. 석숭石崇(249~300)과 왕개王愷(?~?)는 당시에 어깨를 나란히 했던 이름난 호사가였습니다.

---

2   賈思勰, 최덕경 역주, 『제민요술 역주 Ⅳ』, 서울: 세창출판사, 2018, 287쪽.

3   朱大渭 외, 『魏晉南北朝社會生活史』, 北京: 中國社會科學出版社, 1998, 116쪽.

석숭(의 집에서는) 손님들을 위해 '두죽'을 만들어주는데, 순식간에 내왔다. …… 왕개는 이 일을 항상 한하였다. 그래서 몰래 석숭의 도둑과 수레모는 자에게 돈을 써서 그 방법을 물었다. 도둑이 답하길, "콩(혹은 팥)은 삶기 어려우니, 미리 익혀서 가루로 만들어놓고, 손님이 오면 다만 흰죽만 끓여서 거기에 가루를 넣습니다. ……"라고 했다. …… 이에 이 방법을 다 따라 했더니, 석숭과 우열을 다툴 정도가 되었다. 석숭이 후에 이 사실을 알게 되자 조리법을 알려준 자를 죽였다.[4]

이 글은 당시 호사가를 대표하는 석숭과 왕개의 일화입니다. 요즘 중국에서 출간되는 주석서에서는 대체로 두죽豆粥을 팥으로 쑨 죽으로 보고 있지만 텍스트로만 보면 이것이 콩죽인지 팥죽인지 명확하지 않습니다. 남송시대 문인인 임홍林洪은 다음과 같이 이 음식을 설명합니다.

한나라 광무제가 무루정에 있을 때 풍이가 '두죽'을 끓여 봉양하였는데 오래도록 보답을 잊지 않을 정도였다. 하물며 산중 거처에 이것이 없겠는가? 사기沙器 병에서 '두豆'를 푹 삶아두었다가 죽이 약간 끓어오르면 이것을 넣어 함께 끓이는데, 익었다 싶으면 먹는다. 동파의 시에 "강가의 천 이랑 눈밭에 있는, 띠풀집 처마에 출몰하는 외로운 새벽 연기만 못하리. 디딜방아에 찧은 쌀 빛이 옥과 같고, 사기 병에 삶은 '두豆'는 부드럽기가 연유와도 같았네. 나는 늙어 이 몸 기탁할 곳 없으니, 책을 팔아 동쪽 집에서 살아야 할지를 물어봐야지. 누

---

4   "石崇为客作豆粥, 咄嗟便办. …… 每以此三事为扼腕. 乃密货崇帐下都督及御车人, 问所以. 都督曰, '豆至难煮, 唯豫作熟末, 客至, 作白粥以投之. ……' …… 恺悉从之, 遂争长. 石崇后闻, 皆杀告者."

워서 닭 울음소리 들으니 죽이 익을 때인가 보다, 봉두난발하고 신발 질질 끌고 그대 집에나 가볼까."라 했다. 이것이 '두죽' 만드는 법이다.[5]

위의 글은 남송대 문인인 임홍이 두죽 만드는 법을 소개한 것입니다. 그런데 이 글과 앞에서 본 글에서 주목해야 할 부분이 있습니다. 먼저 조리 시간을 단축하기 위해서 식재료를 전처리해서 보관 가능한 상태로 만들어 놓는 기술을 사용했다는 점입니다. 콩죽이든 팥죽이든 원료를 잘 삶아서 껍질을 잘 걸러내어 앙금을 내기까지가 맛의 관건입니다. 팥이나 콩을 설익혀 죽을 쒀봤자 빡빡한 껍질 때문에 먹을 수 없을 테니까요. 그래서 석숭의 집안에서는 주재료인 '두료'를 가루[말末]로 만들어 보관했다가 흰죽에 넣는 독특한 레시피를 보유하고 있었습니다. 곡식을 가루로 만들기 위해서는 틀림없이 찌거나 볶아서 익힌 후, 다시 말려서 고운 가루로 만들었을 텐데 이렇게 하면 보관 기간도 늘릴 수 있고 조리 과정도 한결 쉬워졌을 것입니다. 또 한편으로 레시피를 그토록 중시했다는 점도 눈여겨 볼 만합니다. 석숭과 같은 이는 레시피를 특급 기밀로 설정해두고 이를 유출한 사람을 죽이기까지 할 정도였고, 왕개와 같은 이는 어떤 뇌물을 주고서라도 레시피를 빼내고 싶어했던 것을 보면 당시의 호사가들은 음식과 관련된 정보를 귀하게 생각했다는 것을 알 수 있습니다. 즉, 대다수 못 먹고 사

5　　"漢光武在蕪蔞亭時, 得馮異奉豆粥, 至久且不忘報. 況山居可無此乎? 用沙瓶爛煮赤豆, 候粥少沸, 投之同煮, 既熟而食. 東坡詩曰, '豈如江頭千頃雪, 茅簷出沒晨煙孤. 地碓春粳光似玉, 沙瓶煮豆軟如酥. 我老此身無著處, 賣書來問東家住. 臥聽雞鳴粥熟時, 蓬頭曳履君家去.' 此豆粥之法也."(林洪, 정세진 역주, 『山家淸供』, 서울: 학고방, 2021, 35~36쪽)

는 사람들이 더 많았던 그 시절에 레시피에 목숨 걸었던 호사가들이 이 시대를 살았던 것입니다. 끝으로 광무제가 곤경에 처해 먹을 것이 없었을 때 신하가 만들어준 두죽을 잊지 못했다는 기록도 인상적입니다. 보잘 것 없는 음식이지만 나를 살린 음식은 잊지 못하는 법입니다.

이상에서 살펴본 바와 같이 이런 자료들을 통해 위진남북조시대의 식문화에 대해 단편적으로나마 찾아볼 수 있습니다. 하지만 그 기록 가운데서 주방이나 조찬竈에 대해 직접적으로 언급한 부분을 찾기는 어렵습니다. 그래서 저는 한나라 때의 주방과 조찬竈를 탐색할 때와 마찬가지로 이 시대의 무덤과 부장품을 찾아보았습니다. 그 이야기는 다음 절에서 이어 나가겠습니다.

2) 현려玄廬 속의 미니어처 조찬竈

서진西晉시대 육기陸機(261~303)는 죽은 자를 위한 시, 만가挽歌를 다수 지었습니다. 그 시대 만가에는 보통 장례의식, 부장품, 무덤에 관한 묘사가 함께 들어갔습니다.[6] 육기의 「만가시挽歌詩」 제3수 중 일부를 살펴보겠습니다.

　　重阜何崔嵬,　　높은 언덕은 어찌 저리 높다란가.

6　　주기평, 「중국 만가시(中國 挽歌詩)의 형성과 변화과정에 대한 일고찰(一考察)」, 『中國文學』
　　Vol.60, 2009, 35~36쪽.

玄廬窒其間.　컴컴한 집, 그 사이에 파 놓았네.

旁薄立四極,　널따란 땅에 네 귀퉁이 세워져 있고

穹隆放蒼天.　둥근 천장은 하늘의 형세를 본떴네.

側聽陰溝涌,　귀 기울여 물 솟아나는 음구陰溝의 소리 듣고

臥觀天井懸.　드러누워 높이 걸려 있는 천정天井을 보네

壙宵何廖廓,　무덤의 밤은 어찌 이리 적막한가.

大暮安可晨.　깊은 밤이기만 하니 새벽이나 맞이할 수 있을런지.

(……)[7]

이 시를 보면 '컴컴한 집[현려玄廬]'이라는 대상이 묘사되었습니다. 문맥에서도 드러나지만 이는 무덤을 나타내는 단어입니다. 현려는 죽은 자의 집이지만 그가 살아있을 때와 마찬가지로 지낼 수 있도록 네 귀퉁이를 세우고 둥근 천장을 두어서 내부 묘실을 꾸며주었던 것이지요. 즉, 당시 사람들은 묘소를 산 사람의 거주 공간과 마찬가지로 갖출 것을 다 갖추어 주었습니다.

서진시대 부현傅玄(217~278)이 지은 만가에도 장례와 관련된 부분이 나옵니다.

靈坐飛塵起,　영령이 있던 자리엔 날리어 먼지 피어나고

魂衣正委移.　혼백의 옷은 이제 점점 멀어져 가네.

芒芒丘墓間,　아득한 무덤 사이

松柏鬱參差.　송백은 들쭉날쭉 무성하네.

7　번역은 주기평의 「중국 만가시(中國 挽歌詩)의 형성과 변화과정에 대한 일고찰(一考察)」(『中國文學』 Vol.60, 2009, 37쪽)을 따랐다.

　솥과 불로 찾아가는 중국 부엌의 역사

明器無時用, 신명神明의 그릇은 쓰일 때가 없고

桐車不可馳. 오동나무 수레는 달릴 수가 없다네.

平生坐玉殿, 살아 옥전玉殿에 앉아 있다가

歿歸幽都宮. 죽어 지하의 궁전으로 돌아간다네

地下無滿期, 지하에는 차고 기우는 시간이 없으니

安知夏與冬. 여름 겨울을 어찌 알 수 있으리.[8]

위의 시를 보면 '명기明器', '동거桐車'라는 단어가 나옵니다. 당시 장례를 지낼 때 죽은 자가 생전처럼 살아가길 바라며 명기와 모형 수레 등의 부장품을 넣어주었음을 입증하는 부분입니다.

당시 사람들은 죽은 자가 유명幽冥의 세계에서 생전처럼 살기 위해서 먹는 것도 중요하다고 생각했습니다. 그래서 이 시대 부장품을 보면 미니어처 조竈와 조리도구가 많이 들어가 있습니다.

우선 1991년에 뤄양洛陽의 310번 국도 주변에서 발굴된 서진西晉 시대 무덤의 부장품 조竈부터 살펴보겠습니다.[9]

---

8   번역은 주기평의 「중국 만가시(中國 挽歌詩)의 형성과 변화과정에 대한 일고찰(一考察)」(『中國文學』 Vol.60, 2009, 38쪽)을 따랐다.

9   洛陽師範學院·河洛文化國際研究中心, 『洛陽考古集成·秦漢魏晉南北朝(下)』, 北京: 北京圖書館出版社, 2007, 662쪽.

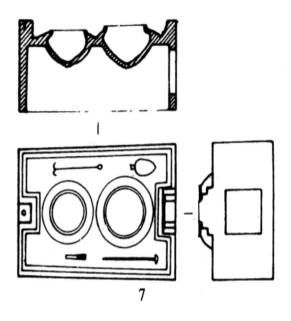

뤄양에서 발굴된 서진시대 조竈 명기.(출처: 洛陽師範學院·河洛文化國際研究
中心,『洛陽考古集成·秦漢魏晉南北朝(下)』)

앞의 모사도를 보면 장방형의 형태에 앞쪽에는 네모진 불구멍이, 뒤쪽
에는 연기가 빠져나갈 구멍이 뚫려 있습니다. 화안火眼은 두 개로서 일렬
로 놓였고 제법 크게 구획되었습니다. 전체적으로 한나라 때의 것과 큰 차
이가 없습니다. 다음의 모사도는 이 조竈에 얹어진 증甑입니다. 한나라 때
의 것, 심지어 그 이전 시대의 증甑과도 형태의 큰 차이가 없습니다.

10

뤄양 발굴 서진시대 증甑.

(출처: 洛陽師範學院·河洛文化國際研究中心, 『洛陽考古

集成·秦漢魏晉南北朝(下)』)

　다음도 역시 뤄양에서 발굴된, 서진시대의 부장품의 단면도입니다.[10] 장방형의 구조에 화안을 하나 만들고 그 위에 부釜, 그 위에 증甑을 겹쳐 올린 모습입니다. 이처럼 당시 주방에서 부釜와 증甑을 하나의 세트처럼 활용한 것이 여러 명기에서 확인이 됩니다.

10　　洛陽師範學院·河洛文化國際研究中心, 『洛陽考古集成·秦漢魏晉南北朝(下)』, 北京: 北京圖書館出版社, 2007, 961쪽.

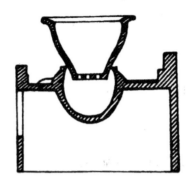

뤄양에서 발굴된 서진시대 조竈. 부증釜甑이 얹
어짐.(출처: 洛陽師範學院·河洛文化國際研究中心, 『洛
陽考古集成·秦漢魏晉南北朝(下)』)

　이어서 허난성河南省 치위안시濟源市의 한 무덤에서 발굴된 동진東晋
(317~420)의 유도조釉陶竈를 보겠습니다. 말 그대로 유약釉藥을 발라 구운 도
자기 조竈입니다. 노랗고 붉은 빛깔과 겉면의 광택까지 남아 있는 유도조
는 당시의 조竈 모습을 축소한 미니어처입니다.

동진東晋(317~420)의 유도조釉陶竈.
(출처: 허난성河南省 문물고고연구소文物考古研究所 소장)

솥과 불로 찾아가는 중국 부엌의 역사

이 명기는 장방형으로서 길이가 짧은 옆면에 불을 때는 구멍이 있습니다. 불구멍은 아치형 대문처럼 생겼고 입구가 바닥에 닿지는 않습니다. 윗면에 가장 큰 화안 1개, 그보다 작은 화안 3개가 배열되어 있습니다. 가장 큰 화안에는 뚜껑이 있는 조리도구가 얹어져 있습니다.[11] 전체적인 형태는 앞서서 살펴보았던 한나라 때의 조竈와 큰 차이가 없어 보입니다. 이러한 부장품들 덕분에 위진남북조 시대의 조竈가 한나라의 것을 이어받았고 조竈 위에 부증釜甑을 얹은 형태가 기본이 된다고 판단할 수 있습니다.

남조시대 배 모양 조竈, 남조홍주요청황유선형조南朝洪州窯青黃釉船形竈.(펑청시박물관豐城市博物館 소장. 출처: 바이두百度 백과)

이번에는 남조南朝시대의 부장품을 소개합니다. 바로 남조홍주요청황유선형조南朝洪州窯青黃釉船形竈입니다.[12] 길이 13㎝, 높이 11㎝, 너비 10.6㎝

---

11   이 명기는 허난성河南省 문물고고연구소文物考古研究所에 소장되어 있으나 이 사진 이외에 추가 사진 자료는 구하지 못하였다.

12   사진출처: 바이두百度 백과.

의 작은 명기인데 갖출 것은 모두 갖추었습니다. 남조의 조竈 모양 부장품을 보면 위의 명기처럼 꼬리 부분이 새 꼬리 모양처럼 살짝 치켜 올라간 경우가 많은데 그 부분이 바로 연기를 빼는 구멍이 배치된 곳입니다. 몸체를 보면 배처럼 생겼는데, 조당竈膛, 즉 내부 공간이 방방하니 체적이 제법 확보되어 보입니다. 화안火眼은 하나인데 그 앞으로 불 때는 곳에서 날릴 수 있는 불티, 재를 막아주는 당화장擋火墻이 있습니다. 이런 가림막 모양은 산처럼 생겼고 양쪽 가장자리를 계단처럼 단차를 냈습니다. 당화장 가운데에 불을 넣는, 조문竈門이 있습니다. 이 부장품에는 그 옆에 일하는 사람들의 모습도 표현되어 있습니다. 머리를 묶은 여자는 땔나무를 넣는 자세를 하고 있는데 그 앞의 바닥 쪽 막대기 하나는 아마도 불을 때는 여자가 사용하는 부집개인 것 같습니다. 반대편에는 조리하고 있는 여성의 모습도 보입니다. 불을 때는 사람과 조리를 하는 사람이 각자 자신의 일을 하며 협업하는 모습입니다. 이런 협업은 지금 중국의 민가에서 음식을 할 때에 그대로 나타납니다. 저쟝성浙江省 일대의 전통식 주방과 조竈를 설명하는 부분에서 이 부장품을 한 번 떠올려주세요.

위의 사진과 비교해볼 수 있도록 비슷한 시대, 유사한 형태의 조竈 사진을 함께 소개합니다.[13] 새 꼬리처럼 치켜올린 부분에 뚫린 연기 구멍, 화안의 구성, 당화장의 형태, 곁에서 일하는 사람들의 협업 등이 모두 유사한 것을 알 수 있습니다.

---

13 劉米, 「中國傳統家用竈具形態演變研究」, 湖南科技大學 석사학위논문, 2018, 17쪽 및 35쪽.

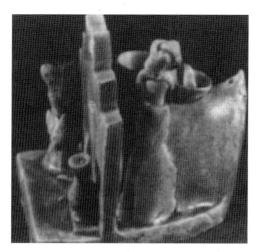
남조선형청자조南朝船形青瓷竈.(출처: 劉米, 「中國傳統家用竈具形態演變研究」)

이번에는 북조北朝의 조竈를 살펴보겠습니다. 류미劉米의 「중국전통가용조구형태연변연구中國傳統家用竈具形態演變研究」라는 논문에 따르면, 당시 부장품 조竈는 조대竈臺가 비교적 좁으면서 방형의 형태입니다. 화안火眼은 하나로 구성된 것이 많지만 당화장擋火墻이 차지하는 면적은 이전 시대에 비해 오히려 커졌습니다. 당화장의 모양이 좌우대칭의 산 모양이면서 계단처럼 단차를 둔 것은 남조의 부장품과 차이가 없습니다.[14] 그런데 결정적으로 다른 점이 하나 있다고 합니다.

---

14 이 부분의 내용과 그림은 劉米의 「中國傳統家用竈具形態演變研究」(湖南科技大學 석사학위논문, 2018, 18쪽)를 참고했다.

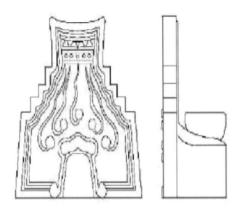

북조北朝의 조竈.(출처: 劉米,「中國傳統家用竈具形態演變研究」)

바로 연기를 배출하는 구멍의 위치입니다. 지금까지 소개했던 조竈의 경우 연기가 배출되는 구멍이 끝부분에 안배되어 있었던 것을 기억하시나요? 그런데 북조시대의 부장품을 보면 당화장의 구멍에서 연기가 나갔다고 합니다. 류미劉米의 「중국전통가용조구형태연변연구中國傳統家用竈具形態演變研究」라는 논문에서는 조竈에서 연기를 배출하는 구멍의 위치 및 모양 변화를 다음과 같이 정리했습니다.[15]

---

15   劉米,「中國傳統家用竈具形態演變研究」, 湖南科技大學 석사학위논문, 2018, 29쪽.(단, 이 그림에서 숫자 부분을 첨가했다)

솥과 불로 찾아가는 중국 부엌의 역사

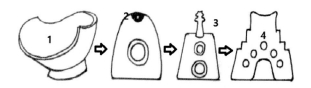

연기 배출 구멍의 변화.(출처: 劉米, 「中國傳統家用竈具形態演變硏究」)

첫 번째 그림은 신석기 시대의 유물입니다. 1에 나무나 풀을 넣고 때는데 이 위에 조리도구가 얹어지는 형태입니다. 입구가 넓어서 따로 산소가 들어가는 구멍을 안배할 필요도 없고 연기가 빠지는 곳을 따로 둘 필요도 없습니다. 2는 조竈의 끝에 연기가 배출되는 구멍을 뚫어놓은 형태입니다. 3은 보다 적극적으로 연기를 뺄 수 있게 만든 연돌煙突입니다. 4는 북조 시대에 보이는 당화장입니다. 그런데 당화장 면에 5개의 동그란 구멍이 보입니다. 이것이 바로 연기가 빠지는 구멍이라고 합니다. 물론 불이 들어가고 일정한 통로를 통해 연기가 빠지는 원리는 다르지 않지만 연기가 빠지는 구멍의 위치와 형태는 이와 같이 다릅니다. 참고로 지금도 사용하는 전통형태 조竈에서 연기가 어디로 빠지는지를 보시겠습니다.[16]

---

16   戴昀 · 夏軍榮, 「農村土竈臺分析與節能改造措施: 以山東臨朐爲例」, 『2008年綠色建築與建築新技術發展國際會議暨中國建築技術學科第12次學術硏討會論文集』, 2008, 214쪽.

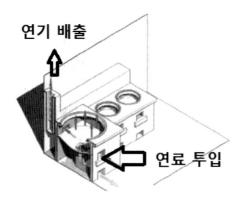

연기 배출

연료 투입

조竈에서 연기가 배출되는 통로.(출처: 戴昀·夏軍榮,「農村土竈臺分析與
節能改造措施: 以山東臨朐爲例」)

이 단면도를 보면 연료가 주입된 이후에 발생하는 연기가 조竈의 뒤쪽
으로 빠져나가는 것을 이해할 수 있습니다. 아마도 북조시대의 당화장에
난 구멍도 이와 같은 암도暗道와 연결되어 있어서 연기를 배출할 수 있다
고 생각합니다.

허난 옌스현偃師縣에서 발굴된 부장품[17]도 보여드립니다. 앞서 보았던
부장품들과 세부적인 부분은 달라도 큰 형태는 유사합니다. 당화장의 형
태 및 구멍의 존재, 측면의 폭이 좁은 점이 그러합니다.

---

17   洛陽師範學院·河洛文化國際研究中心,『洛陽考古集成·秦漢魏晉南北朝(下)』, 北京: 北京
      圖書館出版社, 2007, 1087쪽.

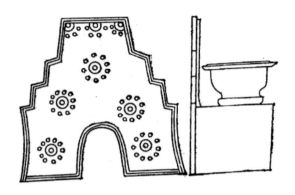

옌스현에서 발굴된, 북위시대 竈.

(출처: 洛陽師範學院·河洛文化國際研究中心, 『洛陽考古集成·秦漢魏晉南北朝(下)』)

그러나 북조시대의 竈 명기라고 해서 모두가 당화장의 구멍으로 연기를 빼는 것은 아닙니다. 아래에서 허난 옌스현偃師縣의 M914 묘소에서 발굴된 북조시대 북위北魏의 竈 명기를 소개합니다.[18] 앞에서 보았던 것과 형태는 유사하지만 연기가 빠져나가는 구멍이 뒤쪽에 안배되어 있고 당화장에 연기 구멍이 있지 않습니다.

18   洛陽師範學院·河洛文化國際研究中心, 『洛陽考古集成·秦漢魏晉南北朝(下)』, 北京: 北京圖書館出版社, 2007, 1051쪽.

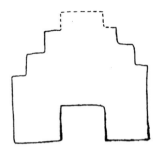 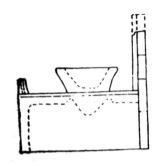

옌스현偃師縣 발굴, 북위시대 조竈의 불 넣는 쪽 형태.(출처: 洛陽師範學院·河洛文化國際研究中心, 『洛陽考古集成·秦漢魏晉南北朝(下)』)

옌스현偃師縣 발굴, 북위시대 조竈.(출처: 洛陽師範學院·河洛文化國際研究中心, 『洛陽考古集成·秦漢魏晉南北朝(下)』)

지금까지 위진남북조시대의 조竈 명기를 보셨습니다. 대체로 이전 시대 조竈의 형태를 유지하였지만 유독 북조시대 명기에 보이는 특징이 있었습니다.[19] 첫째, 조문竈門의 기능을 높여서 공기의 흐름이 잘 생기도록 안배하고 조당竈膛 안에서 땔감이 충분히 연소될 수 있게 만들었습니다. 둘째, 화안火眼을 하나로 만들어 화력을 집중해서 사용할 수 있도록 했습니다. 셋째, 당화장擋火墙이 차지하는 면적을 키우고 여기에서 연기가 배출되도록 구멍을 설치했습니다. 이런 차이는 지역의 차이에서 기인하는 것일 텐데 이 부분은 자료조사를 좀더 해보아야 설명할 수 있겠습니다.

---

19   이 부분의 내용은 劉米의 「中國傳統家用竈具形態演變研究」(湖南科技大學 석사학위논문, 2018, 18쪽)를 참고해 정리했다.

3) 확부鑊釜와 주방

　그렇다면 위진남북조시대에는 어떤 조리도구를 활용했을까요. 당시 '지괴志怪'라는, 짧고 신기한 이야기가 유행했는데 그중 『수신기搜神記』의 「삼왕묘三王墓」를 보면 조리도구의 명칭이 하나 나옵니다. 명검을 만드는 장인이었던 간장干將과 그 부인인 막야莫耶가 초나라 왕을 위해 한 쌍의 검을 만들지만 2개 중에서 검 한 자루만 왕에게 바치고 나머지 한 자루를 숨겨놓습니다. 명검을 자신만 독차지하고 싶었던 왕은 간장을 죽였습니다. 막야는 몰래 아들을 낳아 기른 후, 아버지의 죽음에 대해 이야기해줍니다. 간장의 아들은 부모의 원수를 갚고자 하지만 여의치 않자 복수를 대신해주겠다는 객客을 만납니다. 간장의 아들은 마지막 용기를 다하여 객이 왕에게 접근할 미끼로 사용할 수 있도록 자신의 머리를 스스로 뱁니다. 이 머리를 갖고서 초나라 왕을 만난 객은 머리를 꺼내놓았는데 놀랍게도 그 머리는 아직 죽지 않은 상태였고 마구 움직였습니다. "이것은 용사의 머리이니, 마땅히 '탕확湯鑊'에서 끓여야 죽일 수 있습니다."[20]라고 객이 권합니다. 왕은 확鑊에 아이의 머리를 넣은 다음, 끓이는 과정을 들여다보았습니다. 그 틈을 타 객이 왕의 머리를 베었습니다. 이어서 객은 자신의 머리도 베어 확鑊에 떨어지게 했습니다. 결국 확鑊 안에는 원수를 갚고자 했던 아이의 머리, 객의 머리, 초나라 왕의 머리가 들어가 함께 끓여지게 됩니다. 신하들은 확鑊 안에 들어있는 것 중, 어느 해골이 왕의 것이냐를 두고서 밤새 회의를 했답니다. 그러나 도저히 분간할 수가 없어서 합장한 다음, 이것을

20　"此乃勇士頭也, 當於湯鑊煮之."

'삼왕묘'라고 이름하였습니다. 후에 루쉰魯迅은 이 이야기를 소설로 각색하기도 했습니다. 이 이야기에는 '확鑊', 즉 고기를 끓이는 아가리가 큰 조리도구인 '확鑊'이 나옵니다. 이 도구는 조리도구이기도 했지만 죄인을 삶아 죽이는 형벌 집행 도구이기도 했습니다. 그러니 크기가 작지 않아야 하고 오랜 시간 동안 끓일 수 있는 재질이어야 했습니다. 아마도 이 글이 쓰여질 때까지도 확鑊은 끓이기에 적당한 용도의 큰 조리도구로서 의미를 유지하고 있었던 것 같습니다.

『제민요술』에도 '확'과 관련된 부분이 있습니다. '춘주국春酒麴'이라는 누룩을 만드는 부분입니다.

밀은 벌레 먹지 않은 것으로 '확부'에서 볶는다.[21]

원문의 맥락으로 볼 때 확부鑊釜는 '확과 부'가 아니라 하나의 사물을 지칭하는 명사라고 생각합니다. 고기를 삶는 크기가 큰 조리도구인 확鑊과는 달리 '부釜'는 그 크기가 그렇게까지 크지는 않았고 일상생활에서 많이 사용된 조리도구였습니다. 이 두 개의 단어가 한 단어로 사용된 이유와 근거를 확실하게 찾지 못해 이런 단어가 있었다는 정도로만 소개합니다

그렇다면 당시의 주방은 어떤 형태였을까요. 저는 사마의司馬懿(179~251)가 주인공인 중국 드라마를 흥미롭게 본 적이 있습니다. 내용 구성이며 연기자들의 연기가 좋았기에 인상 깊었습니다. 특히 그 드라마에

---

21   "用小麥不蟲者, 於鑊釜中炒之."(賈思勰, 최덕경 역주, 『제민요술 역주 III』, 서울: 세창출판사, 2018, 301쪽)

는 사마의 집안 집사 겸 조리사가 감초 역할을 맡았습니다. 그런데 조리사가 등장하는 주방을 보니 지붕과 기둥만 있고 벽체가 없는 형태였습니다. 또 고정형의 장방형 조竈, 그 위에 갖가지 찜기와 조리도구가 얹어진 모습으로 묘사되었습니다. 이 드라마의 고증이 얼마나 사실을 근거로 했을지, 얼마나 정확할지 저는 잘 알지 못합니다. 그러나 사마의가 살았던 시대가 후한 말부터 위나라 초기까지이므로 한나라의 주방 형태와 유사하게끔 고증할 수 있었겠다는 생각도 해보았습니다. 우리가 앞서 보았던 한나라 부장품과 무덤 벽화는 당시 주방이 상당히 개방감이 있는 형태였을 가능성을 보여주었으니까요. 하지만 위진남북조 시대의 주방도 그와 같을지는 알지 못합니다. 주방 자체를 설명하는 기록을 찾지 못했기 때문입니다. 아쉽지만 시간을 좀 더 들여서 조사해야 할 부분입니다.

당

—가루음식과 차

1) 가루음식의 유행과 조리도구의 변화

한나라 이후로 가루음식의 유행은 계속되었습니다. 당나라에서 가장 유명한 황제인 현종玄宗(685~762)은 755년에 안록산安祿山의 난이 발발하자 이듬해에 촉蜀, 지금의 쓰촨四川 지방을 향해 도망쳤습니다. 그들 일행이 장안長安에서 40여 리 떨어진 함양咸陽의 망현궁望賢宮에 도착했을 때 끼니 때가 되었는데도 아무도 음식을 대령하려고 하지 않았습니다. 『자치통감 資治通鑑·당기唐紀·마외사변馬嵬事變』에서는 그 상황을 이렇게 적었습니다.

해가 중천을 향해가는데도 황상은 그때까지도 식사하지 못했다. 양국충이 시장에서 '호병'을 구해다 바쳤다. 이에 백성들이 다투어 거친 밥을 바치는데 콩과 보리(혹은 밀)가 뒤섞인 것이었다. 황손들이 다투어 이것을 손으로 움켜잡으며 먹으니 순식간에 동이 났지만 여 전히 배를 불릴 수 없었다. 황상이 (백성들이 바친 음식의) 값을 다 매겨

솥과 불로 찾아가는 중국 부엌의 역사

서 주고 그들을 위로했다. 모두가 울고 황상 역시 얼굴을 가린 채 울었다.[1]

반란군을 피하기 위해 재상 양국충의 안을 따라 촉 땅으로 이동하는 길에 있었던 일입니다. 배고픔이 얼마나 무서운지 모르고 자란 황손들은 갑자기 어려움을 겪게 되자 백성들이 바친 콩과 보리(혹은 밀)가 섞인 거친 음식도 다투듯이 먹게 되었습니다. 그런데 백성들이 음식을 바치기 전에 양국충이 시범적으로 현종에게 바친 음식이 있습니다. 바로 '호병胡餠'입니다. 난리 중인데도 함양의 시장에서 구할 수 있었던 것으로 보아 이는 당시에 상당히 대중화된 음식이었다고 생각됩니다. 이런 대중적 음식을 시장에서 사다가 황상도 먹었다는 것이 알려지자 그때 비로소 백성들이 거친 음식이지만 기꺼이 바치게 된 것이지요.

당나라 사람들이 좋아한 호병은 밀가루를 반죽해 화로에서 구워낸 음식이었습니다. 백거이白居易(772~846)가 쓴 「친구 양경지楊敬之에게 '호병'을 부치다寄胡餅與楊萬州」라는 시를 보면 제목에는 '호병'이, 본문에는 '호마병'이라는 단어가 나옵니다.

胡麻餅樣學京都,　호마병은 수도 장안長安의 것을 본뜬 것이고
麵脆油香新出爐.　밀가루를 구웠더니 바삭하고 기름이 향기로운데
　　　　　　　　막 화로에서 꺼낸 것이라네.
寄與饑饞楊大使,　식탐 많은 양경지에게 부치노라니

1　"日向中, 上猶未食, 楊國忠自市胡餅以獻. 於是民爭獻糲飯, 雜以麥豆. 皇孫輩爭以手掬食之, 須臾而盡, 猶未能飽. 上皆酬其直, 慰勞之. 眾皆哭, 上亦掩泣."

嘗看得似輔興無.　보홍방에서 맛보았던 것이랑 비슷하지?

　　당시 백거이는 충주忠州(지금 충칭시重慶市의 중부)에서 벼슬하고 있었는데 만주萬州(지금의 충칭시의 북부)에 있던 친구 양경지에게 갓 구운 호마병과 함께 이 시를 부쳤습니다. 호마병은 호병의 한 종류로서 그 위에 깨를 뿌린 것입니다. 또 제2구에서 말한 것과 같이 호마병은 화로 안에서 구워서 만드는 음식임이 분명합니다. 백거이는 마지막 구에서 자신이 부쳐주는 호마병은 호병 잘 만들기로 유명한, 수도 장안[2] 보홍방輔興坊 지역에서 파는 호병과 유사할 것이라고 자신했습니다. 이로 볼 때 병餅의 레시피, 특히 굽는 기술은 수도뿐만 아니라 다른 지역에까지 번져 나간 상태였을 것으로 생각합니다. 또 9세기 일본의 승려 엔닌圓仁이 쓴 『입당구법순례행기入唐求法巡禮行記』를 보면 입춘 때 황실에서 사찰에 호병을 하사하여 대중들이 함께 먹는다고 기록될 정도였으니 호병은 분명 대중화된 음식이라 하겠습니다. 이 시기 당나라의 북방에서 조의 생산량은 오히려 낮아지고 쌀과 '밀가루'가 주식이 되었다는[3] 기록이 있는데 이는 당시에 호병과 같은 가루음식의 수요가 많아진 것과 연관되어 있다고 생각합니다.

　　지금도 중국에서는 호병을 화로에 구워서 판매합니다. 이름은 구운 병餅이라는 의미로 '사오빙燒餅'이라고 부릅니다. 화로의 위쪽에 진흙으로 돔

2　이 시에 나오는 '보홍방'이 수도에서 맛있는 호병을 파는 곳이라고 단정하기는 어렵다고 비판하는 설도 있다. 다만, 보홍방이 수도가 아니라 어느 지역에 있는 것이든, 시의 맥락으로 볼 때 맛있는 호병을 파는 곳임은 분명해 보인다.

3　계명대학교 행소박물관 편, 『맛을 담는 그릇의 멋: 중국 고대 음식기구전』, 대구: 계명대학교, 2009, 96쪽.

형태를 만들고 그 내부에 밀가루 반죽을 붙여서, 혹은 화로 내부에 밀가루 반죽을 붙여서 굽는데 불맛이 나고 담백하기 때문에 단독으로, 혹은 다른 음식에 곁들여 먹는 음식으로 많이 팔립니다.

요즘 중국에서 호병을 굽는 화로 형태. 화로의 위쪽에 진흙으로 돔 형태를 만든 다음, 그 내부에 밀가루 반죽을 붙여서 굽는다.
(출처: 바이두百度)

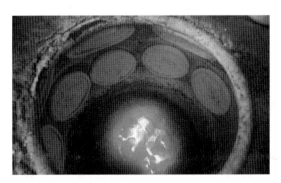

요즘 중국에서 호병을 굽는 화로의 내부. 화로 내부에 밀가루 반죽을 붙여서 굽는다.(출처: 바이두百度)

2024년도 1월, 뤄양의 한 가게 모습. 상호는 '황제에게 바친 사오 빙'이라는 의미이고 사오빙의 다양한 종류에 대해 설명한 광고 문구도 곁들여져 있다.(출처: 직접 촬영)

가루로 만드는 음식 가운데 '한구寒具'라는 것이 있습니다. 아래의 기록을 먼저 살펴보겠습니다.

진나라 환현(369~404)은 서화를 진열해 놓는 것을 좋아하였는데, 어떤 손님이 한구를 먹고서 씻지 않은 손으로 책을 만져 뜻하지 않게 책을 더럽히는 일이 생기자, 이후로는 내놓지 않았다. 이로 볼 때 한구는 필시 기름과 꿀을 사용해 만든 음식일 것이다. 『제민요술』과 『식경』에는 '환병'이라는 말이 나오는데, 세상 사람들은 '산자'일 것이라고 생각하기도 하고, 혹은 칠석에 먹는 '수밀식'인가 여기기도 하였다. 두보가 10월 1일에 '거여에서 인심을 느낀다네'라는 구절을 지었는데, 『광기』에서는 (거여를 먹는 것은) 한식 때의 일로 싣고 있다. 세 가지 다 의심해 볼 만하다. 주희 선생은 『초사』의 "거여와 밀이에

솥과 불로 찾아가는 중국 부엌의 역사

장황도 있다."라고 한 구절에 대해 주석을 붙이기를, '쌀가루와 밀가루를 튀겨서 바짝 졸여서 만든 것으로서, 한구이다'라고 하였다. 이 『초사』의 한 구절로서 세 가지 음식이 (각각 다른 것임을) 자연히 알 수 있다. '거여'는 '밀면' 중 말린 것으로서 시월에 먹는 '개로병'[4]이다. '밀이'는 '밀면' 중 약간 윤기 있는 것으로서 칠석에 먹는 '밀식'이다. '장황'이 바로 한식에 먹는 '한구'라는 데에는 의심할 여지가 없다.[5]

밀, 혹은 찹쌀가루를 반죽해서 튀긴 다음, 표면에 달달한 시럽을 바른 각종 병餅의 이름에 관한 기록입니다. 이 이야기는 진나라 환현(369~404)의 집에서 대접했다는 '한구'에서부터 시작됩니다. 환현의 집에 온 손님이 기름에 튀기고 꿀을 바른 음식을 손으로 집어 먹고 나서 손도 닦지 않고 책을 뒤적거렸으니 책이 끈적끈적 엉망이 되었을 것입니다. 책을 좋아하는 환현은 질색했습니다. 시대가 흘러 시성詩聖 두보(712~770)는 이 음식을 '거여粔籹'라고 불렀습니다. 두보가 이야기한 거여는 한구와 유사한 음식이었습니다. 가루+튀김+당糖의 조합은 예나 지금이나 환영받고 언제나 옳습니

---

4   개로開爐: 불을 기념하는 명절이다. 음력 10월 1일에 화로를 사용하기 시작하는 날을 기념하는 것이 개로開爐 명절이다. 송대의 개로 명절 풍속이 『신편취옹담록新編醉翁談錄』에 기록되어 있다. 송나라 사람들은 이날이 되면 불 앞에서 술을 마시고 고기를 구우며 둘러앉아 담소를 즐겼는데 이를 '난로暖爐'라고 불렀다고 한다.(舊俗十月朔開爐向火, 乃沃酒及炙臠肉於爐中, 圍坐飲談, 謂之暖爐)(劉海永, 『大宋饗客』, 臺北: 時報文化出版社, 2019, 176~178쪽)

5   "晉桓玄喜陳書畫, 客有食寒具不濯手而執書帙者, 偶汚之, 後不設. 寒具, 此必用油蜜者. 『要術』竝『食經』者, 只曰環餅, 世疑餕子也, 或巧夕酥蜜食也. 杜甫十月一日乃有 '粔籹作人情' 之句, 『廣記』則載於寒食事中. 三者皆可疑. 及考朱氏注『楚詞』, '粔籹蜜餌, 有餦餭些.' 謂 '以米麵煎熬作之, 寒具也'. 以是知『楚詞』一句, 自是三品. 粔籹乃蜜麵之乾者, 十月開爐餅也. 蜜餌乃蜜麵少潤者, 七夕蜜食也. 餦餭乃寒食寒具, 無可疑者."(林洪, 정세진 역주, 『山家清供』, 서울: 학고방, 2021, 39~41쪽)

다. 요즘 우리나라에서 약과가 각종 변주 속에서 인기를 끌고 있는 것도 가루+튀김+당糖의 조합이 가진 매력 때문입니다.

19세기 말에 그려진 외소화外銷畵에 나오는 '마화麻花'를 튀기는 장면. 둥근 팔찌처럼 생긴 밀가루 반죽을 기름에 넣어 튀기고 있다.(자료출처: 王次澄, 『大英圖書館特藏中國淸代外銷畵精華』 7권, 廣州: 廣東人民出版社, 2011, 234쪽)

『태평광기太平廣記』에도 이와 비슷한 조합의 음식이 등장합니다. 풍급사馮給事가 중서성中書省에서 재상을 만나려고 할 때, 막 상식국령尙食局令에 임명된 관인이 자신도 재상을 직접 만날 수 있게 해달라고 청탁했습니다. 이 부탁을 들어주자 상식국령은 풍급사에게 보답하려고 그의 집에 찾아가 자신의 재주를 선보였습니다.

(필요한 것은) "커다란 작업대 하나와 나무쐐기 30~50장, 기름 솥과 탄불[炭火], 그리고 좋은 참기름 한두 말, 대추 및 밀가루 반죽 약간입니다."라 했다. 풍급사는 본디 요리에 정통했던지라 집에 돌아간 뒤

솥과 불로 찾아가는 중국 부엌의 역사

관인이 시킨 대로 준비를 해 놓았다. 또 집 식구들과 함께 구경을 하기 위해서 주렴을 쳐 놓았다. 다음날 해가 뜨자마자 그 관인은 과연 손에 수판을 들고 풍급사의 집에 들어왔다. 그는 앉아서 차 한 잔을 마시고는 바로 일어나 대청을 나간 뒤에 윗저고리와 신발을 벗었다. 그리고는 작은 모자를 쓰고 청색의 반팔 웃옷과 세 폭 짜리 바지를 입더니 수놓은 무릎 가리개와 앞치마를 매고 또 토시까지 찼다. 옷차림이 다 갖춰지자 작업대의 사면을 둘러보았는데 평평하지 못한 곳을 발견하고는 나무쐐기 하나로 고여 놓았다. 작업대가 평평해진 다음에 기름 솥을 꺼내 밀가루 반죽 등을 잘 섞어놓고 앞치마 안에서 은합과 은빗, 그리고 은조리 각각 하나씩을 꺼냈다. 그리고는 기름이 뜨거워질 때까지 기다렸다가 은합 속에서 '퇴자' 속에 들어갈 소를 꺼내 손으로 밀가루 반죽에 섞어 가며 둥글게 빚었다. 다섯 손가락 사이로 밀가루 반죽이 삐져나오면 이것을 은빗으로 잘라냈다. 그리고 난 다음 둥글게 빚은 퇴자를 솥 안에 넣고 다 익으면 조리로 건져냈다. 건져낸 퇴자는 갓 길어온 물속에 꽤 오랜 시간 넣어두었다가 다시 기름 솥 안에 집어넣고 3~5회 끓인 뒤 꺼냈다. 꺼낸 퇴자를 작업대 위에 던지면 계속해서 빙빙 돌았는데 이것은 퇴자가 너무 둥글기 때문이었다. 퇴자는 바삭바삭하면서 맛있었는데 뭐라 형용할 수가 없는 맛이었다.[6]

---

6 "'要大臺盤一隻, 木楔子三五十枚, 及油鐺·炭火, 好麻油一二斗, 南棗·爛麵少許.' 給事素精于飲饌, 歸宅便令排比. 仍垂簾, 家口同觀之. 至日初出, 果秉簡而入. 坐飲茶一甌, 便起出廳, 脫衫靴, 帶小帽子·靑半肩·三幅袴·花襜襪肚·錦臂韝. 遂四面看臺盤, 有不平處, 以一楔墳之, 候其平正, 然後取油鐺爛麵等調停, 襪肚中取出銀盒一枚·銀箆子·銀笊籬各一, 候油煎熱. 于盒中取餖子蘸以手于爛麵中團之. 五指間各有麵透出, 以箆子刮卻. 便置餖子于鐺中, 候熟, 以笊籬漉出. 以新汲水中良久. 郤投油鐺中, 三五沸, 取出, 抛臺盤上, 旋轉不定, 以太圓故也. 其味脆美, 不可名狀."(李昉 등, 김장환 외 역, 『태평광기 10』, 서울: 학고방, 2003, 234~236쪽)

위의 이야기를 보면 주방에서 '퇴자'라는 음식을 튀기는 과정이 생생하게 그려져 있습니다. 별도의 작업복을 갖춰 입고 능숙한 손놀림으로 형태를 잡아 기름에 튀기고, 이것을 찬물에 식혔다가 한 차례 더 튀겨내어 더욱 바삭바삭하게 만들었습니다. 다 튀긴 퇴자를 작업대 위에 올려놓으면 반죽이 어찌나 잘 부풀었는지, 모양이 어찌나 둥근지 빙글빙글 돌았습니다. 마치 음식 영화에서 보던 장면 같습니다. 또한 위생에 좋도록 은으로 만든 각종 조리도구를 사용하는 한편, 기름에 튀기기 위해 '당鐺'이라는 조리도구가 등장합니다. '당鐺'은 원래 귀를 장식하는 장신구를 가리켰습니다. 그런데 당송대의 기록을 보면 이것이 조리도구의 명칭으로 등장합니다. 사전에 따르면 이는 '고대의 과鍋'에 해당하며 크기가 작은 조리도구로서 귀와 발이 달린 형태라고 설명합니다.

장병삼족은당長柄三足銀鐺
(출처: 산시역사박물관陝西歷史博物館 공식 홈페이지)

아마 사진에 보이는 장병삼족은당長柄三足銀鐺과 유사한 모양이 아니었을까요. 산시역사박물관陝西歷史博物館에 소장된 이 조리도구는 당나라 때의 당鐺입니다. 긴 손잡이와 세 개의 발이 달려 있습니다. 발을 달지 않고

솥과 불로 찾아가는 중국 부엌의 역사

크기만 더 크게 만들었다면 지금의 웍과도 유사합니다. 또 용기 입구 쪽에 국물을 흘리지 않고 따를 수 있는 부분도 만들어져 있습니다. 액체를 다루는 용기라는 표시입니다. 사실 이 도구는 술이나 약을 데우거나 밥을 짓는 용도였는데 당나라 때 도교의 유행 덕분에 연단鍊鍛을 하는 중요한 도구로도 사용되었다고 합니다.

이렇듯 당나라 때 음식 관련 기록에는 가루로 만든 음식이 유행한 흔적과 가루를 튀기기 위한 조리도구의 명칭이 일부 나옵니다. 그러나 주방과 조竈에 관한 기록은 많지 않습니다. 무덤 속 죽은 자를 위해 만든 당나라 명기를 통해서 주방의 조리도구들을 유추할 수 있을 뿐입니다. 아래의 명기는 마블링[교태絞胎]이 있는 도자기 차 화로[자다로瓷茶

당대 마블링 차 화로.(출처: 허난성河南省 도자문화연구회陶瓷文化硏究會 소장)

爐]입니다.[7] 아마도 차를 마시는 데에 활용되었던 화로를 본뜬 것으로 생각됩니다. 10㎝에 불과한 크기이지만 아래에는 직육면체 모양의 조竈 본체와 함께 귀엽게 달린 연통이 잘 표현됐습니다. 몸체는 옅은 황색인데 흰빛의 마블링이 있고 그 위에 얹힌 다복茶鍑에는 뚜껑도 덮여 있습니다. 조竈의 기본적인 형태를 갖추었고 이전 시기의 명기 모양과도 큰 차이가 없어 보

7 　사진출처: 허난성河南省 도자문화연구회陶瓷文化硏究會 소장.
　　(http://newpaper.dahe.cn)

입니다.

　비교를 위해서 비슷한 모양의 명기를 하나 더 살펴보겠습니다. 이 명기는 유백색에 단정한 방형입니다. 화안을 하나 내어 조리도구를 얹고 앞쪽에는 연통을 하나 두었습니다. 반대쪽에 단차를 둔, 산 모양의 당화장擋火墻이 보입니다. 앞에서도 보았듯이 당화장은 불을 땔 때 재나 불티가 날아들어가지 않도록 막아주는 역할을 합니다. 그러니 당화장 뒤편으로 연료를 넣는 구멍이 있을 것입니다. 이 명기 역시 이전 시대의 조竈 명기와 형태상 차이가 거의 없습니다.

뤄양박물관에 소장된 당나라 때의 명기.(출처: 직접 촬영)

　그럼 이 두 명기의 실물과 당나라 조竈 명기의 모사도를 비교해보겠습니다.[8]

8　岡崎敬,「中國古代におけるかまどについて: 釜甑形式より鍋形式への變遷を中心とし

　　　　　　　　　　솥과 불로 찾아가는 중국 부엌의 역사

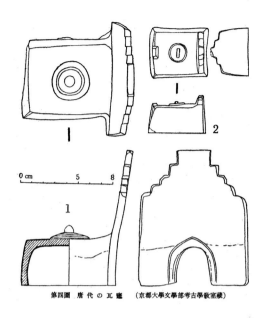

第四圖　唐代の瓦竈　　(京都大學文學部考古學教室藏)

당대 조竈 명기.(출처: 岡崎敬,「中國古代におけるかまどについて: 釜甑形
式より鍋形式への變遷を中心として」)

　　화안은 1개, 몸통 부분은 직육면체인 조竈 명기, 말하자면 미니어처입
니다. 불을 넣는 입구 쪽을 보면 반타원 형태이고 그 구멍의 아랫부분은 바
닥과 맞붙어 있는 형태입니다. 그 위로 비교적 큰 당화장이 있습니다. 불을
때는 쪽에 당화장을 만들면 불티나 재가 음식 쪽으로 날려 들어가지 않습
니다. 조리하는 방향과 불을 때는 쪽이 반대쪽에 위치하고 큰 당화장을 두
는 것은 지금의 저장성浙江省 일대 민가의 조竈와도 유사합니다.

　　화안 위를 보면 뚜껑이 있는 조리도구가 표현되어 있습니다. 형태로 보

て」,『東洋史研究』Vol.14, 1955, 113쪽.

기에는 위에서 살펴보았던 다복茶鍑과 닮았습니다. 복鍑은 보(혹은 부)鬴 및 부釜와 관계가 밀접한 조리도구입니다. 보鬴는 복鍑에 속하는 조리도구입니다. 또 복鍑은 '부대구자釜大口者', 즉 "부釜 중에서 아가리가 큰 것."입니다. 종합해보면 '보鬴⊂복鍑⊂부釜', 즉 보鬴와 복鍑, 모두 부釜의 부류라고 합니다.

그런데 이 명기들과 이전 시기 명기들과 약간의 차이가 보입니다. 이전 시기 조竈 명기를 보면 화안 위에 부釜와 증甑이 함께 얹어진 경우가 많았습니다. 그런데 이 조竈 명기에는 증甑이 보이지 않습니다. 이에 대해 오카자키 타카시岡崎敬는 이전 시대의 것과 다르게 당나라 조竈 명기에서 점차 증甑이 줄어드는 경향이 보인다고 분석했습니다. 그는 부鬴가 부釜로 변화해 나가는 변화상을 논증하는 과정에서 이 사실을 발견했습니다. 그는 허베이성河北省 장쟈커우시张家口市의 완안베이사청萬安北沙城에서 출토된 조리도구를 조사했는데 전한前漢의 것으로는 부鬴와 증甑이 조합된 형태가 나왔고, 한대부터 육조시대까지는 토기로 만들어진 부鬴와 철로 만들어진 부釜가 섞여서 출토되었습니다. 그리고 부鬴나 부釜와 세트로 쓰이던 증甑이 줄어드는 추세도 확인했습니다. 이는 알곡을 쪄서 먹던 식습관이 변화하여 소맥 가루를 주된 원료로 하는 분식粉食이 널리 유행하게 되었다는 사실과 관련되어 있습니다.[9] 식생활의 변화가 조리도구의 변화를 이끌어냈던 것입니다. 『구당서·고력사전高力士傳』의 기록도 가루음식의 유행을 입증합니다. "수도 성곽 북쪽에 풍수를 끊어서 물레방아를 만들고 다섯 개

---

9   岡崎敬, 「中國古代におけるかまどについて: 釜甑形式より鍋形式への變遷を中心とし て」, 『東洋史研究』 Vol.14, 1955, 118쪽.

솥과 불로 찾아가는 중국 부엌의 역사

의 물레바퀴를 돌리는데 날마다 소맥 3000 말을 빻는다."[10]라고 했으니 당시 소맥 가루의 수요가 어느 정도였는지 짐작할 수 있습니다. 오카자키 타카시는 논의를 정리하면서 가루를 내서 볶고 찌고 하는 데에 있어서는 이전에 사용하던 부증釜甑보다 다용도의 조리가 가능하면서 열효율이 높은 조리도구가 필요했는데 그 대안으로 등장한 것이 바로 밑바닥이 평평한 형태의 '과鍋'였다고 말합니다.[11] 그의 추론에 따르면 증甑의 사용이 줄어든 것, 부釜를 대신하는 과鍋가 등장한 것은 모두 식생활의 변화에서 기인한다고 볼 수 있습니다.[12]

2) 당나라의 다구茶具

당나라 조리도구의 형태는 다구茶具를 참조할 수 있습니다. 육우陸羽 (733?-804?)는 『다경茶經』을 통해 차 문화를 일신하는 역할을 했습니다. 차 맛의 정수를 끌어내기 위해 육우가 힘을 쏟았던 부분을 살펴보면 바로 차를 끓일 때 사용하는 불, 그리고 조리도구였습니다. 우선 그가 차의 풍로風爐에 대해 설명한 부분을 보겠습니다.

풍로는 동이나 철로 주조하는데, 옛날 정鼎의 형태와 같으며 두께

---

10 "於京城西北截灃水作碾, 並轉五輪, 日破麥三百斛."

11 岡崎敬, 「中國古代におけるかまどについて: 釜甑形式より鍋形式への變遷を中心として」, 『東洋史研究』 Vol.14, 1955, 119~120쪽.

12 조리도구의 변천과 과鍋의 등장 및 보급에 대해서는 5장의 내용을 참조.

는 3분分[13]으로 한다. 풍로 (주둥이 부분) 가장자리 너비는 9분으로 하는데 (그중에서 3분 길이는 몸체 부분 두께와 같으므로 주둥이 너비 중 나머지 길이에 해당하는) 6분은 허공에 떠 있으므로 진흙으로 마무리한다. 모두 3개의 발을 두는데, 옛 글씨로 21자를 쓰되, 한쪽 발에는 '물을 나타내는 감괘는 위에, 바람을 나타내는 손괘는 아래에, 불을 나타내는 이괘는 중간이라네.'라고 쓰고, 다른 한쪽 발에는 '몸에 오행이 균등하니 백 가지 질병을 물리치리.'라고 쓰며, 한쪽 발에는 '성스런 당나라가 안사의 난을 진압한 숙종肅宗 지덕至德 원년(763)의 이듬해에 주조한다.'라고 쓴다. 그 세 발 사이에는 3개의 창을 두고 바닥에도 창을 두어 바람이 통하고 재가 빠지는 곳으로 삼으며, 그 위에 나란히 고문으로 여섯 글자를 쓰는데 첫 번째 창 위에는 '(상商나라 탕湯임금 때의 대윤大尹인 이지伊摯를 가리키는) 이공' 두 글자를 쓰고, 다른 창 하나에는 '갱(그리고)육' 두 글자를 쓰며, 나머지 창 하나의 위에는 '~씨의 차'라고 쓰니 (이 네 글자를 합하면) 소위 '이공의 갱과 육씨의 차'라는 의미가 된다. …… 재받이의 경우 세 발 달린 철받이로 만들어 화로를 떠받친다.[14]

육우가 차를 끓이는 풍로가 갖추어야 할 요건을 설명한 부분입니다. 불 조절을 위해서 두께, 높이, 창의 개수까지 하나하나 지정했습니다. 육우의 주장이 당시에 차를 즐기는 사람들에게 얼마나 받아들여졌는지는 유물을

---

13 분分: 1촌寸의 1/10에 해당하는 길이 단위로 보았다. 약 0.31㎝라고 생각된다.

14 "風爐以銅鐵鑄之, 如古鼎形, 厚三分. 緣闊九分, 令六分虛中, 致其圬墁. 凡三足, 古文書二十一字, 一足云 '坎上巽下離於中', 一足云 '體均五行去百疾', 一足云 '聖唐滅胡明年鑄'. 其三足之間設三窗, 底一窗, 以爲通飆漏燼之所, 上竝古文書六字, 一窗之上書 '伊公' 二字, 一窗之上書 '羹陸' 二字, 一窗之上書 '氏茶' 二字, 所謂 '伊公羹陸氏茶'也. …… 其灰承, 作三足鐵柈抬之."(陸羽, 『茶經』, 南昌: 江西美術出版社, 2018, 44~45쪽)

솥과 불로 찾아가는 중국 부엌의 역사

통해 확인할 수 있습니다. 허난성河南省 궁이시鞏義市의 문물고고연구소文物考古研究所는 832년에 매장된 장씨부인張氏夫人의 묘지에서 중만당 시기의 것으로 보이는 당삼채唐三彩 유물을 발굴했습니다. 2015년에 이 당삼채가 발굴될 때 다연茶碾, 다관茶罐 등과 함께 어떤 남자가 풍로 앞에 앉아 있는 것도 발굴되었습니다.[15] 연구자들은 유물들의 형태와 종류, 구성으로 볼 때 바로 육우의 『다경』을 구현한 유물이라고 생각합니다. 그래서 풍로 앞에 앉아 있는 사람도 바로 육우일 것이라고 추론합니다.

당나라 무덤에서 발굴된 차 끓이는 풍로.
(출처: 揚子晚報 인터넷신문 기사)

풍로 앞에 앉은 남자의 모습이 묘사된 당삼채. 연구자들은 이 남자가 바로 육우일 것이라고 추론한다.(출처: 揚子晚報 인터넷신문 기사)

---

15 자료출처: '春日采茶飲茶, 來看看一件暴露陸羽"眞容"的唐三彩'(2023-03-28. 揚子晚報 인터넷신문 기사)
https://www.yangtse.com/zncontent/2826686.html

이외에도 육우는 차를 끓일 때 사용하는 조리도구도 반드시 가려서 사용해야 한다고 주장했습니다.

부釜는 주둥이가 입술처럼 생긴, 가장자리가 있는 것이어야 한다.[16]

그런데 차를 끓일 때 사용하는 '부釜'의 입구 부분에 왜 입술 모양처럼 생긴 가장자리가 있어야 하는지 잘 모르겠습니다. 그 실마리는 '복鍑'에 대해 육우가 설명한 부분에서 찾을 수 있습니다.

복鍑은 생철로 만든다. 요즘 야철장인들이 말하는 '급철'이란 것으로서 그러한 철의 경우, 폐기해야 할 농기구를 제련하여 주조한다. 안쪽은 흙으로 주물틀을 만들고 바깥은 모래로 만든다. 안쪽을 흙으로 하면 매끄러워서 문질러 씻기 쉽다. 바깥을 모래로 하면 까끌거려서 불기운을 흡수한다. 그 귀를 네모지게 만들어 솥을 단정하게 만든다. 그 주둥이 가장자리를 넓게 만드는 것은 (불기운이) 멀리까지 닿게 하기 위함이다. 그 (내부 바닥면 중앙부의) 배꼽을 길게 튀어나오도록 만드는 것은 가운데 (열기를) 지키기 위해서이다. 배꼽이 길면 가운데에서 끓기 때문이다. 가운데에서 끓으면 차의 가루가 쉽게 끓어 올라 그 맛이 순해진다. 홍주(지금의 장시성江西省 난창南昌 일대)에서는 도자기로 만들고 래주(지금의 산둥성山東省 예현披縣 일대)에서는 돌로 만든다. 도자기와 돌은 모두 우아한 기물이지만 성질이 견실하지 않아 오래 유지하기 어렵다. 은을 사용해 만들면 지극히 정결하지만 사치스러울 수 있다. 우아한 것은 우아한 대로, 정결한 것은 정결한 대로 (좋

---

16 "釜, 用唇口者."(陸羽, 『茶經』, 南昌: 江西美術出版社, 2018, 15쪽)

　　　　　　　　　　　　솥과 불로 찾아가는 중국 부엌의 역사

지만) 만약 사용함에 있어서의 항상성을 고려한다면 결국 은으로 귀
결될 것이다.[17]

이는 차를 담가 끓일 때 사용하는 복鍑의 요건에 대한 설명입니다. 우
선 육우는 복鍑의 내부 바닥 중앙에 긴 배꼽이 있어야 한다고 했습니다. 바
닥 가운데가 긴 배꼽처럼 위쪽으로 봉긋 솟아올라 있어야 찻물이 위아래
로 잘 섞이면서 열전달이 잘 된다고 생각했기 때문입니다. 복鍑의 형태를
만들 때에도 열을 잘 받도록 하는 데에 주안점을 두었습니다. 겉면을 주조
할 때 모래를 써서 일부러 요철이 있도록 하고 주둥이 가장자리를 튀어나
오게 해서 복鍑의 아래에서부터 올라오는 열기가 위까지 전달되도록 하고
싶었던 것입니다. 우리가 빨래 삶는 솥에 원기둥 모양을 넣어 열기가 골고
루 전달되게 하고 비눗물이 잘 섞이도록 하는 것과 유사하지 않을까 생각
해보았습니다.

차 끓이는 조竈를 노래한 시도 있습니다. 피일휴皮日休는 「다중잡영茶中
雜詠」에서 '다조茶竈'에 대해 다음과 같이 읊었습니다.[18]

南山茶事動,　남산에 차 끓이는 일을 시작하며
竈起巖根傍.　다조茶竈는 바위 아래 근처에 앉혔네.

---

17 "鍑, 以生鐵爲之. 今人有業冶者, 所謂急鐵, 其鐵以耕刀之趄, 煉而鑄之. 內模土而外模沙. 土
滑於內, 易其摩滌. 沙澀於外, 吸其炎焰. 方其耳, 以正令也. 廣其緣, 以務遠也. 長其臍, 以守
中也. 臍長, 則沸中. 沸中, 末易揚, 則其味淳也. 洪州以瓷爲之, 萊州以石爲之. 瓷與石皆雅器
也, 性非堅實, 難可持久. 用銀爲之, 至潔, 但涉於侈麗. 雅則雅矣, 潔亦潔矣, 若用之恒, 而卒
歸於銀也."(陸羽, 『茶經』, 南昌: 江西美術出版社, 2018, 52~53쪽)

18 白化文, 「筆床茶竈, 雨笠烟蓑」, 『中国文化』, 2008年02期, 79쪽.

水煮石發氣,　물을 끓이면 그 속에 있던 계곡 돌의 기운이 나오고

薪然杉脂香.　땔감을 태우면 삼나무 향기가 기름지네.

靑瓊蒸後凝,　푸른 옥 같은 찻잎은 쪄서 뭉친 것인데

綠髓炊來光.　푸른 골수가 끓으면서 빛을 띠네.

如何重辛苦,　어찌하여 이런 고생을 거듭하냐고?

一一輸膏粱.　하나하나 고량진미를 이길 맛이니까.(피일휴)

　　피일휴가 제2구에서 언급한, 차 끓이는 조竈는 아마도 육우가 말했던 풍로와 같은 형태일 것입니다. 물은 차맛을 좌우하기에 물이 좋은 곳을 일부러 찾아가야 할 터이니, 차 끓이는 조竈는 반드시 이동이 가능한 풍로 형태여야 하겠습니다.

　　차를 끓일 때 풍로가 필요했다면 차를 만들 때에도 화로가 필요했습니다. 당대에는 엽차葉茶가 아니라 병차餅茶를 만들어 사용했는데 차를 병餅의 형태로 뭉치기 위해서는 차를 찌는 화로가 필요했습니다. 또 나중에 음용하기 전에 병차를 살짝 구워 습기를 날리는 데에도 화로가 필요했습니다.[19]

19　자료출처: 姚偉鈞 외, 『中國飮食文化史: 黃河中游地區卷』, 北京: 中國輕工業出版社, 2013, 183쪽.

　　　　　　　　　　　　　　　　솥과 불로 찾아가는 중국 부엌의 역사

그림 (자료출처: 姚偉鈞 외, 『中國飮食文化史: 黃河中游地區卷』)	설명
	• 차를 찌는 용도의 화로 • 나무를 때서 차를 찔 때 사용. • 화로의 기본적인 형태와 다르지 않음.
	• 병차를 꼬치에 꿰어 불기운으로 습기를 날리는 용도의 화로. • 꼬치를 걸칠 수 있는 뼈대로 구성한 단순한 형태임.

앞의 그림을 보면 병차를 꼬치에 꿰어 불기운으로 습기를 날리는 화로가 있습니다. 화로의 불기운을 차에 그대로 노출시키는 방식이기 때문에 여기에서 자칫 잘못하면 차에 잡향이 밸 수 있습니다. 그래서 육우는 병차를 구울 때의 연료에도 신경을 썼습니다.

그 불로는 숯을 사용하되 차선책으로 나무 땔감을 쓴다.(원주: 뽕나무, 홰나무, 오동나무, 굴참나무 같은 것들을 말한다) 숯이 고기를 구울 때 썼던 것이라면 누린내가 스며들었을 수 있기 때문에, (송진 등과 같이) 기름이 나오는 나무나 썩어서 버리게 된 나무 기물과 마찬가지로 사용하지 않는다.(원주: 기름 기운이 있는 나무란 측백나무, 소나무, 노송나무이다. 부서진 목기란 썩어서 버리게 된 목기이다) 옛사람들은 땔나무의 향에도 수고를 아끼지 않았으니 믿을 만하리라![20]

이처럼 차는 아주 섬세하게 다루어야 그 향을 살릴 수 있으니 숯 하나, 땔감 하나를 고르는 데에도 신경을 써야 했습니다. 그런데 이와 달리 먹는 것에 그다지 신경 쓰지 않는 경우, 다음과 같은 연료를 사용할 수도 있었습니다.

> 옛날에 나잔선사가 소똥으로 불을 지펴 이것(토란)을 굽고 있을 때, (줄줄 흐르는 콧물을 닦으라고) 요청하자 그것을 거절하며 "추워서 흘린 콧물을 거둘 마음도 없거늘, 속세 사람과 어울릴 시간이 어딨겠는 가!"라 했다고 한다.[21]

나잔懶殘선사의 명성을 들은 덕종德宗이 사람을 시켜 그를 궁궐로 불러오라고 하였습니다. 신하가 천신만고 끝에 나잔선사를 찾아내어 황제의 명을 전하려고 했지만 그는 콧물을 줄줄 흘리며 소똥에다가 토란을 굽느라 정신이 없었습니다. 신하가 비웃으며 "줄줄 흐르는 콧물이나 좀 닦으시지요."라고 하자 나잔선사가 위와 같이 일갈一喝했다고 합니다. 똥을 연료

---

20 "其火, 用炭, 次用勁薪(原注 : 謂桑·槐·桐·櫪之類也) 其炭曾經燔炙, 爲膻膩所及, 及膏木敗器, 不用之.(原注 : 膏木, 謂柏·松·檜也. 敗器, 謂朽廢器也) 古人有勞薪之味, 信哉!"(陸羽, 『茶經』, 南昌: 江西美術出版社, 2018, 96~97쪽)

21 "昔懶殘師正煨此牛糞火中, 有召者, 却之曰, '尙無情緒收寒涕, 那得工夫伴俗人.'"(林洪, 정세진 역주, 『山家淸供』, 서울: 학고방, 2021, 72~73쪽)

솥과 불로 찾아가는 중국 부엌의 역사

로 사용했을 경우 화력은 세지만 토란을 그 속에 집어 넣어 구웠다면 정갈함은 떨어졌을 것입니다. 그러나 어떤 불을 활용하든, 어떤 재질로 만든 그릇을 사용하든, 일체유심조一切唯心造를 실행하는 나잔선사에게는 하찮을 것 없는 문제에 지나지 않았습니다.

3) 당나라 때의 불 관련 풍속

당시唐詩 중, 불과 관련된 풍속시들이 남아 있습니다. 유우석劉禹錫 (772~842)의 「정월초하루의 감회元日感懷」를 먼저 읽어보겠습니다.

振蟄春潛至,　겨울잠 자는 벌레를 흔들어 깨우며
　　　　　　봄이 몰래 이르렀는데
湘南人未歸.　상수 남쪽의 사람은 아직 돌아가지 못했네.
身加一日長,　이 몸에 하루치의 나이를 더하자
心覺去年非.　마음으로 지난 시절 잘못을 깨닫네.
燎火委虛爐,　'요화燎火' 피우고 남은 것은 내버려 두고
兒童衒彩衣.　아이들은 채색옷을 자랑하였었지.
異鄕無舊識,　타향에는 예전에 알던 이 없으니
車馬到門稀.　문에 이르는 거마가 드물구나.

위의 시는 유우석이 정치개혁에 실패하여 낭주朗州에 폄적되었을 때 새해를 맞이한 감회를 이야기한 것입니다. 제5-6구는 지난날 중원 지역에서 새해를 맞이했던 경험을 추억한 부분입니다. 여기에 등장하는 '요화燎

火'는 화톳불로서 한 해의 마지막 날에 땔나무를 태워 천지의 신에게 제사 지냈던 풍속을 말해줍니다. 당시 중원 지역에서는 새해를 맞이하는 중요한 의식으로 화톳불 태우기가 있었던 것입니다.

반면 불을 금지하는 날도 있었으니 바로 한식寒食입니다. 당나라 때에는 동지를 지낸 후 104일째 되는 날을 대한식大寒食, 105일째 되는 날을 관한식官寒食, 106일째 되는 날을 소한식小寒食이라 하여 사흘 동안 불을 금하였습니다. 한식의 기원에 대해서는 여러 가지 설이 있습니다. 춘추시대 진晉 문공文公을 위해 자신의 허벅다리 살을 베어 먹게끔 했던 개자추介子推와 관련되어 있다는 설, 선진先秦 이후 불의 신에게 제사를 지냈던 풍속에서 기원했다는 설이 대표적입니다. 1년에 한 번, 불의 신에게 제사를 지낼 때에는 완전히 불을 꺼야했는데 다시 새로 불을 피우는 '개화改火 의식'을 매우 성대하게 지냈다고 합니다. 한식의 기원이 어느 쪽에 있든, 한식에 불을 피우는 것을 금하고 찬 음식을 먹었던 것만큼은 마찬가지입니다.

당나라 때 한식에는 사흘 동안 불을 금하면서 대신 엿이 들어간 죽 등을 미리 준비하여 먹었고, 성묘하면서 지전紙錢을 바쳤습니다. 당대 시인인 한웅韓雄(?-?)은 「한식寒食」에서 이렇게 노래했습니다.

春城無處不飛花,　봄을 맞은 성에 꽃잎이 날리지 않는 곳이 없고
寒食東風御柳斜.　한식 봄바람에 어구御溝의 수양버들이 비스듬히 날리네.
日暮漢宮傳蠟燭,　해 저물고서 장안의 궁궐에서 납촉을 하사받으니
輕煙散入五侯家.　가벼운 연기가 다섯 제후의 집으로 나누어져 들어가네.

　　　　솥과 불로 찾아가는 중국 부엌의 역사

봄을 맞이한 장안의 모습을 묘사하는 것으로 시작한 시입니다. 제2구를 보면 한식에 버드나무를 꽂아서 귀신을 쫓는 풍속을 반영했습니다. 마지막 두 구절은 해가 저물 때 신화新火, 즉 새로 붙이는 불을 언급한 부분입니다. 한식이 끝나고 청명절을 맞이할 때, 황제가 새 불을 하사하는데 이것을 받아서 서로서로 옮겨붙이는 풍습 말입니다. 즉, 시구에서 말한 '전납촉傳蠟燭'이란 새로운 불을 붙일 수 있도록 황제가 하사하는 불이며 이것을 서로서로 나누어 붙인다는 의미입니다.

시인 왕건王建(765~830)도 「한식 노래寒食行」를 지었습니다.

寒食家家出古城,	한식이면 집집마다 오랜 성에서 나오는데
老人看屋少年行.	노인들은 집을 지키고 젊은이들은 오가네.
丘壠年年無舊道,	무덤은 해마다 옛길이 없어지니
車徒散行入衰草.	마차와 사람 무리가 시든 풀더미 사이로 흩어져 들어가네.
牧兒驅牛下塚頭,	목동은 소를 빠르게 몰아서 무덤 위에서 내려오는데
畏有家人來灑掃.	무덤에 묻힌 이의 가족이 성묘하러 올까봐서.
遠人無墳水頭祭,	고향이 먼 곳에 있는 이는 성묘할 무덤이 곁에 없으니 강가에서 제사를 지내는데
還引婦姑望鄉拜.	그래도 고부를 이끌고 와 고향을 향해 절하라 하네.
三日無火燒紙錢,	사흘 동안 지전 태울 불이 없으니
紙錢那得到黃泉.	지전이 어찌 황천에 닿을 수 있을까.
但看壠上無新土,	무덤 위에 새 흙을 북돋우지 않은 것만 보아도 알겠으니

此中白骨應無主. 이 무덤 속 백골에겐 가족이 없겠지.

이 시는 한식에 성묘를 하는 풍속을 이야기하고 있습니다. 그 사흘 동안에는 무덤에서 지전을 태우는 불까지 금지하였던 것이 시 본문에 나타납니다. 이처럼 사흘 동안 철저하게 불을 금지했기 때문에 이날에는 지전을 태우는 대신에 지전을 올리거나 걸어두었다고 합니다. 당나라 때에는 불을 피우는 것도, 불을 금하는 것도 제도로서 정착되었음을 말해주는 대목입니다.

2017년 2월, 시안西安의 대명궁大明宮 주변을 둘러보았습니다. 현종, 양귀비, 맹호연孟浩然과 왕유王維……. 건물 하나하나 마다 옛사람들의 이야기가 담겨 있었습니다. 그러나 궁궐 내의 사람들을 먹여 살렸을, 황실 주방의 흔적이나 유물에 대해서 언급된 부분은 없었습니다. 수隋(581~619)부터 당唐(618~907)에 이르기까지 사용했던 조리도구나 주방의 조竈에 관한 작은 흔적, 주방 터, 전시물이라도 찾을 수 있지 않을까 기대했지만 아쉬운 마음으로 발길을 돌려야 했습니다. 장소를 이동하여 병마용갱兵馬俑坑 앞에 이르렀을 때 즐비한 국수 가게를 보며 놀랐습니다. 어느 시대부터 유래한 것인지 확실하지 않지만 산시陝西 지역 특유의 넓적한 국수인 뱡뱡[biángbiáng]몐麵을 판매하는 가게였습니다. 가게마다 그 앞에 판을 놓고서 반죽을 두들기고 늘려서 국수를 뽑는 과정을 시연하는 사람들이 호객하고 있었습니다. 문득 한나라 이후 당나라에 이르기까지 가루로 먹거리를 만드는 방식이 지속적으로 발전했던 식문화의 변천을 떠올렸습니다. 당시 장안 사람들의 하루 두 끼를 책임졌을 주방에 대한 흔적은 사라졌습니다. 그러나 길고 긴 국수, 뱡뱡몐은 시간을 넘어 아직도 사람들을 끌어당기고

솥과 불로 찾아가는 중국 부엌의 역사

있었습니다.

'뱡[biáng]'의 표기. 56(혹 57)획에 달하는 합성 글자임.

송

―볶기와 철과鐵鍋

송宋나라(960~1279)를 상상하노라면 북송北宋의 수도 개봉開封(지금의 허난성河南省 카이펑開封) 곳곳에 있었다는 와시瓦市와 반짝이는 등불이 떠오릅니다.

카이펑의 송도어가宋都御街.(출처: 직접 촬영)

솥과 불로 찾아가는 중국 부엌의 역사

카이펑 옛 황궁 부근의 야경.(출처: 직접 촬영)

카이펑 송도어가의 낮 풍경.(출처: 직접 촬영)

그곳에는 등불 아래 사람들이 왕래하고 여기저기 손님을 부르는 깃발이 펄럭이며, 한쪽에는 예인들이 공연하는 구란句欄이 있었습니다. 또 한쪽에는 차, 술, 음식을 파는 크고 작은 식당과 노점이 늘어서서 특색 있는 조리법과 식재료, 인테리어로 사람들을 끌어들였습니다. 돼지머리가 걸려 있는 식당으로 들어가면 붉고 푸르게 장식한 창문이 있고 다양한 좌석이 마련되어 있어 종업원이 바쁘게 안내했답니다.[1] 밤에도, 궂은 날씨에도 불이 꺼지지 않는 야시장에서 뜨끈한 국물이며 차를 마시고 면을 호로록 빨아당기고 양고기를 뜯고,[2] 차를 병에 담아 '테이크아웃'했던 당시 사람들의 모습과 그 뒤에 있는 조리실의 불기운을 상상하게 되는 것입니다.

북송시대는 흔히 중국음식문화의 진정한 완성기라고 칭해집니다. 음식이 다양하게 조리되었을 뿐만 아니라 식재료를 다루고 조리하는 조리기술과 도구의 발전이 완성기에 접어들었기 때문입니다.

---

1 "또 호갱瓠羹을 파는 음식점이 있는데, 문 앞에 나무와 꽃무늬를 엮어서 산붕山棚으로 만들었다. 위에는 잡아놓은 돼지와 양을 통째로 걸어 놓았는데, 이렇게 걸린 것이 20~30여 덩어리나 되었다. 상점 입구 근처에 있는 창과 문은 모두 붉은색과 녹색으로 장식을 하였는데 이를 '환문', 즉 손님을 환영하는 문이라 불렀다. 가게들은 모두 각각 홀[청청]과 정원[원院], 그리고 동쪽과 서쪽에 주랑이 있어 좌석의 번호를 불렀다. 손님이 앉으면 한 사람이 젓가락과 메뉴판을 가지고 와서 앉아 있는 손님들에게 필요한 것이 무엇인지 두루 물어 보았다.(又有瓠羹店, 門前以枋木及花樣杏結縛如山棚, 上掛成邊猪羊, 相間三二十邊. 近裏門面窓戶, 皆朱綠裝飾, 謂之驩門. 每店各有廳院東西廊, 稱呼坐次. 客坐, 則一人執筯紙, 遍問坐客)"(맹원로, 김민호 역, 『동경몽화록』, 서울: 소명출판, 2011, 170~171쪽/孟元老, 李合群 注解, 『東京夢華錄注解』, 北京: 中國建築工業出版社, 2013, 181쪽)

2 "야시장은 삼경이 되어서야 끝났다가 오경도 안 되어 다시 개장을 하였고 번화한 곳에서는 밤새 영업을 하기도 하였다. …… 겨울에 눈보라가 치고 추적추적 비가 내려도 야시장은 열렸다. …… 삼경이 넘어서도 병에 차를 담아 파는 사람들이 있었는데 대개 공적이거나 사적인 일로 업무를 본 사람들이 밤이 깊어서야 집으로 돌아갔기 때문이다.(夜市直至三更盡, 纔五更又復開張. 如要鬧去處, 通曉不絶. …… 冬月雖大風雪陰雨, 亦有夜市 …… 至三更, 方有提瓶賣茶者. 盖都人公私營干, 夜深方歸也)"(맹원로, 김민호 역, 『동경몽화록』, 서울: 소명출판, 2011, 139쪽)

솥과 불로 찾아가는 중국 부엌의 역사

1) 조리기술의 꽃 - '볶기炒'와 센 불도 견뎌내는 조리도구

이전 시기와 마찬가지로 송나라 때에도 다양한 조리기술이 사용되었습니다. 임홍林洪의 『산가청공山家淸供』[3]은 남송대의 음식문화를 반영한 식보食譜로서, 상세한 레시피와 더불어 그 음식의 의의를 문학적으로 풀이하고 있다는 점이 독특합니다. 이 기록에는 다음과 같은 조리 기술이 나옵니다.[4]

용어	의미	용어	의미
搗	찧다	漬	담그거나 재우다
浸	(물 등의 액체에) 담그거나 재우다	煮	끓이다
蒸	찌다	焯	데치다
暴乾-焙乾	햇볕에 말리다-불 위에서 말리다	盦	(재료들을 먼저 반조리한 후, 밥 등의 다른 재료 위에) 뚜껑처럼 덮어 뜸 들이다
淪	데치다	煎熬	바싹 졸이다
炒	볶다	煎	지지거나 튀기다
漉	여과시키다	沃	양념 등에 적시다

---

3   林洪, 정세진 역주, 『山家淸供』, 서울: 학고방, 2021.

4   아래의 표는 정세진의 논문 「南宋代 食譜 『山家淸供』에 대한 기초적 탐색」(『中國語文學誌』 Vol.76, 2021, 48~49쪽)의 내용을 옮겨온 것이다.

燖	(털 등을 뽑아 장만하기 위하여) 뜨거운 물에 담그다	研	갈다
濾	거르다	捶	두드리다
糝	국물에 가루나 곡식을 넣어 끓이다	澄	액체를 가만히 두어서 분말 부분과 맑은 액체 부분을 분리시키다
蘸	(양념장 등에) 담그다	溜	식재료를 액체 속에 잠시 지나가도록 하다
煨熟	(재에 묻어) 은근히 익히다	䃺	맷돌 등에 넣고 갈다
煿	불에 지지다	煗	따뜻한 정도의 불의 세기로 데우거나 익히다
燣	굽다	煠	튀기다
灼	데우거나 끓이다	灑	뿌리다

　이렇게 다양한 기술 가운데 당시 사람들이 잘 다루었던 기술은 '끓이기[자煮]' 방법이었습니다. 갱羹을 좋아했기 때문입니다. 소식蘇軾은 「요단원선생의 시에 차운하여次丹元姚先生韻二首」 중 제1수에서 "뜬구름 인생이 얼마인가? 겨우 갱 한 솥 끓이는 시간일 뿐이라네."[5]라고 했습니다. 이로 보

5　　"浮生知幾何, 僅熟一釜羹."(蘇式 撰, 王文誥 輯注, 孔凡禮 點校, 『蘇軾詩集』, 北京: 中華書局, 1982, 1951쪽)

면 당시 사람들은 갱 한 솥[부釜] 끓이는[자煮] 시간은 그다지 긴 시간이라고 느끼지 않았던 것 같습니다. 또 갱을 끓이는 조리도구를 '부釜'로 칭했던 것도 여기에서 알 수 있습니다.

그런데 당시 조리기술 중 가장 주목해야 할 부분은 바로 '볶기[초炒]' 기술입니다. 춘추시대부터 사용하기 시작한 볶기의 방법은 이때가 되어서야 진정한 의미에서 보편화되어 각종 음식에 적용되었다고 합니다.[6] 볶는 기술은 끓이는 것보다 더 고급의 기술에 속하기 때문에 강한 화력의 불과 도구가 갖춰져야 하고 조리사의 숙련도도 높아야 합니다. 따라서 북송대에 볶기 기술이 진정으로 보편화되었다는 말은 결국, 열전달이 잘 되면서도 센 불에서 견딜 수 있는 금속 도구가 구비되었고 숙련된 조리사가 많았음을 의미합니다. 그러하기에 여러 연구자들은 이러한 금속 조리도구가 바로 철로 만든 조리도구이며 북송대에 이르러 이것이 널리 보급되었다고 이야기합니다. 그러나 이들이 명제처럼 사용하는 이 내용에 대한 명확한 근거가 무엇인지는 찾기 어려웠습니다. 북송대에 볶기 기술이 널리 보급된 것을 무엇으로 증빙할 수 있는지, 또 볶을 때 사용한 조리도구가 어떤 형태였는지, 이것이 보편화되었다고 말할 수 있는 근거가 무엇인지 말입니다. 저는 여기에서 몇 가지 근거들을 가지고 이 부분을 이야기하고자 합니다.

먼저 송대에 '볶기'의 기술이 다양하게 활용된 근거를 찾기 위해 레시피를 기록한 식보食譜를 찾아보았습니다. 여기에서 저는 임홍의 『산가청

---

6   劉朴兵, 「北宋時期中原地區的飲食文化」, 華中師範大學 석사학위논문, 2001, 12쪽.

공』에서 '볶기'가 나오는 경우를 소개합니다.[7]

음식 이름	원문 및 번역	비고
목숙반苜蓿盤: 거여목 무침과 국.	따서 끓는 물로 데치고, 기름에 볶는데, 생강과 소금을 원하는 대로 더한다. (朵, 用湯焯, 油炒, 薑·鹽隨意)	채소를 기름에 볶기
황금계黃金雞: 담백하게 끓여낸 닭 음식.	'천초'같은 조리법을 새롭게 본뜨는 것 (有如新法川炒[8]等制)	닭에 각종 향신료 와 양념을 더하여 볶고 졸이기
괄루분栝蔞粉: 괄루 뿌리로 만든 전분.	(괄루) 열매를 취해 약간 붉은 빛이 돌 때까지 술과 함께 볶는 것 (取實, 酒炒微赤)	술을 첨가하여 볶기

7　송나라는 북송과 남송을 합하여 960년부터 1276년까지 지속되었다. 이만큼 길게 지속
　　된 시기의 식문화 및 조리기술에 대해 문헌 하나로, 특히 남송대의 기록 하나로 논한다는
　　것이 어불성설이다. 응당 북송대와 남송대의 여러 기록들을 유기적으로 살펴보아야 함을
　　자각하고 있다. 그러나 먹을 것과 관련된 기록이 생각보다 단편적으로 존재한다는 점 때
　　문에 여기에서 충분한 근거를 제시하지 못하였다. 다만, 본 연구자는 각 시대의 조리기술
　　과 관련해 데이터를 축적하고 있고 이후에는 보다 명확한 통계치를 공개할 수 있도록 준
　　비하고 있다.

8　천초川炒: 원나라 때 간행된 『거가필용사류전집居家必用事類全集』에 '천초계川炒鷄'가 소개
　　되어 있다. "닭을 하나하나 깨끗이 씻고, 토막 쳐서 장만해둔다. 참기름 세 냥을 끓여서 고
　　기를 볶는데 파채와 반 냥의 소금을 넣고 볶아서 10분의 7 정도 익힌다. 장 한 숟갈, 잘 갈
　　아놓은 후추, 산초, 회향과 함께 물을 한 대접 솥에 붓고, 끓이면서 익는 정도를 가늠한다.
　　좋은 술을 약간 가미해도 좋겠다.(每隻洗淨, 剁作事件. 煉香油三兩炒肉, 入蔥絲·鹽半兩, 炒七分熟.
　　用醬一匙, 同研爛胡椒·川椒·茴香, 入水一大碗下鍋, 煮熟爲度. 加好酒些少爲妙)"라 하였다. 이로 볼
　　때 '천초'라는 방법은 닭에 각종 향신료와 양념을 더하여 볶고 졸이는 방식이다.(林洪, 정세
　　진 역주, 『山家淸供』, 서울: 학고방, 2021, 43쪽)

황정과병여黃精果·餠·茹: 둥굴레로 만든 과식·병·채소음식.	(둥굴레 즙을 달인 것을) 검정콩·기장 볶은 것과 함께 약 두 치 짜리 크기로 병을 만든다. (以炒黑豆·黃米, 作餠約二寸大)	곡식을 볶기
원수채元修菜: 잠두 나물로 끓인 국.	골라서 씻어서 참기름에 볶다가 장과 소금을 넣고 그것을 넣어 끓인다. (擇洗, 用眞麻油熟炒, 乃下醬·鹽煮之)	채소를 참기름으로 볶기
자영국紫英菊: 국화 싹으로 끓인 국.	봄에 잎을 따서 대충 볶다가 끓이되 생강과 소금을 넣어 국을 끓인다. (春采苗葉, 略炒煮熟, 下薑·鹽羹之)	채소를 볶은 후에 국으로 만들기
가전육假煎肉: 박과 밀 글루텐으로 만든 대체육.	박과 밀 글루텐은 얇게 썰어두고, 각각을 재료들과 지지는데, 밀 글루텐은 기름에 잠기도록 해서 지지고, 박은 고기 지방으로 지진다. 파, 산초, 기름, 술을 첨가해 볶는다. (瓠與麩薄切, 各和以料煎, 麩以油浸煎, 瓠以肉脂煎. 加蔥·椒·油·酒共炒)	기름에 잠기도록 지지는 것에는 '전煎'이라 하고 나중에 지진 재료들에 양념을 넣고 볶을 때에는 '초炒'라 함
만산향滿山香: 미리 볶아서 갈아두었다가 음식에 뿌리는 향신료.	(채소를)물을 사용하지 않고 오로지 기름에 채소를 볶는다. (不用水, 只以油炒)	채소 볶기
뇌공율雷公栗: 철솥에 넣어 우레 소리로 익은 정도를 가늠하며 만든 군밤.	모래에 볶은 것보다도 맛이 좋았다. (且勝於沙炒者)	달군 모래에 밤을 넣고 볶는 조리 방식도 있었다고 추론할 수 있음
자애도自愛淘: 스스로를 귀하게 여기기에 먹는 국수.	파기름을 볶은 후, 순전히 식초 몇 방울에 당, 장을 섞어 (국수) 양념장을 만든다. (炒蔥油, 用純滴醋和糖·醬作齏)	파기름을 볶기

호마주胡麻酒 참깨와 향료를 넣은 술.	참깨 두 되를 사서, 끓여서 익히고 대충 볶는다. (贖麻子二升, 煮熟略炒)	참깨를 먼저 끓여서 익힌 후, 다시 볶기

여기에서 볼 수 있듯이 국을 끓이기 위해서, 술에 넣기 위해서, 혹은 최종적인 조리의 완성을 위하여 볶기가 다양하게 활용되고 있었습니다. 특히 채소를 볶아서 향과 질감을 끌어올리는 데에 활용된 경우가 많은 것이 특징입니다.

다음으로는 당시에 조리에 사용한 금속 조리도구가 무엇인지 찾아보겠습니다. 그중 바닥이 약간 우묵한 번철燔鐵, 즉 '오鏊' 종류를 먼저 보겠습니다.

낙병도烙餅圖.(출처: 鄭州市文物考古研究所, 『鄭州宋金壁畫墓』)

위의 「낙병도烙餅圖」는 2003년에 허난성河南省 덩펑시登封市 가오촌高村

솥과 불로 찾아가는 중국 부엌의 역사

의 벽화묘壁畫墓에서 발견된 것입니다.[9] 묘실 남쪽 정중앙에 난 용도甬道의 서쪽벽 회칠 위에 그려져 있었는데 한 여성이 반죽을 밀고 다른 한 여성이 그것을 지져서 병餠을 만드는 장면이었습니다. 그런데 지지는 도구를 보면 넓적한 번철의 모양입니다.[10] 그림만 봐서는 아래로 우묵한 도구 안에 반죽을 넣어 굽고 있는 것인지, 위로 볼록한 부분에 반죽을 얹어 굽고 있는지 잘 드러나지 않습니다. 그러나 어느 쪽이든 가능합니다. 지금 남아 있는 오鏊 유물을 보면 둥글고 평평한, 깊이가 아주 얕은 프라이팬처럼 생긴 것도 있고 위로 살짝 솟아오른 형태도 있습니다. 참고로 요나라의 철제 오鏊를 함께 소개합니다. 다퉁大同에서 발굴된 요나라 시대 무덤에서 발굴된 유물입니다. 해당 무덤의 주인은 976년에 사망하였고, 경종景宗 건형乾亨4년 (982)에 부인과 함께 이곳에 합장되었습니다. 가오촌의 벽화묘 연대가 1097년 전후, 즉 북송시대 말엽으로 추정되니[11] 요나라 무덤의 유물과는 약 100년 차이가 납니다. 시간과 지역의 차이가 있어 둘 사이의 연관성을 단언하기는 어렵지만 그래도 참고는 할 수 있을 것 같습니다. 이 유물은 아래에 다리가 붙어 있고 그 위에 잘 다듬어진 원형 판이 붙어 있는 형태인데 원형판은 가운데로 갈수록 약간 솟아 있는 모습입니다.[12]

---

9   鄭州市文物考古研究所, 『鄭州宋金壁畫墓』, 北京: 科學出版社, 2005, 88쪽.

10 于宏偉·黃俊·李揚, 「登封高村壁畫墓清理簡報」, 『中原文物』, 2004年第05期, 5쪽.

11 鄭州市文物考古研究所, 『鄭州宋金壁畫墓』, 北京: 科學出版社, 2005, 64~68쪽.

12 王利霞, 「大同遼代許從贇墓葬俗硏究」, 『文物天地月刊』, 2021年07月.
    (http://silkroads.org.cn 자료)

다퉁大同에서 발굴된 요나라의 철제 오鏊.

(자료출처: 王利霞,「大同遼代許從贇墓葬俗研究」: silkroads.org.cn)

명나라 때 저술된 『정자통正字通』에는 "'오'는 지금 병을 굽는 평평한 과鍋로서 '병오'라고 부른다. 또 '낙과오[굽는 데 사용하는 과오鍋鏊]'라고도 부른다."[13]라고 했습니다. 그러니 요즘 크레페를 굽는 평평하고 넓적한 전용 팬처럼, 생김새도 그와 유사한 이 도구 역시 병餅을 굽기 위한 전용 도구인 셈입니다.

앞서서 한나라 때 전래된 '호병'이 얼마나 인기 있었는지 이야기한 적이 있습니다. 송나라 때에도 병餅의 인기는 지속되었습니다. 『동경몽화록』에는 병餅 파는 가게[병점餅店]가 다음과 같이 소개되었습니다.

일반적으로 떡집餅店으로는 유병점油餅店, 호병점胡餅店이 있었다. 유병점 같은 경우는 증병蒸餅과 당병糖餅을 팔았는데, 합盒에 담아 팔기도 하고, 혹은 쟁반에 담아 내놓기도 하였다. 호병점의 경우는 문

---

13   "鏊, 今烙餅平鍋曰餅鏊, 亦曰烙鍋鏊."

솥과 불로 찾아가는 중국 부엌의 역사

유門油, 국화菊花, 관초寬焦. 측후側厚, 유타油䭔, 수병髓餅, 신양新樣, 만마滿麻 등을 팔았는데, 테이블마다 네다섯 명이 있어 밀가루를 방망이로 밀어 잘라내고, 모양을 찍은 뒤 화로에 넣었다. 매일 오경五更 전부터 무늬를 찍어내는 소리가 멀리까지 퍼져 나갔다. 무성왕묘武成王廟 앞 해주장가海州張家와 황건원皇建院 앞의 정가鄭家네가 가장 번성하였는데, 그 집에는 화로가 50여 개씩 있었다.[14]

위의 인용문을 보면 병餅을 굽는 화로가 50여 개인 가게도 나옵니다. 그 말은 전문적으로 병餅을 굽는 이동형 화로를 50개 놓았다는 뜻일 것입니다. 고정형 조竈로는 감당하기 어려운 수량이기 때문입니다. 이동형 화로 50여 개마다, 그 위에 오鏊와 같이 평평하고 굽기 좋은 전용 조리도구가 올라가야만 밀려드는 손님들에게 따끈따끈한 병餅을 내놓을 수 있었겠지요.

이외에 문헌에 보이는 조리도구도 찾았습니다. 『산가청공山家清供』[15]에 나오는 조리도구를 정리하면 다음과 같습니다.

---

14 "餅店: 凡餅店有油餅店, 有胡餅店. 若油餅店, 即賣蒸餅, 糖餅, 裝合, 引盤之類. 胡餅店即賣門油, 菊花, 寬焦, 側厚, 油䭔, 髓餅, 新樣, 滿麻, 每案用三五人捍劑卓花入爐. 自五更卓案之聲, 遠近相聞. 唯武成王廟前海州張家, 皇建院前鄭家最盛, 每家有五十餘爐."(맹원로, 김민호 역, 『동경몽화록』, 서울: 소명출판, 2011, 174쪽/ 孟元老, 李合群 注解, 『東京夢華錄注解』, 北京: 中國建築工業出版社, 2013, 187쪽)

15 林洪, 정세진 역주, 『山家清供』, 서울: 학고방, 2021.

음식 이름	원문 및 번역	설명
소증압素蒸鴨: 찐 조롱박	손가락을 움직여 솥 안을 손가락으로 찍어 맛볼 필요 없다. (動指不須占染鼎)	• 솥[정鼎] • 조리 방식: 찌기 • 염정染鼎: 소스를 담아놓는 용기일 가능성도 있다고 생각함.
박금자옥煿金煮玉: 죽순 튀김과 죽순 죽	기름을 묻혀서 그릇 안에서 황금빛으로 지지고. (拖油盤內煿黃金)	• 바닥이 얇고 평평한 그릇[반盤]¹⁶ • 밑이 평평하고 얕으며 손잡이가 있는 솥[당鐺] • 조리 방식: 끓이기, 지지기와 굽기 [박煿]
	죽 솥 안에서 어우러지게 하여 백옥빛으로 끓이네. (和米鐺中煮白玉)	
발하공撥霞供: 토끼고기를 얇게 저며 끓는 물에 넣어 즉시 데쳐 먹는 음식	풍로를 자리에 앉히고 솥에 반쯤 안 되게 물을 넣는다 (以風爐安座上, 用水少半銚)	• 손잡이가 있고 주둥이 부분이 있는 작은 솥[요銚]
뇌공율雷公栗: 군밤	철솥 안에 넣은 후 숯불로 사른다 (置鐵銚內⋯⋯用炭火燃之)	• 철로 만든 솥[철요鐵銚] • 조리 방식: 숯불로 사르기[연燃]
앵유어罌乳魚: 양귀비씨 즙을 응고시켜 쪄 낸 음식	솥에 넣어 약간 끓이다 (入釜, 稍沸)	• 솥[부釜] • 조리 방식: 끓이기

위의 표를 보면 조리도구로서 정鼎, 부釜, 당鐺, 요銚가 나옵니다. 앞의 세 가지는 이미 설명했지만 '요銚'는 여기에서 처음 언급합니다. 사전에서는 요銚가 '손잡이가 있는 작은 과鍋'라고 풀이합니다. 예를 들어 차를 끓일 때 사용하는, 손잡이 있는 다기를 '다요茶銚'라고 부르는 것처럼 말입니다.

---

16 음식을 직접 굽는 도구로서 '반盤'을 언급한 경우라고 생각되지만 명확하지 않다.

중원의 것은 아니지만 중국국가박물관에 소장된 유물을 가지고 실물을 살펴보겠습니다. 아래의 사진은 '숭덕궁동요嵩德宮銅銚'라는 유물입니다. 거란의 궁 중 하나였던 숭덕궁嵩德宮에서 사용했던 동요銅銚라는 뜻입니다. 사실 이 유물은 조리에 사용했던 것이 아니라 도량형의 표준 용기입니다. 그러나 요銚의 생김새를 이해하는 데에는 분명 참고할 만합니다. 『산가청공』에 나오는 철요鐵銚 역시 소재는 달라도 형태는 이와 유사했으리라 생각합니다. 뇌공율雷公栗이라는 이 음식은 철요鐵銚에 밤을 넣고 숯으로 구워서 만드는, 일종의 군밤입니다. 숯불에 구워 우레 소리를 내며 튀어 오르도록 익혀야 하니 그 열기와 압력을 이겨내기 위해서 철요鐵銚와 같은 금속 조리도구를 사용해야 했을 것입니다.

거란의 숭덕궁동요嵩德宮銅銚.(출처: 중국국가박물관 홈페이지)

한편 당鐺과 요銚는 이 두 단어가 나란히 쓰여서 한 단어처럼 사용되는 경우도 있습니다. 『운림석보雲林石譜』를 함께 보시겠습니다.

'래주석'은 검푸른 빛에 투명하고 반점이 가득하며 돌의 결이 종횡으로 있고 윤택하면서 두드렸을 때 소리가 나지 않는다. 또한 적백색인 것도 있다. 돌이 흙 밖으로 나오지 않았을 때 매우 연하기 때문에 그 지방 사람들이 기교를 부려 손을 봐서 그릇을 만드는데 매우 오묘하다. 바람을 쐬면 바로 단단해진다. 어떤 경우에는 '당요鐺銚'를 만드는데 오래도록 조리해도 감당할 수 있을 정도가 동이나 철로 만든 것보다 낫다.[17]

위의 글에는 '래주석'을 가지고 만드는 '당요鐺銚'가 나옵니다. 맥락으로 보아 당요鐺銚는 하나의 사물을 가리킨다고 생각합니다. 사전에는 당요鐺銚는 없지만 '요당銚鐺'은 나옵니다. 이는 손잡이가 있는 작은 조리도구로서 '요자銚子'라고도 부른다고 합니다. 이로 볼 때 당요鐺銚나 요당銚鐺은 앞에서 본 '요銚'와 비슷하게 생겼으리라 생각합니다.

이번에는 당시 조리사들의 활동을 살펴보겠습니다. 허난성河南省 뤄양洛陽 옌스偃師 지구에서 발굴된 무덤 돌벽화에는 화로에 얹어진 작은 조리도구가 보입니다. 크기가 크지 않은 솥 종류인 것 같은데 귀가 두 개 달려있고 내부를 보면 끓고 있는 액체가 묘사되었습니다. 그 앞에는 생선을 조리하고 있는 여성조리사가 서 있습니다. 흥미로운 것은 무덤 벽화 속 조리사들이 여성이라는 점입니다. 보통, 중국의 직업적 조리사들은 대부분 남성이었다고 생각하는 경우가 많습니다. 그러나 송나라 때에는 여성 조리사들이 상대적으로 더 인정받았고 더 인기 있었다고 합니다. 남송 고종高

---

17 "萊州石色青黯, 透明斑剝, 石理縱橫, 潤而無聲. 亦有赤白色. 石未出土最軟, 土人取巧鐫雕成器, 甚輕妙. 見風即勁. 或爲鐺銚, 久堪烹飪, 有益於銅鐵."(杜綰, 『雲林石譜』, 南昌: 江西美術出版社, 2019, 96쪽)

솥과 불로 찾아가는 중국 부엌의 역사

宗 때 궁중 조리사로서 5품 상식尙食이었던 류낭자柳娘子, 항주에서 어갱魚
羹으로 명성을 떨쳤던 송오수宋五嫂라는 조리사들은 모두 여성입니다.[18] 당
시에는 그들을 필두로 상당히 많은 여성 조리사들이 실제로 활동했다고
합니다.

엔스현 돌벽화 탁본.

(자료출처: 袁秀芬, 「中國古代女名廚」)

또 다른 북송시대 무덤(1108년) 벽화에서도 연회를 준비하는 여성 조리
사들의 모습이 보입니다. 정저우鄭州 신미시新密市 샤좡허촌下莊河村의 벽

---

18   袁秀芬, 「中國古代女名廚」, 『烹調知識』, 2019年12月, 68쪽.

화묘를 보겠습니다.[19] 묘실의 동벽에 그려진 이 그림을 보면 장방형의 탁자가 있고 그 뒤로 칼로 무엇인가를 썰고 있는 여성, 뭔가를 분부하는 여성과 시녀 등이 묘사되어 있습니다.[20]

정저우鄭州 신미시新密市 샤좡허촌下莊河村 벽화묘의 모사도. 여성 조리사와 시녀들의 분주한 모습이 묘사되어 있다.(출처: 鄭州市文物考古研究所, 『鄭州宋金壁畫墓』)

그렇다면 이들이 조리할 때 어떤 설비로 불을 이용했을까요. 앞서 옌스현의 벽화 속에서 작은 화로가 보였는데 조리도구나 조리 목적에 따라 다양한 화로를 활용한 다른 예시를 무덤 벽화나 그림에서 찾을 수 있습니다. 옌스현에서 발굴된 또 다른 무덤의 벽화에는 방형 화로에 숯을 넣고 그 속에 술병을 넣어 술을 데우는 그림이 있습니다. 이는 용도에 따라 화로의 크기나 모양도 달리했다는 사실을 입증합니다. 1097년 즈음에 만들어진 것

19   鄭州市文物考古研究所, 『鄭州宋金壁畫墓』, 北京: 科學出版社, 2005, 33쪽.

20   鄭州市文物考古研究所, 『鄭州宋金壁畫墓』, 北京: 科學出版社, 2005, 35쪽.

으로 추정되는 허난의 헤이산거우黑山溝의 벽화묘에도 그와 비슷한 화로가 그려졌습니다.[21] 함께 소개합니다.

2.黑山沟壁画墓西壁所绘炉子

옌스현에서 발굴된 무덤의 벽화 모사도. (자료출처: 袁秀芬, 「中國古代女名廚」)

허난 헤이산거우黑山溝의 벽화묘 모사도.(출처: 鄭州市文物考古研究所, 『鄭州宋金壁畵墓』)

송 휘종徽宗(1082~1135)이 그린 「문회도文會圖」에도 술병을 데우기 위한 비교적 큰 크기의 화로가 나옵니다. 역시 위의 무덤 벽화에서 본, 술 데우는 화로와 형태가 유사하며 숯불에 묻어서 술병 두 개를 데우는 모습입니다. 이동이 용이한 화로이고 가벼운 숯을 사용하기 때문에 야외에서도 손쉽게 불을 붙이고 술을 데울 수 있는 것입니다.

---

21   鄭州市文物考古研究所, 『鄭州宋金壁畵墓』, 北京: 科學出版社, 2005, 232쪽.

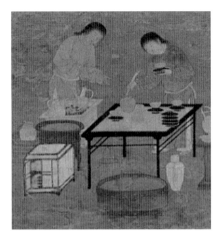

「문회도文會圖」에 나오는 술 데우는 화로.
(자료출처: 바이두百度)

2) 차 화로

송대 음식 문화의 특징을 이야기할 때 중요한 것 중 하나가 바로 '차'입니다. 물론 당나라 때에도 차를 마셨지만 차가 너무도 고가였기에 대중들이 즐기기 어려웠고, 차에 소금이나 계피 등을 첨가하여 마시는 등 차의 진정한 맛을 즐기는 단계까지 이르지는 못했습니다. 그러나 송대에 이르면 차를 재배하여 병차餅茶로 만드는 기술이 비약적으로 발전하였고 대중화에도 성공하여 차맛을 즐길 줄 아는 인구도 그만큼 늘어났습니다.

소식蘇軾(1036~1101)의 여러 시에는 당시 사람들의 차를 다루는 섬세한 손길과 기술을 알 수 있게 하는 대목들이 많이 나옵니다. 그 예로 120구 장편 고체시 「주안유에게 차를 보내다(寄周安孺茶)」 중 일부를 읽어보겠습

솥과 불로 찾아가는 중국 부엌의 역사

니다.[22]

43 自爾入江湖,　이로부터 강호로 들어가

44 尋僧訪幽獨.　고요히 지내는 승려를 찾아다녔는데

45 高人固多暇,　승려들은 정말 한가하다보니

46 探究亦頗熟.　탐구하여 역시나 매우 익숙하였지.

47 聞道早春時,　듣건대 이른 봄날

48 攜籯赴初旭.　바구니 들고 해가 막 돋을 때 달려가서

49 驚雷未破蕾,　경칩에 꽃봉오리도 터지기 전에

50 采采不盈掬.　따고 따도 한 움큼이 안 될 만큼인 그것을

51 旋洗玉泉蒸,　곧바로 씻어서 맑은 물로 찌면

52 芳馨豈停宿.　향기가 어찌 멈추어 있으리오?

53 須臾布輕縷,　삽시간에 그 향이 가벼운 명주에 퍼지나니

54 火候謹盈縮.　불은 강약을 잘 조절해야 하는데

55 不憚頃間勞,　잠깐의 수고를 귀찮아해서는 안 되나니

56 經時廢藏蓄.　때를 놓치면 보관하다가 상해버린다고 하네.

57 鬆筒淨無染,　압착하는 검붉은 대통은 깨끗하고 옻칠 하지 않은
　　　　　　　것으로 하고

58 箬籠勻且複.　널어 말릴 대바구니는 짜임이 고르고 겹으로
　　　　　　　해야 하나니.

59 苦畏梅潤侵,　장맛비의 습기가 제일 무서워서이니

60 暖須人氣燠.　사람의 온기 정도로 따뜻하게 해두라네.

61 有如剛耿性,　이렇게 하면 사람이 강직한 것과 같아서

22　정세진, 「蘇軾의 茶觀에 대한 고찰: '分別心의 忘棄'라는 측면에서」, 『中國語文論叢』
　　Vol.92, 2019, 145~166쪽.

62 不受纖芥觸.　　조그마한 불순물도 받아들이지 않고

63 又若廉夫心,　　또한 지조 있는 선비의 마음과 같아

64 難將微穢瀆.　　조금의 더러움으로는 어지럽히기 어렵다고 말하였네.

　차를 만드는 과정을 세심히 묘사하고 있는 시입니다. 차를 따서 찌고 압착하고 보관하는 과정까지, 잡맛이 들어가지 않은 좋은 차를 만들기 위해 애쓰는 당시 승려들의 제조법이 인상 깊습니다.

　차를 중시하고 좋아하는 북송 사람들의 모습은 「청명상하도淸明上河圖」 중 물가의 찻집에서 차를 마시는 사람들의 여유로운 모습에서도 발견할 수 있습니다. 그에 이어 소개하는 사진들은 송대의 번화한 모습을 복원하여 관광지로 만든 카이펑의 '청명상하원淸明上河院'입니다. 여기에는 카이펑을 흐르는 변수汴水 곁의 찻집이 재현되어 있습니다. 이를 통해 강가에서 풍경을 바라보며 여유롭게 차를 즐겼던 사람들의 모습을 상상할 수 있습니다.

「청명상하도淸明上河圖」의 찻집.

　　　　　　　　　　　　　솥과 불로 찾아가는 중국 부엌의 역사

카이펑 청명상하원淸明上河院에서 바라본 변수汴
水.(출처: 직접 촬영)

카이펑 청명상하원淸明上河院의 찻집.
(출처: 직접 촬영)

「동희도童嬉圖」의 차 화
로.(자료출처: 바이두百度)

　　동시대 요遼(907~1125)나라 사람들도 차를 무척
즐겼다고 합니다. 이들은 송나라로부터 수입한 차
를 마시는 것을 고급의 문화로 여겼습니다. 차를
좋아하는 풍조는 무덤 벽화에도 반영되어 허베이
성河北省 장쟈커우시張家口市 쉬안화구宣化區 샤바
리촌下八里村 7호 요遼나라 묘에서 출토된 「동희도
童嬉圖」를 보면 연꽃잎이 표현된 아름다운 화로가
보입니다. 바로 차를 끓이는 화로입니다.

연꽃 화로 위에 얹어진 것은 아마도 은병으로 보입니다. 차를 끓일 때, 잡맛이 섞이지 않도록 물을 끓이는 과정이 너무 중요하기 때문에 당나라 때부터 은 소재의 병을 선호했기 때문입니다.

남송대 화가인 유송년劉松年의 「련다도攆茶圖」(타이베이 고궁박물관 소장)에도 차 화로와 뚜껑이 있는 다복茶鍑이 얹어진 것을 확인할 수 있습니다. 다기와 꼭 맞도록, 크기와 모양도 적당한 화로를 세트로 활용한 예시입니다.

유송년劉松年의 「련다도攆茶圖」 중 일부.(자료출처: 바이두百度)

3) 외식문화

북송의 수도 개봉開封, 즉 동경東京의 인구는 많을 때에는 약 150만 명에 달했습니다.[23] 이 정도 인구가 한 곳에 살아가는 데에 있어서 각종 서비스가 제공되었는데 그중 특기할 만한 것이 바로 '외식문화'입니다. 당시 사람들은 집 밖에서 먹고 마시는 데에 돈을 아끼지 않았기 때문에 개봉의 외식업종은 나날이 발전할 수 있었습니다.[24] 식재료의 품질, 조리 기술이 제

---

23   武丹丹, 「宋代都城飮食業營銷和推廣方式硏究」, 西北大學 석사학위논문, 2015, 9쪽.

24   武丹丹, 「宋代都城飮食業營銷和推廣方式硏究」, 西北大學 석사학위논문, 2015, 19쪽.

솥과 불로 찾아가는 중국 부엌의 역사

고됐을 뿐만 아니라 소비자들의 요구와 기호가 다양해진 만큼, 그에 맞추어 제공되는 음식의 종류도 더욱 다양해졌고 서비스 품질도 경쟁 속에서 더욱 좋아졌습니다. 영업방식, 인테리어, 입지 선정도 고객 맞춤형으로 준비되었습니다.[25]

『동경몽화록東京夢華錄』에는 당시에 먹거리를 판매하는 개봉의 업장이 얼마나 성황이었는지 묘사되어 있습니다. 심지어 궁중에서도 음식을 사서 포장해가는, 말하자면 '테이크아웃'을 할 정도였습니다.

> 동화문 밖 거리가 가장 흥성한 이유는 아마도 궁궐 사람들이 이곳에서 물건을 사고팔았기 때문일 것이다. 일반적인 음식, 제철 과일과 꽃·새우·게·메추라기·토끼 육포 등이 있고 이외에 갖가지 금·옥·진귀한 노리개와 의류 등 이 세상에서 구하기 힘든 기이한 물건이 아닌 것이 없었다. 그 품종은 수십 종류로 만약 손님이 와서 이십여 종류의 안주를 마음대로 주문한다손 치더라도 눈앞에서 바로 만들어 내었다. 그 해의 제철 과일이나 채소류가 새로 시장에 나오고, 또 가지나 박 같은 것들이 새로 나오면, 가격이 3천에서 5천 전錢이나 나갔지만 궁중의 비빈들이 경쟁하듯 비싼 값으로 사들였다.[26]

---

25 徐豔萍, 「北宋開封飮食業的繁榮及原因」, 『三門峽職業技術學院學報』, 2007年02期, 47~48쪽.

26 "東華門外市井最盛, 盖禁中買賣在此. 凡飮食時新花果·魚蝦鱉蟹·鶉兎脯臘, 金玉珍玩衣着, 無非天下之奇. 其品種若數十分, 客要一二十味下酒, 隨索目下便有之. 其歲時果瓜蔬茹新上, 市并茄瓠之類新出, 每對可直三五十千, 諸閣分爭以貴價取之."(맹원로, 김민호 역, 『동경몽화록』, 서울: 소명출판, 2011, 63쪽/ 孟元老, 李合群 注解, 『東京夢華錄注解』, 北京: 中國建築工業出版社, 2013, 26쪽)

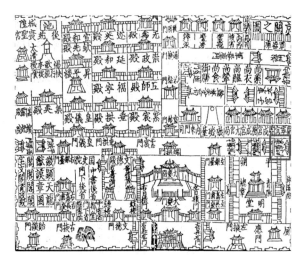

『사림광기士林廣記』의 황궁배치도. 오른쪽 가장자리 중앙의 네모 표시
된 곳이 동화문이다.

『사림광기士林廣記』에 실린 북송 황궁의 배치도를 보면 동화문의 위치
가 위와 같이 오른쪽 가장자리 중앙(네모 표시 안)에 있음을 확인할 수 있습
니다. 이곳이 궁궐과 민간의 식품이 교환되는 장소였습니다. 보통 궁중의
식재료는 엄격한 심사를 거쳐야 하고, 납품할 때의 절차 또한 까다롭다
고 생각하는데 북송시대의 분위기는 우리의 생각과는 사뭇 달랐던 듯합
니다.

수도를 항주杭州로 옮긴 남송대에도 이런 풍조가 남아 있었습니다. 『몽
량록夢粱錄·卷八-대내大內』에는 황후의 거처에서 시중을 들거나 심부름을
하는 이들이 외부 음식을 들여오는 것에 대해 다음과 같이 묘사했습니다.

황태후 전의 이름은 '곤녕전', 황후 전의 이름은 '화녕전'이라 불렀

솥과 불로 찾아가는 중국 부엌의 역사

는데 이 두 전각에는 모두 대관과 전장, 내시 및 황원자·막사·전속·친종·연관 등의 사람들이 있어 시중을 들었다. 여러 궁에 있는 비빈들 역시 등급에 따라 내시가 있어 담당하였고, 그들에게 각각 하인과 편지 등을 관장하는 심부름꾼, 그리고 소원자 같은 사람들이 있어 시중을 들었다. 화녕문 밖 붉은 차단목이 있는 곳에서 아침 시장이 열려 물건을 사고팔았는데 아주 흥성하였다. 대저 궁궐의 여러 비빈과 시녀들은 아침저녁으로 황원자를 시켜 이곳에서 먹을 것과 반찬을 사게 하였다. 무릇 진귀한 음식, 계절 반찬, 희귀 채소들을 모두 갖추고 있어 물건을 주문하기만 하면 바로 가져다 주었다.[27]

따라서 개봉에서뿐만 아니라 항주에서도 외부 음식의 궁중 반입이 가능했다고 생각됩니다.

황궁 바깥의 거리에도 각종 술집과 음식점들이 줄지어 서 있었습니다. 당시의 음식점 중에는 규모가 작은 노점도 있었지만 분차分茶라는 규모가 큰 음식점도 있었습니다. 『동경몽화록』에 묘사된 한 거리의 모습을 살펴보겠습니다.

경령서궁[28]의 남쪽은 모두 어랑御廊의 목책으로 주교에 이르러 서

---

27 "皇太后殿名曰坤寧, 皇后殿名和寧, 兩殿各有大官及殿長·內侍, 及黃院子·幕士·殿屬·親從·輦官等人祗候. 諸宮妃嬪等位次, 亦有內侍提舉, 各閣分官屬掌箋奏, 院子·小園子等人祗值. 和寧門外紅杈子, 早市買賣, 市井最盛. 蓋禁中諸閣分等位, 宮娥早晚令黃院子收買食品下飯於此. 凡飲食珍味, 時新下飯, 奇細蔬菜, 品件不缺. 遇有宣喚收買, 即時供進."(吳自牧, 金敏鎬 譯,「『夢粱錄』譯注 – 卷八」,『中國學論叢』Vol.71, 2021, 405쪽/ 孟元老 等著,『東京夢華錄(外四種)』, 臺北: 古亭書屋, 1975, 193쪽)

28 『동경몽화록』의 기록에 따르면, 북송 황궁 남쪽으로 나 있는 어가御街를 따라 내려가면 오른쪽에 경령서궁景靈西宮이 있다고 했다.

쪽 큰길로 꺾어지면 바로 과자항果子行이다. (중략) 어가는 쭉 남쪽으로 내려갔는데, 주교州橋를 지나면 길 양쪽으로는 모두 백성들이 거주하고 있었다. 어가 동쪽에는 차씨네 석탄집車家炭, 장씨네 술집張家酒店이 있고, 그 다음으로 왕루산동王樓山洞 매화만두梅花包子, 이씨네 향료 가게李家香鋪, 조할머니네 육병 가게曹婆婆肉餠, 이사네 분차李四分茶[29] 등이 있었다. 주작문가朱雀門街 서쪽에 이르러 다리를 건너면 바로 서쪽으로 향하는 큰 길이 나왔는데 이를 '국원가麵院街', 즉 '술집거리'라고 불렀다. (중략) 어랑御廊의 서쪽은 녹씨네 포자 가게鹿家包子로서 나머지는 모두 갱 가게羹店·차·술·음식들을 모두 파는 큰 식당인 분차·술집·향과 약을 파는 가게·일반 백성들이 사는 지역이었다.[30]

글만 읽어보아도 즐비하게 늘어선 가게에서 주인들이 금방이라도 부를 것만 같습니다. 맛집을 드나드는 사람들의 모습도 연상됩니다. 저는 2017년 초에 카이펑에서 이틀 동안 머물렀습니다. 숙소 근처가 바로 북송의 옛 거리를 재현한 곳이었고 그곳에서 야시장이 서는 것을 보았습니다. 수많은 사람들이 밖으로 나와 연을 날리고 단체로 춤을 추며, 아이들은 뛰어놀고, 노점 상인들은 다양한 물건을 팔았습니다. 먹거리 시장도 죽 열렸습니다. 그 모습에 섞여 식사를 할 때 마치 북송으로 돌아간 듯한 느낌을

---

29 분차分茶: 차뿐만 아니라 음식과 술 등을 판매하는 규모가 큰 음식점.

30 "西宮南皆御廊权子, 至州橋投西大街, 乃果子行. …… 御街一直南去, 過州橋, 兩邊皆居民. 街東車家炭, 張家酒店, 次則王樓山洞梅花包子, 李家香鋪, 曹婆婆肉餠, 李四分茶. 至朱雀門街西, 過橋郎投西大街, 謂之麵院街. …… 御廊西即鹿家包子, 餘皆羹店, 分茶, 酒店, 香藥鋪, 居民."(맹원로, 김민호 역, 『동경몽화록』, 서울: 소명출판, 2011, 83~85쪽/ 孟元老, 李合群 注解, 『東京夢華錄注解』, 北京: 中國建築工業出版社, 2013, 55쪽)

받았습니다. 불야성不夜城이 있다면 바로 그런 느낌일 것입니다.

그렇다면 옛날 야시장에서 파는 음식 종류는 당시에 어땠을까요. 맹원로의 기록을 다시 살펴보겠습니다.

주작문朱雀門을 나와 곧바로 가면 용진교龍津橋가 나왔다. 주교州橋에서 남쪽으로 가면 길거리에서 수반水飯, 삶은 고기의 일종인 오육熰肉과 건포乾脯를 팔았다. 옥루玉樓 앞에서는 오소리 고기獾兒와 들여우 고기野狐肉, 닭고기 포포鷄脯를 팔았다. 매씨네梅家와 녹씨네鹿家 가게에서는 거위, 오리, 닭, 토끼의 간과 폐, 장어鱔魚와 만두包子, 닭껍질鷄皮, 콩팥腰腎과 닭 으깬 것鷄碎을 팔았는데, 이런 음식들의 가격은 각각 15문文을 넘지 않았다. 조씨네 가게曹家에서는 간단한 음식從食들을 팔았다. 주작문에 이르면 즉석에서 지져주는 양곱창羊白腸, 절인 생선鮓脯, 생선머리를 물에 넣어 줄 때까지 삶아 식혀서 굳힌 음식인 찬동어두爌凍魚頭, 돼지고기를 삶아 그 즙을 굳혀 만든 음식인 강시薑豉, 얇게 저민 고기剗子, 내장을 썰어 만든 음식인 말장抹臟, 홍사紅絲, 얇게 썬 양머리 고기批切羊頭, 매운 족발辣脚子, 생강을 넣은 매운맛 무薑辣蘿蔔 등을 팔았다. 여름에는 마부계피麻腐鷄皮, 마음세분麻飮細粉, 소첨素簽, 겨울부터 저장한 얼음을 잘게 부숴 설탕을 뿌린 사탕빙설沙糖冰雪, 냉원자冷元子, 조협皂莢의 씨를 삶아 설탕물에 담근 수정조아水晶皂兒, 생엄수모과生淹水木瓜, 약모과藥木瓜, 계두 줄기鷄頭穰, 설탕沙糖, 녹두菉豆, 감초 등에 잘게 부순 얼음을 넣은 빙설冰雪 냉수凉水, 여지고荔枝膏, 광개과아廣芥瓜兒, 소금에 절인 채소醎菜, 행편杏片, 매자강梅子薑, 와거순萵苣筍, 개랄과아芥辣瓜兒, 고급 만두의 일종인 세료골돌아細料餶飿兒, 향당과자香糖果子, 상이한 색상의 여지荔枝를 설탕에 재어 만든 간도당려지間道糖荔枝, 월매越梅, 굴도자소고고鍘刀紫蘇膏, 금사당매金絲黨梅, 향정원香根元 등을 팔았는데 모두 매홍갑아

梅紅匣兒에 가득 넣어두었다. 겨울에는 삶은 토끼고기 요리의 일종인 반토盤兔, 빙빙 돌려서 구워주는 돼지껍질요리인 선자저피육旋炙猪皮肉, 야생 오리고기野鴨肉, 적소滴酥, 얇게 뜬 생선편이나 고기편을 조미료를 넣고 삶은 뒤 냉동하여 반투명 상태로 만든 식품인 수정회水晶膾, 전협자煎夾子, 돼지 내장猪臟 같은 것들을 팔았는데, 용진교龍津橋에 있는 즉석 골 요리인 수뇌자육須腦子肉에서 끝이 났다. 이것들을 일러 '잡작雜嚼' 즉 '잡다한 씹을 거리'라고 불렀는데 밤 삼경까지 장사를 하였다.[31]

번역하기에 벅찰 정도로 많은 음식의 종류가 나열되어 있습니다. 이런 음식들을 하루에 하나씩만 사 먹어도 얼마나 지나야 다 먹을 수 있었을지 모르겠습니다. 이 정도의 음식을 해내기 위해서는 조리사들이 분업을 철저히 해야 했고 필요한 부분만을 맡아서 서비스하는 사람도 있어야 했습니다. 당시 손님들은 음식 주문을 까다롭게 했습니다. 종업원들은 그 복잡한 주문을 잘 듣고 기억했다가 주방에 정확하게 전달했습니다. 그리고 해당 손님에게 정확하게 음식을 대령하는데 어찌나 기술이 좋은지 왼손에 세 개의 주발을 끼고, 오른쪽 손에서 어깨까지 약 20개의 주발을 겹쳐 쌓

---

31 "州橋夜市: 出朱雀門, 直至龍津橋. 自州橋南去, 當街水飯, 燻肉, 乾脯. 玉樓前獾兒, 野狐肉, 脯鷄. 梅家, 鹿家, 鵝, 鴨, 鷄, 兎肝肺, 鱔魚, 包子, 鷄皮, 腰腎, 鷄碎, 每箇不過十五文. 曹家從食. 至朱雀門, 旋煎羊白腸, 鮓脯, 爁凍魚頭, 薑豉, 剌子, 抹臟, 紅絲, 批切羊頭, 辣脚子, 薑辣蘿蔔. 夏月麻腐鷄皮, 麻飮細粉, 素簽, 沙糖冰雪, 冷元子, 水晶皀兒, 生淹水木瓜, 藥木瓜, 鷄頭穰, 沙糖菉豆甘草冰雪涼水, 荔枝膏, 廣芥瓜兒, 鹹菜, 杏片, 梅子薑, 萵苣笋, 芥辣瓜兒, 細料餶飿兒, 香糖果子, 間道糖荔枝, 越梅, 鎺刀紫蘇膏, 金絲黨梅, 香根元, 皆用梅紅匣兒盛貯. 冬月盤兔, 旋炙猪皮肉, 野鴨肉, 滴酥, 水晶膾, 煎夾子, 猪臟之類, 直至龍津橋須腦子肉止, 謂之雜嚼, 直至三更."(맹원로, 김민호 역, 『동경몽화록』, 서울: 소명출판, 2011, 94~96쪽/ 孟元老, 李合群 注解, 『東京夢華錄注解』, 北京: 中國建築工業出版社, 2013, 71쪽)

솥과 불로 찾아가는 중국 부엌의 역사

아 들 수도 있었다고 합니다. 하지만 이들도 사람인지라 음식을 잘못 날라 주는 등의 실수를 하게 되는데 그러면 손님은 당장 주인에게 이를 알려서 임금을 깎거나, 쫓아내게 하는 등, 손님들의 위세가 등등했다고 합니다.[32] 손님을 맞이하고 주문을 받고 음식을 내놓는 것까지 체계적인 매뉴얼을 따르고 있었던 것이지요. 왜 송대를 외식문화의 극성기라고 하는지 이해하게 됩니다.

4) 궁중의 음식

『산가청공』에는 남송대의 궁중 음식에 대한 이야기가 나옵니다. 남송 고종高宗의 황후인 헌성황후憲聖皇后(1115~1197)는 상당히 검소한 생활을 해나가고 살생을 좋아하지 않았다고 합니다.

> 매번 '후원'으로 하여금 생채를 올리게 하는데 반드시 모란꽃을 따서 어우러지게 하였다. 밀가루를 약간 사용해 모란꽃을 싸서 연유 기름으로 튀겨내기도 한다. …… 매번 생채를 내오게 할 때면 반드시 매화 아래에서 떨어진 꽃을 취하여 섞어내도록 하였으니 그 향기는 알 만하다.[33]

---

32 맹원로, 김민호 역, 『동경몽화록』, 서울: 소명출판, 2011, 170~171쪽/ 孟元老, 李合群 注解, 『東京夢華錄注解』, 北京: 中國建築工業出版社, 2013, 181쪽.

33 "每令後苑進生菜, 必采牡丹瓣和之. 或用微麵裹, 炸之以酥 …… 每至治生菜, 必於梅下取落花以雜之, 其香猶可知也."(林洪, 정세진 역주, 『山家淸供』, 서울: 학고방, 2021, 222쪽)

생채를 즐겼던 헌성황후가 시든 꽃을 활용하기도 했다는 일화를 소개한 부분입니다. 그런데 여기에서 황후는 '후원後苑'에다가 생채를 올리라고 명하였습니다. 후원이 무엇일까요. 맥락으로 볼 때 두 가지 가능성이 있습니다. '후원'이 황실의 정원이어서 모란꽃을 거둘 수 있는 곳일 것이라는 가능성, 또 하나는 생채를 만들어서 올릴 수 있는 '조리실'일 것이라는 가능성 말입니다. 의미를 확정하기 위해서 또 다른 예시를 들어보겠습니다.

> 신선한 버섯을 깨끗이 씻어서 적은 물에 끓인다. 조금 익었을 때 좋은 술을 넣고 끓인다. …… 지금 '후원'에서는 연유 기름을 가지고 굽는 경우가 많은데 그 풍미가 더욱 좋다.[34]

위의 음식은 버섯을 술을 넣고 조리한 「주자옥심酒煮玉蕈」입니다. 그런데 본문을 보면 해당 종류의 음식을 '후원'에서 연유 기름으로 굽는다고 말했습니다. 그렇다면 이 '후원'은 꽃을 거둘 수 있는 정원일 수가 없습니다. 또 다른 예시도 있습니다.

> 봄에 연한 죽순과 고사리를 따서 끓는 물에 데친다. 신선한 생선과 새우를 골라서, 함께 덩어리로 자른 후, 끓는 물에 담갔다가 증기를 쬐어 익히고, 간장과 소금, 간 후추를 넣고 녹두 분피와 함께 고르게 섞어 몇 방울 식초를 첨가한다. 지금 '후원'에서 이 음식을 많이 올리는데 '하어순궐두'라고 부른다.[35]

---

34   "鮮蕈淨洗, 約水煮. 少熟, 乃以好酒煮. …… 今後苑多用酥炙, 其風味尤不淺也."(林洪, 정세진 역주, 『山家清供』, 서울: 학고방, 2021, 182쪽)

35   "春采筍·蕨之嫩者, 以湯瀹過. 取魚蝦之鮮者, 同切作塊子, 用湯泡, 暴蒸熟, 入醬油·鹽·研

산에서 생산된 죽순과 고사리, 바다에서 난 생선과 새우에 녹두 분피를 넣어 무친 음식인 「산해두山海兜」의 레시피입니다. 여기에서는 이 음식을 '후원'에서도 '올린다[진進]'라고 기록하고 있습니다. 그러니 '후원'은 정원의 의미일 수 없고, 황실의 조리실일 가능성이 더 높습니다. 그러나 후원의 사전적 의미에는 황실의 조리실이라는 뜻이 나오지 않습니다. 저는 다른 자료들을 찾는 과정에서 『산가청공』에 나오는 후원이 황궁의 조리실이라는 맥락 의미를 갖게 된 것이 주방의 위치와 관련되어 있지 않을까라는 생각을 해보았습니다.

저는 18세기 중기부터 19세기 말까지 중국의 사회문화를 서구에 알리는 매체 역할을 했던 '외소화外銷畫' 가운데 한 사찰의 주방 모습을 묘사한 그림을 보았습니다.[36] 거대한 조竈가 놓인 이 주방 그림 아래를 보면 '주방'이라고 씌어 있고 그 옆에 '후원後院'이라는 단어가 병기되어 있습니다. 저는 여기에서의 주방이 후원과 동격의 단어라기보다는 동일하거나 이어진 공간에 위치한다는 의미일 것이라고 추정합니다.

胡椒, 同綠豆粉皮拌勻, 加滴醋. 今後苑多進此, 名蝦魚筍蕨兜."(林洪, 정세진 역주, 『山家淸供』, 서울: 학고방, 2021, 98쪽)

36 王次澄, 『大英圖書館特藏中國淸代外銷畫精華』 제5권, 廣州: 廣東人民出版社, 2011, 144쪽.

대형 조찬.(자료출처: 王次澄, 『大英圖書館特藏中國淸代外銷畫精華』 제5권)

이렇게 생각한 이유는 주방이 가지고 있는 독특한 위상 때문입니다. 주방은 어떤 가옥의 구성원들에게 끼니를 제공하는 기능적인 공간입니다. 식재료가 자주 반입이 되어야 하고 구성원들의 취식 공간에 음식이 나가야 하기 때문에 동선이 좋지 않은 곳에 위치할 수 없습니다. 그렇다고 드나들기 쉬운 대문 바로 옆에 놓이지도 않습니다. 주방에는 가정의 복을 관장하는 조왕이 있기 때문에 주방이 외부로 바로 노출되거나 남들이 쉽게 들여다볼 수 있도록 배치하는 것을 금기시했기 때문입니다. 그러면서 주공간의 완정성을 해쳐서도 안 됩니다. 그래서 청말민초에 만들어진 저쟝성 민가의 배치도를 보면 주방이 주공간 곁이자 후원(민가의 경우 후원(後院) 옆에 자리 잡은 예가 보입니다.[37] 이러한 이유로 저는 주방과 후원(後苑 혹은

---

[37]　李秋香 외 3인, 『浙江民居』, 北京: 淸華大學出版社, 2010, 254쪽 및 270쪽.

솥과 불로 찾아가는 중국 부엌의 역사

後院)은 분명 공간적 연관성 속에서 배치되었다고 생각하는 것입니다.

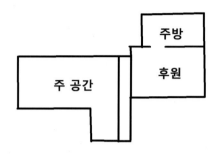

저쟝성 샤커우진峽口鎭 민가의 평면도.

저쟝성 샤커우진峽口鎭 민가의 평면도 2.

『몽량록』에서는 황실 주방을 '어주御廚'라고 칭했습니다. 아마 이것이 황실 주방의 공식 명칭이었으리라 생각합니다.

　　항주의 음식점은 경사 사람을 본뜬 경우가 많고 개업할 때에도 황
　　실주방[어주御廚]의 체재와 귀한 집안의 음식 품종을 본뜬다.[38]

38　『夢粱錄·卷十六-分茶酒店』: "杭城食店, 多是效學京師人, 開張亦效御廚體式, 貴官家品

그렇다면 황제와 신하들은 구체적으로 어떤 음식을 먹었을까요. 『무림 구사武林舊事』 제9권의 「고종행장부절차략高宗幸張府節次略」[39]을 보면 소흥 紹興 21년(1151)에 고종이 청하군왕淸河郡王의 저택에 행차했을 때 베풀어 진 어연御筵을 기록한 부분이 있습니다. 그날 음식은 철저히 서열에 따라 차려졌는데, 황제는 과일, 견과류 말린 것, 밀전蜜煎[40], 육포 종류[포랍脯臘] 등을 기본으로 하는 상을 받았습니다. 그리고 열다섯 잔의 술에 안주를 곁 들였습니다. 이때 첫 번째 잔에 곁들인 안주는 화취암자花炊鵪子였습니다. 이 음식은 진용金庸의 소설 『사조영웅전射雕英雄傳』에도 나와서 더욱 유명 합니다. 그러나 메추라기에 불을 때서[취炊] 익힌 다음에 꽃을 넣었거나 꽃 모양 장식을 곁들였으리라는 추정을 할 수 있을 뿐, 구체적인 레시피는 잘 모릅니다. 이어서 황제가 여섯째 잔을 받을 때, 사어회沙魚膾와 함께 초사 어친탕炒沙魚襯湯을 곁들였습니다. 이 역시 구체적인 조리법은 알기 어렵 지만 초사어炒沙魚라는 글자의 의미로 보아 상어를 볶아서[초炒] 탕을 만든 것이라 추정합니다. 일곱 번째 잔에는 선어초후鱔魚炒鱟를, 아홉 번째 잔을 받을 때에는 남초선南炒膳이라는 안주를 곁들였습니다. 세 요리 모두 재료 를 볶는[초炒] 방식으로 만들었습니다.

간신奸臣으로 유명한 당시의 재상 진회秦檜(1090~1155)는 이날 태사상서 좌복야동중서문하평장사太師尙書左僕射同中書門下平章事의 신분에 맞춰 음

件."(孟元老 等著, 『東京夢華錄(外四種)』, 臺北: 古亭書屋, 1975, 264쪽)

39 孟元老 等 著, 『東京夢華錄(外四種)』(臺北: 古亭書屋, 1975, 491~507쪽)의 원문을 토대로 내용 을 정리한 것이다.

40 밀전蜜煎: 과일을 꿀에 담그거나 꿀로 졸여서 보존성을 높이고, 각양각색의 모양을 내어 만드는 음식.

솥과 불로 찾아가는 중국 부엌의 역사

식을 받았습니다. 그중에서 조리 방법이 음식 이름에 반영된 경우를 살펴보면, 구운 양 한 마리[소양일구燒羊一口], 구운 병[소병燒餠], 양머리 구이[소양두燒羊頭]가 있습니다. 소소燒는 불에 굽는 것을 말하는데 양 구이와 양머리 구이가 동시에 제공된 것이 흥미롭습니다.

사실 송대에 가장 인기 있는 육류는 양고기였습니다. 궁중에서 육식을 한다고 하면 거의 양고기를 먹었지, 돼지고기를 쓰지 않았습니다. 『후산담총後山談叢』에 "황실 주방에서는 돼지고기를 올리지 않는다."[41]라고 기록한 것이 보입니다. 그리고 송 인종仁宗(1010~1063) 때 궁중에서 식재료를 소비한 내역을 살펴보면 '하루 동안 280마리의 양을 소비하였다'[42]는 기록도 있습니다. 소식蘇軾(1036~1101)도 「정월 초아흐렛날 유미당에서 술을 마시고 취하여 돌아와 곧장 잠이 들었다가 오경에야 깨어났는데 그때부터 다시는 잠을 이룰 수 없어 일어나 문서를 훑어보다가 선우자준이 부친 시 '잡흥'을 발견하고 예스러운 시를 한 수 지어서 화답한다正月九日有美堂飮, 醉歸徑睡, 五鼓方醒, 不復能眠, 起閱文書, 得鮮于子駿所寄雜興, 作古意一首答之」에서 "평생동안 양 구이를 좋아하여서, 맛이야 알지만 어찌 가벼이 포식할 수 있으랴?"[43]라고 말했습니다. 그가 양고기를 무척 좋아했지만 늘 즐길 수 있을 정도의 부유함은 없었다는 의미입니다. 이처럼 황실에서부터 일반인까지 양고기를 좋아하였으니 자연히 수요에 비해 공급이 달릴 수밖에 없었습니다. 소식은 혜주惠州(지금의 광둥성廣東省 훼이저우惠州)에 유배된 당시 「동생

---

41   "御廚不登彘肉."

42   姚偉鈞,「宋代開封飮食生活的歷史考察」,『中南民族大學學報』, 1995年04期, 58쪽.

43   "平生嗜羊炙, 識味肯輕飽."(류종목,『완역 소식시집 1』, 서울: 서울대출판부, 2005, 760쪽)

소철蘇轍에게 쓰다與子由書」라는 글에서 다음과 같이 말하였습니다.

> 혜주는 마을이 황량하여 매일 한 마리 양만을 도살하니 감히 벼슬 아치들과 구입하기 위해 다툴 수가 없어 때때로 백정에게 부탁하여 그 등뼈를 살 따름이다. 뼈 사이에도 조금이나마 살이 붙어 있으니 푹 삶아서 건져낸 후, 술에 재우고, 약간의 소금을 뿌려서 약간 구워서 먹는다.[44]

소식은 편벽한 지역에 유배된 처지라 감히 자신의 기호를 앞세워 양고 기를 살 수도 없었습니다. 그는 궁여지책으로 양 등뼈를 사다가 푹 끓여서 고기를 발라냈습니다. 그런데 그는 등뼈에서 일일이 발라낸 살에 약간의 양념을 더해 불에 구웠습니다[적炙]. 이렇게 하면 양 통구이에 비할 수는 없지만 양고기의 맛을 최대한 끌어낼 수 있었습니다. 감자탕을 먹을 때 돼 지 뼈 사이사이에 붙은 고기가 얼마나 맛있는지 생각해 보면 양 등뼈 사이 의 고기도 맛있었을 것 같습니다.

한편 진회가 받은 음식 중에 '소병' 이야기를 해볼까 합니다. 소병과 관 련해 문헌을 찾아보니 13세기의 식생활을 반영한 기록인 『거가필용』이 있 었습니다. 그중에서 '소병', 즉 구운 병餅의 레시피를 보면 조리도구와 불 의 협업을 알 수 있습니다. 백숙병자白熟餅子란 병은 홍로紅爐에서 굽거나 [박숙爀熟], 번철[오鏊]에서 익혀도 된다고 했습니다. 또 소병燒餅의 경우 번

---

44 "惠州市井寥落, 然猶日殺一羊, 不敢與仕者爭買, 時囑屠者買其脊骨耳. 骨間亦有微肉, 熟煮熟漉出, 漬酒中, 點薄鹽, 炙微燋食之."

철에서 구워도 되지만 당화燼火에서 구워야 부드럽다고 했습니다.[45] 여기서 '당화'란 잿불 정도로 번역할 수 있을 것입니다. 어느 쪽이든 불기운으로 구워야 병餠의 맛이 좋아진다는 것을 당시 사람들은 알고 있었음을 보여줍니다.

황제와 진회가 연회를 즐기는 동안 금위禁衛의 무관들은 아래와 같은 음식과 돈을 받았습니다.

> 돈 이만 관[전이만관문錢二萬貫文]
> 구운 병 이만 개[취병이만개炊餠二萬箇]
> 익힌 돼지고기 이천 근[숙저육이천근熟猪肉二千斤]
> 끓이고 볶은 것 삼십 홉[록폭삼십홉爒爆三十合]
> 술 이천 병[주이천병酒二千瓶]

독특한 점은 이들을 위한 음식은 간단히 준비하였지만 대신에 술은 넉넉히, 그리고 돈을 주었다는 점입니다. 아마 이들을 일일이 먹이기에는 힘이 드니 간단한 음식을 제공하고 위로금이나 회식비 정도에 해당하는 돈을 주었던 것이 아닐까요. 그리고 병사들에게는 양고기가 아니라 돼지고기를 주었습니다. 이들에게까지 양고기를 줄 수는 없었던 것입니다. 이처럼 신분이나 보유한 돈에 따라 먹을 수 있는 고기가 달랐습니다. 그러나 소식은 양 등뼈에 붙은 고기뿐만 아니라 돼지고기를 맛있게 먹을 수 있는 방법을 고안했습니다. 그가 지은 「저육송猪肉頌」을 읽겠습니다.

---

45 세계김치연구소 편, 『거가필용 역주 음식편』, 광주: 세계김치연구소, 2015, 318~319쪽.

당鐺을 깨끗이 씻고 물을 조금 부은 후 땔감 끝에 불꽃을 덮어서 연기가 일어나지 않도록 한다. 그것이 절로 끓도록 기다려야 하지 재촉해서는 안 되며 익히는 정도도 시간을 채워야지 음식이 절로 맛있어진다. 황주의 돼지고기는 품질이 좋은데도 값은 진흙만큼 싸다. 귀한 자들은 먹기를 꺼리고 가난한 자들은 끓일 줄을 모른다. 새벽에 일어나 두 사발 먹고 나면 나를 배부르게 할 수 있으니 그대들은 상관치 마시게.[46]

돼지고기가 진흙만큼 쌌던 것은 당시 사람들이 돼지고기를 즐겨 먹지 않았기 때문입니다. 그러나 소식은 황주黃州(지금의 후베이성湖北省 황강黃岡)에 유배된 처지였기에 육식을 하고 싶어도 남들이 다 좋아하는 양고기를 먹기 어려웠습니다. 그는 하는 수 없이 돼지고기를 선택했지만 자신만의 레시피가 있었습니다. 남들이 이러쿵저러쿵하며 꺼리는 돼지고기라도 소식은 이렇게 끓여서 아침에 두 사발씩 먹고 있으며 배부르면 그만일 뿐이라고 말했습니다. 특히 그가 사용한 도구는 앞에서 살펴보았던 당鐺이었습니다.

이상에서 본 바와 같이 송대는 이전 시대의 음식문화를 받아 안고 그 시대만의 특색을 더해 음식문화의 극성기를 이루었습니다. 다양한 식재료를 다양한 조리 기술로 능숙하게 다루었으며 이것을 맞춤형으로 제공하는 서비스 품질까지도 높였습니다. 하지만 이 시대 식문화 발전의 진정한 공로자는 센 불로 음식을 볶아내는 등의 고급 조리 기술과 그것을 뒷받침하

---

46 "淨洗鐺, 少著水, 柴頭罨焰煙不起. 待他自熟莫催他, 熟度足時他自美. 黃州好豬肉, 價賤如泥土. 貴者不肯吃, 貧者不解煮. 早晨起來打兩碗, 飽得自家君莫管."

는 금속(철제) 조리도구였습니다. 음식의 발전과 조리도구 및 불의 발전은 역시 상보적인 것이었습니다.

조왕 신앙

1911년부터 시작된 신해혁명辛亥革命 이후 중국에 변화의 바람이 급하게 몰아쳤습니다. 법령과 제도의 개선, 교육 방면의 변화, 외세의 간섭, 대중문화나 복식 분야의 변화 등, 그 어느 때보다 바뀌는 것이 많았습니다. 하지만 변화하는 것 가운데서 변화하지 않는 것이 있었고 예로부터 내려오는 풍속도 유지되는 경우가 많았습니다. 루쉰魯迅은 1925년 2월 5일, 「조왕신 보내는 날에送竈日漫笔」라는 수필을 썼습니다. 내용을 먼저 살펴 볼까요.

멀리서 또 가까이서 울리는 폭죽 소리를 앉아서 듣노라니 조왕신 선생들이 모두 잇따라 하늘로 올라가 옥황상제에게 그들 주인집의 험담을 하러 가는 줄을 알겠다. 하지만 그들은 아마도 끝내 말을 못할 것이다. 안 그러면 중국인들은 틀림없이 지금보다 불운해질 테니까.
조왕신들이 하늘에 올라가는 그날, 길에서는 아직도 사탕 같은 것을 파는데 귤 정도의 크기이다. 내가 사는 지역에도 이런 음식이 있지만 납작한 것은 도톰한 라오빙烙餠 같이 생겼다. 그게 바로 소위 '쟈오야탕膠牙餳'이다. 원래 의미는, 조왕신들에게 먹여서 이빨에 딱 들러붙게 해서 그들이 뒷담화, 즉 옥황상제에게 나쁜 말을 전하지 못하도록 한다는 것이다. 우리 중국인들 마음속의 귀신들은 마치 살아 있는 사람보다 고분고분한지, 귀신에게는 이렇게 강경한 수단을 쓰면서 도리어 살아 있는 사람들에게는 그저 식사 초대를 하는 수밖에 없다. …… 쟈오야탕 같은 강경한 방법을 조왕신에게 써먹든 그게 뭐 어떻든 나는 관계치 않겠다. 그러나 그것을 살아있는 사람에게 쓰는 것은 그다지 좋지 않다. 만약 살아 있는 사람의 경우, 그를 한 차례 취하고 배부르게 해서 그들 스스로 입을 열지 않도록 하는 것보다 절묘한 것이 없다. 입을 딱 들러붙게 하는 것이 아니고 말이다.

중국인이 사람을 대하는 기술이 무척 고단수인지라 귀신을 대할 때도 늘 특별한 데가 있다. 음력 12월 23일 밤에 조왕신을 속이는 것이 그 일례다. 하지만 말하기에도 이상하지만, 조왕신은 지금에 이르기까지 자기가 속고 있다는 것을 끝내 아직도 깨닫지 못하는 듯하다. 우리 중국인들은 귀신을 다루는 데 있어서도 이러한 수단이 있다. 우리 중국인들이 비록 귀신을 존경하고 믿지만 도리어 귀신은 늘 사람들보다 어리석다고 착각하여 특별한 방법을 사용해서 처치한다. …… 2월 5일.[1]

---

1 "坐聽著遠遠近近的爆竹聲, 知道竈君先生們都在陸續上天, 向玉皇大帝講他的東家的壞話去了, 但是他大概終于沒有講, 否則, 中國人一定比現在要更倒楣. 竈君升天的那日, 街上還賣著一種糖, 有柑子那麼大小, 在我們那裏也有這東西, 然而扁的, 像一個厚厚的小烙餠. 那就是所謂 '膠牙餳'了. 本意是在請竈君吃了, 粘住他的牙, 使他不能調嘴學舌, 對玉帝說壞話. 我們中國人意中的神鬼, 似乎比活人要老實些, 所以對鬼神要用這樣的強硬手段, 而於活人卻只好請吃飯. …… 膠牙餳的強硬辦法, 用在竈君身上我不管它怎樣, 用之於活人是不大好的. 倘是活人, 莫妙於給他醉飽一次, 使他自己不開口, 卻不是膠住他. 中國人對人的手段頗

이 글은 1925년 음력 12월 23일, 중국인들이 조왕신竈王神을 전송하는 의례를 가지고 중국인의 현실을 이야기한 것입니다. 조왕신을 하늘로 보내는 의식을 치르는 왁자지껄한 소리를 들으며 루쉰은 이야기를 시작합니다. 조왕신의 입을 틀어막기 위해 바치는 사탕 종류, 그들에 대한 융숭한 대접, 부디 옥황상제에게 가서 자신들의 잘못을 고하지 못하도록 하는 사람들의 마음과 몇천 년이 다 지나도록 아직도 사람들이 입막음하려고 사탕을 먹이는 것임을 알지 못하는 어리석은 조왕의 이야기가 연결되었습니다. 조왕신과 관련된 고사나 의례를 잘 반영하고 있습니다.

조왕신에 대한 제사는 상商나라 때부터 시작된 것으로 생각됩니다. 당나라 때 두우杜佑(735~812)의 『통전通典』에 보면 "은나라의 제도에서 천자는 '오사'를 지낸다. 첫째가 호신戶神, 둘째가 조신竈神, 셋째는 가옥의 가장 가운데에 있는 방의 중류신中霤神, 넷째가 문신門神, 다섯째가 길의 신인 행신行神이다."²라고 했습니다. 은殷나라 때에 이미 조竈에 제사를 지냈다는 것인데요. 『예기』에 따르면 주周나라 때에는 계층별로 제사를 지내는 대상이 달랐습니다.

주나라의 제도에서 왕은 백관百官 및 모든 백성을 위하여 '칠사'를 지낸다. 사명, 중류, 국문, 나라의 길인 국행國行, 옛 제왕이나 후사가 없는 귀신인 태려, 호戶, 조竈가 그것이다. 제후들은 나라를 위해 '오

高明, 對鬼神卻總有些特別, 二十三夜的捉弄竈君即其一例, 但說起來也奇怪, 竈君竟至於到了現在, 還仿佛沒有省悟似的. …… 我們中國人對於鬼神也有這樣的手段. 我們中國人雖然敬信鬼神, 卻以爲鬼神總比人們傻, 所以就用了特別的方法來處治他. …… 二月五日."

2   "殷制, 天子祭五祀戶一, 竈二, 中霤三, 門四, 行五也."

솥과 불로 찾아가는 중국 부엌의 역사

사'를 지낸다. 사명, 중류, 국문, 국행, 옛 제후 중에서 후사가 없는 귀신인 공려公厲가 그것이다. 대부는 '삼사'를 지낸다. 옛 대부 가운데 후사가 없는 귀신인 족려族厲, 문, 행行이 그것이다. 상사上士인 적사適士는 '이사'를 지낸다. 문, 행行이 그것이다. 서인은 '일사'를 세우는데 어떤 이는 조竈, 어떤 이는 호戶 제사를 지낸다.[3]

이 기록에 따르면 주나라 때 이미 천자가 조竈에 대해 제사를 지냈습니다. 그리고 서인庶人 중의 일부가 조竈에 제사를 지냈습니다.

조竈에 제사를 지내는 것은 한나라 때에도 유지됩니다. 후한後漢의 반고班固는 『백호통의白虎通義·오사五祀』에서 "'오사'라는 것이 무엇인가. 문, 호戶, 우물, 조竈, 중류를 일컫는다. …… 조竈라는 것은 불의 주인으로서 사람이 이것을 가지고서 스스로를 양육한다."[4]라고 했습니다.

그런데 이 과정에서 제사 지내는 대상, 즉 '조竈의 신'에 해당하는 '조왕'이 등장합니다. 그런데 조왕이 구체적으로 누구에서부터 유래된 것인지 이견이 많습니다. 아래의 서술을 보겠습니다.

선진시대先秦時代에는 조왕이 화신火神에서 나왔다는 설과, 이와 다른 존재라는 견해가 있었다. 앞의 주장자인 한漢의 유안(劉安, 서기 전 179~123)은 『회남자淮南子』에 '불의 신인 염제(炎帝)가 죽어 조왕이 되었다'고 적었다. 또 『예기禮記』에도 '조왕의 전신은 축융祝融'이라

---

3 "周制, 王爲群姓立七祀. 曰司命, 曰中霤, 曰國門, 曰國行, 曰泰厲, 曰戶, 曰竈. 諸侯爲國立五祀. 曰司命, 曰中霤, 曰國門, 曰國行, 曰公厲. 大夫立三祀. 曰族厲, 曰門, 曰行. 適士立二祀. 曰門, 曰行. 庶人立一祀, 或立竈, 或立戶."

4 "五祀者, 何謂也. 謂門·戶·井·竈·中霤也. …… 竈者, 火之主, 人所以自養也."

하였다.[5]

위의 설명처럼 조왕이 누구인지에 대해서는 여러 설이 있습니다. 한나라 때 정현은『예기주禮記注』에서 조竈에 제사를 지내는데, 그 대상은 바로 '노부老婦'라고 주장을 합니다.[6] 이 '노부'는 당나라 장수절張守節이『사기정의史記正義』에서 말한 '선취先炊'로서 바로 "'선취'란 옛날 취모신炊母神이다."[7]라고 말한 부분과 연결됩니다. 여기서의 '선취'란 먼저 불을 땐 사람을 가리키는데 이들은 집안의 주부로서 곧 '취모炊母'입니다. 또 "주부가 '수찬髓爨'을 지켜본다."[8]라는『예기禮記』의 구절에 정현이 주를 붙였고[9] 여기에 공영달이 "노부老婦는 '선취先炊'한 사람들로서, 이는 '선취'에게 제사를 지내는 것이지 불의 신[화신火神]에게 제를 지내는 것이 아니다."[10]라고 부연합니다.[11] 그러니 적어도 이 시점까지 조왕신은 가장 먼저 불을 때는 것을 관장했던 노부老婦, 집안의 주부로서 여성이었을 가능성이 높습니다. 조왕신이 여성이었던 이유에 대해서 이전 연구자들은 모계사회의 흔적이라고 여기거나, 혹은 모계사회의 흔적일 뿐만 아니라 여성이 워낙 불을 다뤄온

---

5   김광언,「중·한·일 세 나라의 주거 민속 연구 Ⅳ: 조왕」,『문화재』Vol.33, 2000, 339쪽.

6   馮時,「西周蒡京與殷周饒祭: 殷周苑囿與祭竈傳統」,『中原文化研究』, 2019年06期, 12쪽.

7   "先炊, 古炊母神也."

8   "主婦視髓爨."

9   "기장과 피에 불을 때는 것을 '수髓'라고 하는데 여러 주부들이 그것을 한다. '찬爨'이 바로 '취炊'이다.(炊黍稷曰髓, 眾婦爲之. 爨, 炊也)"

10 "老婦, 先炊者, 此祭先炊, 非祭火神."

11 '노부'와 관련된 옛 기록들은 廖海波의「世俗與神聖的對話: 民間灶神信仰與傳說研究」(華東師範大學 박사학위논문, 2003, 4쪽)를 참고하여 정리했다.

역사가 길기 때문에 당연히 조왕신은 여성과 연결된 것이라고 생각하기도 합니다.[12]

이런 과정을 거치면서 한나라 때에 이르면 조왕에 대한 제사 방식과 전설의 내용 등이 정형화되었습니다.[13] 특히 한나라 때 조왕신은 인격화되는 변화를 겪습니다. 『후한서後漢書·음식전陰識傳』의 주석에 인용된 『잡오행서雜五行書』의 내용을 보면 "조왕신의 이름은 '선'이고 자는 '자곽'이며 옷은 누런 옷을 입는다."[14]라고 하여 사람처럼 이름이 부여되었습니다.

이렇게 인격화된 조왕신은 여러 신들의 성격과 혼용되는 변화도 겪습니다. 중국의 민간에서는 조왕신을 '사명司命'으로 부르기도 하는데 원래 '사명'은 인간의 수명과 운명을 관장하는 신이었습니다. 그런데 어쩐 일인지 한대 즈음에 조왕신이 '사명'의 성격을 띠게 되었고 진晉나라 때 즈음에는 조왕신이 '사명'의 권한을 갖게 되었습니다.[15] 각 가정의 인물들이 어떤 사람들인지를 낱낱이 파악했다가 그들의 죄과에 따라 수명을 빼앗는 권한까지도 가지게 되었다는 의미입니다. 갈홍葛洪의 『포박자抱朴子·미지편微旨篇』을 보면 "매월 그믐밤이면 조왕신이 하늘에 올라가 인간들의 죄상을 고한다. 죄가 큰 자는 '기紀'만큼의 수명을 빼앗는데 '기'라는 것은 300일이다. 죄가 작은 자는 '산算'만큼의 수명을 빼앗는데 '산'이라는 것은 사흘이

---

12   廖海波, 「世俗與神聖的對話: 民間灶神信仰與傳說研究」, 華東師範大學 박사학위논문, 2003, 6쪽.

13   廖海波, 「世俗與神聖的對話: 民間灶神信仰與傳說研究」, 華東師範大學 박사학위논문, 2003, 1쪽.

14   "竈神名禪, 字子郭, 衣黃衣."

15   廖海波, 「世俗與神聖的對話: 民間灶神信仰與傳說研究」, 華東師範大學 박사학위논문, 2003, 25쪽.

다."[16]라고 했습니다. 그러니 이 시기에 조왕신은 이미 인간의 죄과를 관찰하고 수명을 관장하는 신으로서의 성격을 확실히 지니게 되었습니다. 그러다 마침내 당대唐代에 이르면 조왕신은 '사명조군司命竈君'이라고 불리게 됩니다.

사명조군司命竈君을 그린 중국의 연화年畵.
(출처: 바이두百度)

조왕신이 인간의 수명을 관장하는 권력을 가지게 되면서부터 사람들도 이 신을 모시는 특별한 방법을 고안하게 되었습니다. 남송대南宋代 범성

16　"每月晦之夜, 灶神上天白人罪狀. 大者奪紀, 紀者三百日也. 小者奪算, 算者三日也."

　솥과 불로 찾아가는 중국 부엌의 역사

대范成大(1126~1193)는 「조왕신에게 제사지내는 글祭竈詞」에서 다음과 같이 말했습니다.

예로부터 전하기를, 납월 24일이면 조왕신이 천제께 조회 드리러 가서 (인간 세상의) 일을 보고한다고 했다. (조왕신의) 구름 수레와 바람 말을 잠시라도 머무르게 하려고 집에는 잔과 쟁반에다가 제사 준비를 풍성하게 한다. 돼지머리 푹 익힌 것에 싱싱한 생선을 쌍으로 놓고, 팥 앙금과 감송[17] 가루로 이단[18]을 만든다. 남자들은 술을 따라 헌상할 때 여자들은 피하며, 술을 붓고 돈을 살라서 조왕신을 기쁘게 한다. 하인들이 싸우는 것을 조왕신이 듣게 해서는 안 되고, 고양이와 개가 부정 타는 짓을 해서 조왕신을 성내게 해서는 안 된다. 조왕신을 전송함에 있어서 취하고 배부르게 한 후 하늘 문에 이르도록 해서 (그 집의) 술 국자가 어떻네, 저떻네라고 더는 말하지 못하도록 하며 (천제에게 조왕신이) 복을 얻어와서 (해당 집으로) 돌아와 나누어주도록 하는 것이다.[19]

이를 보면 조왕신이 하늘에 올라가는 날 사람들은 각별하게 신경을 써서 그의 비위를 맞추었습니다. 술과 '이단'을 바치고 돈을 불에 살라서 조왕신의 노자에 보탰습니다. 맹원로孟元老의 『동경몽화록東京夢華錄』에도 "12월 24일, '교년交年'을 하는 날이면 모두가 밤에 승려를 불러 경을 읽게

---

17 감송甘松: 향기가 나는 풀로서 약재나 장의 원료로 사용한다.

18 이단餌團: 가루로 반죽하고 소를 넣어 빚은 병餅.

19 "古傳臘月二十四, 竈君朝天欲言事. 雲車風馬小留連, 家有杯盤豐典祀. 豬頭爛熱雙魚鮮, 豆沙甘松粉餌團. 男兒酌獻女兒避, 酹酒燒錢竈君喜. 婢子鬥爭君莫聞, 貓犬觸穢君莫嗔. 送君醉飽登天門, 杓長杓短勿復云, 乞取利市歸來分."

하고 술과 과일을 갖춰서 신을 보내는데, 조왕신의 모습을 그린 조마竈馬를 조竈 위에 붙이고 술지게미를 조竈의 화문火門에 바른다. 이를 '사명을 취하게 하다[醉司命]'라고 부른다."[20]라고 한 기록이 보입니다. 조왕신이 가정의 불뿐만 아니라 가정의 화복까지 관장한다고 생각했기 때문입니다.

이렇게 조왕신 비위를 맞추다 맞추다 결국에는 그를 '입막음'해야겠다는 데까지 생각이 미치게 되었습니다. 조왕신이 하늘에 올라가 옥황상제에게 자신들 가정에 대한 말을 이러쿵저러쿵 못하도록 달고 끈적거리는 것을 바쳤는데, 이들이 달고 끈적거리는 것을 먹느라고 우물우물하는 틈에 미처 자신이 몸담은 집의 사람들이 선한지, 악한지에 대해 이야기를 못할 것이라고 생각했기 때문입니다. 이렇게 단 것을 먹이는 풍속은 아마도 송대宋代부터 시작되었다고 여겨집니다.

이와 관련해 자세한 기록이 명대에 있습니다. 유동劉侗과 우혁정于奕正이 편찬한 『제경경물략帝京景物略·춘장春場』에 다음과 같은 상세한 기록이 보입니다.

> (명대 베이징北京의 음력 12월) 24일에는 당糖을 넣어 만든 병餠, 기장으로 빚은 고糕, 대추와 밤, 호두, 볶은 콩을 가지고서 조왕신에게 예를 갖춘다. 술지게미 바른 풀로 조왕신의 말에게 꿀을 먹이면서 조왕신이 내일이면 하늘에 조회를 드리러 가서 집안에서 있었던 한 해 동안의 일을 고할 거라고 하는데, 축원하기를 '좋은 것은 많이 말씀해주시고 좋지 않은 일은 적게 말씀해주세요.'라고 한다. 『예기』에서는

---

[20] "十二月二十四日交年, 都入至年夜, 請僧道看經, 備酒果送神, 貼竈馬於竈上, 以酒糟塗抹竈門, 謂之'醉司命'."

조왕신에게 지내는 제사가 (선취先炊한) 노부老婦에게 지내는 제사라고 했는데 지금은 남자가 제사를 지내되 부녀자들로 하여금 그것을 보지 못하도록 금한다. 조왕신에게 제사를 지낸 단 음식과 견과류 종류는 어린애들과 부녀자가 먹지 못하도록 하는데 '(어린애와 부녀자가) 조왕신 제사를 지낸 음식을 먹고 나면 기름진 음식을 먹을 때 입 주변이 검게 변한다'고 말한다. 25일의 오경에는 향과 지전紙錢을 태우는데 옥황상제가 내려와 인간세상을 감찰하는 것을 접대하기 위해서다. 이날을 마치도록 부녀자와 할머니들이 꾸짖는 소리를 하지 못하도록 해야 한다. 30일의 오경에는 또 향과 지전을 태워 '송영'의 의식을 하는데 옥황상제가 다시 천상으로 올라가는 것을 전송하고 조왕신이 다시 인간 세상으로 내려오는 것을 맞이하는 것이다.[21]

위의 기록을 보면 조왕신을 달래는 데에 달달한 음식을 제공하고 있습니다. 그런데 명대에는 부녀자가 조왕신 제사에 참여하지 못하도록 하는 금기가 확실히 행해졌습니다. 조왕신이 하늘로 올라가고 옥황상제가 내려와 인간 세상을 감찰하는 동안 부녀자는 제사에도 참여하지 못하고 서로 언성을 높이는 일도 하지 못합니다. 제사를 지낸 음식도 먹지 못하도록 '입이 검어진다!'며 믿지 못할 속설도 만들어 놓았습니다. 한때는 이날이 가장 먼저 불을 때서 가족들에게 먹을 것을 해주었던 노부老婦에게 제례를 행하는 날이라고 말하기도 했지만, 가부장적인 세계관에 의해 부녀자들은 조

---

21 "二十四日以糖劑餠‧黍糕‧棗栗‧胡桃‧炒豆禮竈君, 以糟草秣竈君馬, 謂竈君翌日朝天去, 白家間一歲事. 祝曰, '好多說, 不好少說'.『禮記』稱竈老婦之祭, 今男子祭, 禁不令婦女見之. 祭餘糖果, 禁幼女不令得啖, 曰啖竈餘, 則食肥膩時口圈黑也. 廿五日, 五更焚香紙, 接玉皇下查人間也. 竟此日, 無婦嫗詈聲. 三十日五更, 又焚香楮送迎, 送玉皇上界矣, 迎新竈君下界矣."(江玉祥‧張茜,「此是人間祭竈時」,『文史雜志』, 2016年01期, 100쪽)

왕신을 보내고 맞이하는 것으로부터 멀어지고 있었습니다. 또한 이 기록에서 조왕신이 하늘에 보고하러 간 다음에 옥황상제가 직접 내려와 감찰을 하는 절차까지 추가된 것을 알 수 있습니다. 이 때문에 사람들은 조왕신을 전송하고 맞이하는 것만 아니라 옥황상제까지 신경 써야 했습니다.

청대 고록顧祿의 『청가록淸嘉錄』에도 관련 기록이 보입니다.[22]

> 속칭, 납월 24일을 '염사야念四夜'라고 하는데 밤에 조왕신을 보내는 날이며 이것을 '송조계送竈界'라고 일컫는다. 집집마다 이가 딱 들러붙을 만한 엿[膠牙餳]으로 조왕신에게 제사를 지내는데 속칭 '당원보糖元寶'라고 한다. 또 쌀가루 반죽으로 팥 앙금 소를 싸서 경단을 만드는데 이름하여 '조왕신에게 감사드리는 경단[사조단謝竈糰]'이다.[23]

위의 내용을 보면 당시에 조왕신에게 대접하는 특별한 엿, 특별한 음식이 고안되었음을 알 수 있습니다.

그런데 여기에서 한 가지 주목할 점이 있습니다. 조왕신과 관련된 의례에서 '조마竈馬'라는 단어가 등장한 것입니다. 위에서 인용한 맹원로의 『동경몽화록』을 보면 "12월 24일, '교년交年'을 하는 날이면 모두가 밤에 승려를 불러 경을 읽게 하고 술과 과일을 갖춰서 신을 보내는데, '조왕신의 모습을 그린 조마竈馬'를 조竈 위에 붙이고 술지게미를 조竈의 화문火門에 바

---

22 李玫, 「從小說『紫荊樹』到小戲『打灶王』: 一個古老題材演變中傳統觀念及習俗的變化」, 『南都學壇』, 2011年第02期, 51쪽.

23 "俗呼臘月二十四夜爲念四夜, 是夜送竈, 謂之送竈界. 比戶以膠牙餳祀之, 俗稱糖元寶. 又以米粉裹豆沙餡爲餌, 名曰謝竈糰."

른다. 이를 '사명을 취하게 하다[醉司命]'라고 부른다."라고 했습니다. 사전에서는 조마竈馬를 '조왕신' 자체로 풀이합니다. 그래서 저는 위에서 '조왕신의 모습을 그린 조마竈馬'라고 번역했던 것입니다. 또 『제경경물략』의 기록에서도 '술지게미 바른 풀로 조왕신의 말에게 꼴을 먹인다'라는 표현이 나왔습니다. 그런데 왜 하필 조왕신, 그리고 말이 연결되게 되었을까요.

조마竈馬 그림은 중국의 '지마紙馬'입니다. '지마'란 각종 신들에게 제사를 지낼 때 사용하는 물품으로서 보통 목판화입니다. 즉 '조마'는 조왕을 그려서 그에게 제사 지낼 때 사용하는 품목 중 하나입니다. 그런데 여기서 여러 동물 가운데 하필 '말'이라는 동물이 사용된 것은, 말이 빠른 속도로 이동한다는 점, 그래서 하늘과 통할 수 있다는 속설에 근거합니다. 그러다 보니 조왕신이 하늘로 올라가는 것을 전송하고 또 조왕신이 다시 각 가정으로 내려오는 것을 맞이하는 상황을 시각적으로 표현하기 위해서 그림에서 아예 '말을 탄 조왕신'을 그리게 되었다고 합니다.[24] 다음의 그림은 민국 시기의 허난河南 카이펑開封의 판화로서 옥황상제를 만나러 가는 조왕신의 모습을 형상화했습니다. 하늘로 올라가기 위해 말을 타고 있는 모습입니다.[25]

---

24 韓明, 「濰縣年畫「大竈王」圖像研究」, 山東大學 박사학위논문, 2021, 58쪽.

25 자료출처: 韓明, 「濰縣年畫「大竈王」圖像研究」, 山東大學 박사학위논문, 2021, 92쪽.

하늘로 올라가는 조왕.(출처: 韓明, 「潍縣年畫「大竈王」圖像硏究」)

　　주방에서 사람들의 일을 속속들이 다 보고 들어 너무도 잘 알면서, 또 옥황상제에게 그 내용을 곧바로 보고할 수 있는 권한까지 지닌 조왕신이야말로 일반 백성들에게는 가장 가깝고도 두려워해야 할 신이었습니다. 그래서 조왕신은 나중에 불교, 도교와도 관련을 맺게 되어 사찰이나 도관에 모셔지기도 하고 재복을 불러오는 재신財神으로도 여겨지게 되었습니다.

　　종합하면 조왕신은 각 가정에 파견된, 특화된 신입니다. 하늘에 있으면서 인간들을 관리하는 신들과는 다릅니다. 그를 모시는 신앙은 불을 안전하게 관리하고 먹거리를 걱정하지 않고 살고자 하는 인간의 오랜 소망과 연결되어서 서주시대부터 시작되었고 그 신앙이 변화를 거듭하며 지금도 지속되고 있습니다. 다음의 사진은 2019년 1월 28일 허난河南 카이펑開封에서 조왕신 관련 행사를 연 모습입니다.[26] 조왕이 아직도 중요한 신으로, 민간의 풍속을 대표하는 신으로 인식되고 있음을 보여줍니다.

26　자료출처: 宣金祥, 「談送竈話民俗」, 『中國機關後勤』, 2020年01期, 63쪽.

허난河南 카이펑開封에서 2019년에 연 조왕신 관련 행사.(출처: 宣金祥, 「談送竈話民俗」)

시끌벅적한 이 행사 모습을 연상하면서 아래의 시도 음미해 보시길 바랍니다.

「조왕신 제사祭竈」(송대, 작자 미상)

時屆臘月二十四,　이때 납월 24일에 이르면

竈君朝天欲言事.　조군이 하늘에 올라 조회하며 그간의 일들을
　　　　　　　　　　곧 말하리.

酒糟塗竈醉司命,　술지게미를 조竈에 발라 사명조군을 취하게 하되

男兒酌獻女兒避.　남자들은 술을 바치고 여자들은 피하시라.

「조왕신 제사 지낼 때 쓰는 엿을 먹다吃竈糖」(청대, 작자 미상)

歲暮方思媚竈王,	세모는 바야흐로 조왕에게 아첨할 것을 생각해야 할 때
香瓜元寶皆麥糖.	(조왕에게 바칠) 향과와 원보元寶는 모두 맥아로 만든 엿이라네.
粘口何需多如此.	입을 딱 붙게 만드는 데에 어찌 이리 많은 것들이 필요하리오?
買顆先命小兒嘗.	작은 것들을 사서 먼저 어린애들에게 맛보라 하리.

13

원
—이동형 화로와 번철

2002년 7월, 어학연수를 함께 했던 동학들과 내몽고에 잠시 들렀습니다. 몽고족의 생활 풍습을 체험하게 해주는 여행 코스를 선택한 우리는 드넓게 펼쳐진 초원에서 유목민들의 이동형 가옥, 게르[멍구바오蒙古包]에서 하루를 묵었습니다. 낮에는 피부가 벗겨질 정도로 직사광선이 내리꽂히더니 밤에는 춥기가 이루 말할 수 없었습니다. 그다지 깨끗해 보이지 않아서 거들떠보지 않았던 두꺼운 이불을 덮고서야 그 밤을 보낼 수 있었습니다. 날이 밝지 않았지만 일찍 일어나 밖으로 나왔습니다. 공기는 차갑고 향긋했고 별도 반짝였습니다. 유목민들은 20분 남짓이면 이런 텐트를 칠 수 있다고 하는데 이렇게 춥다면 초원 한복판에서 다들 어떻게 밤을 지냈을까 싶었습니다. 나중에 알고보니 게르의 중앙에는 이동형 화로가 설치되고 그것으로 난방과 취사를 해결한다고 했습니다.

1) 야외에서의 솥과 불

몽골박물관에는 유목 생활을 보여주기 위해 게르 모형과 유목 생활을 위해 필요한 기물이 전시되어 있습니다.

아래의 사진은 게르 안의 화로와 솥입니다. 아래는 뚫려 있고 위에는 솥을 얹었고 별도의 연통은 없습니다. 연기는 게르 상부의 공기창으로 나간다고 합니다. 이 화로의 경우 상당히 화려하게 조각된 것이지만 사용법이나 설치법에는 어려울 것이 없습니다. 이것의 사용 시대는 정확하게 나와 있지 않습니다. 원나라 당시에 몽고족이 쓰던 화로의 형태와 연관성이 있는지는 다른 자료로 보충해야 합니다.

몽골박물관에 전시된, 게르 안의 화로.
(출처: 몽골박물관 홈페이지)

솥과 불로 찾아가는 중국 부엌의 역사

아래의 그림은 몽골국립미술관에 소장된 그림으로 유목생활을 묘사한 것입니다. 그림 중에는 불을 피워 음식을 조리하는 장면이 나옵니다. 원통형 화로 앞에 선 남자가 고기덩어리를 화로 위 조리도구 위에 얹자 연기가 피어오르고 있습니다. 화로 위의 조리도구는 널찍하고 아래로 약간 우묵한 형태인데 정확한 형체는 확인하기 어렵습니다. 다만 화로 위에 솥을 얹어 조리하는 방식은 몽고족 게르 안의 화로와 같아 보입니다.

유목민의 화로.
(몽골국립미술관 소장)

이로 볼 때 원나라 때에도 유목 중이거나 이동 중인 사람들은 위와 같은 형태의 이동형 화로를 사용했으리라 생각됩니다.

다음은 『음선정요飮膳正要』에 실린 삽화입니다.[1]

---

1   忽思慧, 張秉倫·方曉陽 譯註, 『飮膳正要譯註』, 上海: 上海古籍出版社, 2017, 123쪽.

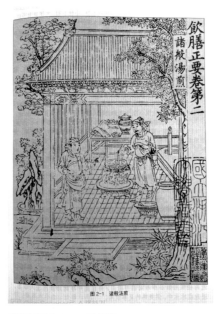

『음선정요飮膳正要』의 삽화.

(출처: 忽思慧, 張秉倫·方曉陽 譯註, 『飮膳正要譯註』)

　『음선정요飮膳正要』는 원나라 때의 태의가 출간한 책으로서 치료와 양생을 위한 약과 음식이 소개되어 있습니다. 위의 그림은 바로 이 책에서 탕제를 끓이기 위해 화로를 활용하고 있는 장면입니다. 여기에서의 화로는 마치 대야처럼 입구가 넓으면서 높이가 낮습니다. 그 위에 얹어진 용기는 깊이가 있는 모양입니다. 이 책은 분명 원대의 저작이 맞지만 위의 삽화가 원나라의 주방 모습을 반영했다고는 말하기가 어렵습니다. 왜냐하면 이 책의 초기 간본은 일실되었고, 위의 삽화는 상해上海 함분루涵芬樓에서 1924년에 영인한 명나라 경태景泰 연간(1450~1456)의 판본, 즉 『사부총간四部叢刊』에 들어가 있는 것이기 때문입니다. 그래서 이 삽화는 원대의 화로

　솥과 불로 찾아가는 중국 부엌의 역사

를 연상하고 명대에 그린 것으로서 정확한 시대를 단언하기를 어렵습니다.

이보다 규모가 큰 솥과 불을 보여주는 그림도 있습니다. 진춘陳椿의 『오파도熬波圖』 중 「상로전염도上滷煎鹽圖」는 『사고전서四庫全書』에 기재되어 있습니다. 소금을 만드는 방법은 햇빛에 물을 증발시키고 소금을 남기는 쇄염법曬鹽法, 바닷물처럼 소금이 함유된 물을 끓여서 소금을 얻는 자염법煮鹽法이 있습니다. 쇄염법은 햇빛으로만 소금을 만드는 방법으로서 남송시대 복건福建 지역에서 이미 출현해서 원대에 다른 지역까지 전파되었다고 합니다. 그러나 원대에도 자염법만큼 광범위한 지역에서 활용되지는 않았습니다.[2]

「상로전염도上滷煎鹽圖」(출처: 사고전서)

---

2   王俊 편저, 『中國古代鹽文化』, 北京: 中國商業出版社, 2016, 118~119쪽.

앞의 그림은 말 그대로 바닷물을 끌어들여 큰 솥에 넣고 끓여서 소금을 얻는 그림입니다. 대나무로 만든 대롱으로 바닷물을 솥에 옮겨 넣고 각별히 신경을 써서 불 조절을 해야 소금을 얻을 수 있습니다.

2) 『음선정요飲膳正要』의 기록에 보이는 솥과 불

원대에 나온 식보食譜 중 가장 유명한 것이 『음선정요飲膳正要』입니다. 이는 홀사혜忽思慧가 천력天曆 3년(1330)에 바친 식보이자 의학서적입니다. 이 책에는 식품을 통한 양생 및 치료법이 기재되어 있고 조리법도 비교적 상세히 나와 있습니다. 그중 당시의 솥과 불에 대해 유추해볼 수 있는 대목들을 차례대로 살펴보고자 합니다.[3]

> 「양의 심장 구이炙羊心」: 꼬챙이로 양의 심장을 꿰어서 불 위에서 굽는다.[4]

꼬챙이에 양의 심장을 꿰어 불 위에서 직접 굽는[적炙]의 방법입니다. 여기에서 사용한 불이 어디의 불인지는 언급되어 있지만 꼬치구이를 하기 위해서는 화로의 형태가 더욱 편리할 것입니다.

---

3   『음선정요』의 내용과 관련해서는 아래의 두 가지 책을 모두 참고하되 원문을 직접 번역하였음을 밝혀둔다.
    忽思慧, 張秉倫·方曉陽 譯註, 『飮膳正要譯註』, 上海: 上海古籍出版社, 2017.
    忽思慧, 최덕경 譯註, 『飮膳正要譯註』, 서울: 세창출판사, 2021.
4   "簽子簽羊心, 於火上炙."

「메추라기 볶음炒鵪鶉」: (메추라기 고기, 양꼬리 등을 잘라서 준비해놓은 것에) 메추라기를 끓여서 만든 탕을 넣고 볶고 파와 식초로 맛을 맞춘다.[5]

위의 조리법에는 볶기[초炒]가 사용되었습니다. 특이한 것은 메추라기 고기를 볶으면서 메추라기로 끓인 탕을 넣어 맛을 배가하였다는 점입니다. 어떤 식재료의 맛을 끌어올리기 위해서 그 식재료를 끓인 즙을 사용하는 방식은 청대의 궁궐에서도 사용하던 방법입니다.

「얇게 저민 고기 튀김炸兒」: 소금을 사용해 같이 재우고 섞은 후, 잠시 뒤에 식물성 기름을 넣고 튀겨서 익힌다.[6]

얇게 저민 고기에 밑간을 해두었다가 튀기는[작炸] 음식입니다. 여기서 사용한 기름은 식물성 기름입니다.

「양가슴살 달인 것熬羊胸子」: 좋은 탕에 국수를 넣고 볶듯이 뒤적인다.[7]

위의 음식의 이름에 '오熬'가 들어간 것으로 보아 양가슴살을 달여서 탕을 만든 것이라 생각합니다. 그리고 이 탕으로 국수를 넣고 볶듯이[초炒]

---

5   "用煮鵪鶉湯炒, 葱醋調和,"

6   "用鹽一同淹拌, 少時, 入小油熟."

7   "用好肉湯下麵絲, 炒."

뒤적이는 음식인 듯합니다.

> 「논병아리 구이燒水札」: 소금에 함께 섞어서 고르게 굽는다. 혹은
> 발효를 오래 시킨 밀가루 반죽으로 논병아리 고기를 (포자처럼) 싸서
> 대바구니에 넣어 쪄서 익혀도 좋다. 혹은 연유기름으로 밀가루를 반
> 죽해서 논병아리 고기를 (포자처럼) 싸서 노오爐鏊에 넣어 구워 익혀
> 도 좋다.[8]

여기에는 논병아리 고기를 조리할 때 세 가지 조리 기술이 나옵니다.
'소燒'는 여러 가지 의미로 풀이할 수 있지만 여기서는 굽는 것으로 보는
것이 좋겠습니다. 다음으로는 밀가루 반죽으로 고기를 싸서 찜통에서 찌
는[증蒸] 것이 나옵니다. 마지막으로는 연유기름으로 반죽한 밀가루로 고
기를 포자처럼 싸서 '노오爐鏊'에 넣어 굽습니다[고烤]. '노오爐鏊'는 번철처
럼 화로에 얹어 빵을 구울 수 있는 조리도구라고 여겨집니다.

> 「버드나무로 덮어 찐 양고기柳蒸羊」: 양 한 마리를 털이 있는 채로
> 쓴다. 양의 경우, 땅에다 화로爐를 만드는데 석 자 깊이로 파고, 주변
> 은 돌로 쌓아 불을 지피는데, 돌이 완전히 벌겋게 달아오르면 철파鐵
> 파에 양을 담아 (불에) 올린 후, 버드나무 가지와 잎으로 덮고 흙으로
> 봉한 후 익는 정도를 살핀다.[9]

---

8 "用鹽同拌勻燒. 或以肥麵包水札, 就籠內蒸熟亦可. 或以酥油水和麵, 包水札, 入爐鏊內烤熟
   亦可."

9 "羊一口, 帶毛. 右件, 於地上作爐, 三尺深, 周面以石, 燒, 令通赤, 用鐵芭盛羊上, 用柳子盖
   覆, 土封, 以熟爲度."

이 방법이야말로 유목민들이 사용할 수 있는 방법입니다. 땅을 파서 지로地爐를 만든 후에 양을 통째로 올려 굽는 방식이기 때문입니다. 불에 닿았을 때 털이 저절로 타 없어질 것이므로 털도 제거하지 않고 버드나무로 덮어 열기를 보존해 속까지 익을 수 있게 조치하였습니다.

「양배추 교자撒列[10]角兒[11]」: 양고기, 양지방, 양꼬리와 갓 나온 부추를 각기 가늘게 썬다. 이 재료에 조미료와 소금, 장을 넣어 고르게 섞는다. 흰 밀가루로 피를 만든다. 번철鏊 위에서 볶듯이 (굽는데), 이어서 연유기름과 꿀을 넣는다. 혹은 조롱박과 박으로 소를 만들어도 좋다.[12]

이 교자는 번철鏊에서 익히는데 포炮의 방법을 사용하라고 되어 있습니다. 이 글자는 '볶는다'는 뜻인데 내용으로 볼 때 굽는 것으로 푸는 것이 좋을 듯합니다. 역시 번철[오鏊] 위에 얹어 구워내는 것으로 보아 화로에서 굽는 데에는 번철이 가장 좋은 도구였다고 생각합니다.

「소회향이 들어간 교자時蘿角兒」: 양고기, 양 지방, 양꼬리, 파, 진피, 생강을 각각 잘게 자른다. 이 재료에 조미료와 소금, 장을 넣고 고

---

10 별렬撒列: 보통 양배추를 가리키는데 레시피에 이 식재료가 반영되어 있지 않다. 아래에 설명한 「소회향이 들어간 교자時蘿角兒」에도 소회향이 구체적으로 어떻게 들어가는지 설명이 생략되어 있는데 여기서의 양배추도 같은 경우가 아닐까 추정한다.

11 각아角兒: 각角과 교餃는 음이 비슷하다. 그래서 각아와 교자餃子는 비슷한 종류의 음식이다.

12 "羊肉·羊脂·羊尾子·新韭各切細. 右件, 入料物·塩·醬拌匀. 白麵作皮. 鏊上炮熟, 次用酥油蜜. 或以葫蘆瓠子作餡亦可."

르게 섞는다. 흰 밀가루에 꿀, 식물성 기름을 섞어서 과鍋에 넣고 끓는 물을 넣어 섞어서 익반죽을 해서 피를 만든다.[13]

여기서의 교자 레시피에서 눈여겨볼 부분은 '과鍋'입니다. 여기서의 과鍋는 끓이기 위한 것이 아니라 끓는 물을 부어 익반죽을 하기 위해 사용하는 도구로 나옵니다. 아래에도 이 도구가 활용되었습니다.

「고기즙米哈訥[14]關列孫[15]」: 깨끗한 과鍋를 사용하되 안에 (고기를) 넣고 (국물 등을 붓지 않고) 마른 상태로 불에서 익힌다.[16]

여기에서는 과鍋를 익히는 용도로 사용하였습니다. 특히 별도의 국물을 붓지 않고 고기를 끓여서 진액만을 취하는 방법을 사용했다는 점이 특이합니다.

「천문동고天門冬膏」: 자기磁器, 사과沙鍋, 혹은 은그릇銀器을 사용해서 약한 불에 달여 고를 만든다.[17]

위에서 사용할 수 있는 조리도구는 자기磁器, 사과沙鍋, 혹은 은그릇銀器

---

13   "羊肉·羊脂·羊尾子·葱·陳皮·生薑各切細. 右件, 入料物·塩·醬拌勻. 用白麵·蜜與小油
       拌入鍋內, 滾水攪熟作皮."
14   미합눌米哈訥: 몽고어로 고기라는 뜻이다.
15   관렬손關列孫: 장빙룬張秉倫·팡샤오양方曉陽의 역주譯註에 따르면 즙汁이라는 뜻이라고 한
       다.(忽思慧, 張秉倫·方曉陽 譯註, 『飮膳正要譯註』, 上海: 上海古籍出版社, 2017, 120쪽)
16   "用淨鍋, 內乾爁熟."
17   "用磁器·沙鍋或銀器, 慢火熬成膏."

입니다. 당시에 이미 사기 솥[사과沙鍋]가 사용되었음을 여기에서 알 수 있습니다.

이상에서 본 바와 같이 이 식보에는 달이고, 튀기고, 볶는 등의 다양한 조리방식이 나오고 사용된 솥도 사과沙鍋, 과鍋, 오오鏊, 노오爐鏊, 철파鐵芭 등으로 다양합니다. 또 음식을 할 때 즉석에서 만드는 지로地爐, 화로 등의 불 시설도 언급했습니다.

원元 가명賈銘의 『음식수지飮食須知』에는 음식을 만드는 데에 있어서 물과 불의 선택에 대해 설명되어 있습니다. 그 중 「불 피우기燧火」를 살펴보겠습니다.

> 사람들은 화식火食에 의지하므로 질병과 수명이 거기에 달려있다. 네 계절마다 수목燧木을 뚫어(마찰시켜) 새 불을 취하는데 기후에 따르되 단절됨이 없도록 한다. 느릅나무와 버드나무는 …… 봄에 취한다. 살구나무와 대추나무는 …… 여름에 취한다. 떡갈나무와 졸참나무는 …… 가을에 취한다. 홰나무와 박달나무는 …… 겨울에 취한다. 뽕나무와 산뽕나무는 …… 늦여름에 취한다.[18]

이로 볼 때 사람들이 음식을 효율적으로 조리하기 위해 알맞은 땔감을 취하는 것에도 원칙이 있었음을 알 수 있습니다.

이상에서 원나라의 솥과 불의 형태에 대해 단편적이나마 자료들을 살

---

18 "人之資於火食者, 疾病壽夭系焉. 四時鑽燧取新火, 依歲氣而無亢. 楡柳…春取之. 杏棗…夏取之. 柞楢…秋取之. 槐檀…冬取之. 桑柘…季夏取之."(賈銘, 『飮饌譜錄・飮食須知』, 臺北 : 世界書局, 1983, 5쪽)

펴보았습니다. 원나라가 중원에 입성한 후 알지 못하는 사이에 몽고족의 식문화와 조리도구가 한족에게 전해지고, 한족의 식문화가 몽고족에게 전해졌을 것입니다. 문화는 작은 자극에도 일렁이는 파장을 만들 수 있고 변화해 나가기 때문입니다.

솥과 불로 찾아가는 중국 부엌의 역사

명

—이전 시기 주방의 전승

　　명나라(1368~1644)를 설명할 때 언급하고 싶은 것들이 물론 많지만 개인적으로는 주원장朱元璋(재위: 1368~1398)의 고향이 기억에 남습니다. 2016년 우리 일행은 난징南京 루커우綠口 국제공항을 거쳐 지하철, 고속철도, 시외버스를 갈아타며 안훼이성安徽省 펑양현鳳陽縣에 도착했습니다. 그곳은 명나라 태조 주원장의 고향입니다. 그곳에서 위치와 시설이 가장 좋다는 호텔의 하루 숙박료가 우리나라 돈으로 35000원에 불과할 정도인 소규모 마을이지만 한때 그곳은 주원장이 야심차게 수도로 탈바꿈시켜보려 했던 임호臨濠라는 곳이었습니다.

　　오왕吳王으로 자처하며 창강長江 이남 오 지역을 중심으로 활동했던 주원장이 중원 정벌을 목전에 두고 있을 즈음, 신하들은 금릉金陵(지금의 난징)이 수도로서 적합하다고 간언했습니다. 비단 직조와 소금 유통으로 부가 축적되어 있는 강남에 위치해 경제적으로 풍요롭고 문화적으로 수준이 높을 뿐만 아니라, 예로부터 여러 나라의 수도로 선택될 만큼 풍수지리적으로 완벽한 지형이라는 것이었습니다. 그러나 중원까지 통일해야 할 위업을 바라보고 있는 주원장의 입장에서 금릉은 남쪽으로 치우진 땅이었습니다. 주원장은 황제로 칭하기 시작한 홍무洪武 원년(1368)에 일단 변량汴梁(지금의 카이펑開封)을 북쪽 수도로, 금릉을 남쪽 수도로 삼긴 했습니다. 그러나 곧이어 이듬해에 수도를 세울 만한 곳을 물색하라고 신하들에게 명령했습니다. 주원장은 자신의 고향인 임호가 시골로 남아있는 것이 마음에 걸렸던 것입니다. 황제가 배출된 곳이니 응당 제왕의 도시로 격상시켜야 함이 마땅하다고 생각했던 그는 신하들이 건의한 여러 지역들을 모두 반대하고 "임호臨濠(지금의 펑양鳳陽)는 짐이 왕업을 일으킨 곳이니 중도中都로 삼고 그 주변 18개의 현들을 모두 중도에 속하도록 하라."고 명하였습니다. 또 중도의 모든 시설들은 주도主都의 기준에 맞추어 영건하도록 하였습니다. 물론 신하들은 임호가 제왕의 고향이긴 하나 도읍지로서는 부적절하다고 강하게 반대했습니다. 금릉 등지에는 기반시설이 마련되어 있지만 임호는 무엇이든 새롭게 짓고 만들어내야 했기 때문입니다. 또 오랜 전쟁으로 강남의 부자들도 더 이상 돈을 내놓기 어려웠고 임호에서 공사를 시작한 순간부터 주변의 백성들이 차출되어 부역할 수밖에 없어 민심의 동요까지 예상되었습니다. 하지만 주원장은 듣지 않았습니다. 주원장의 고집 때문에 결국 중도의 공사는 홍무 8년까지 계속되었고 황성의 경우 홍무 6년에 기어코 완성을 보았습니다.

우리 일행이 황성의 성곽에 도착했을 때 비바람이 심하게 불었습니다. 태풍의 간접영향권에 들었다 했습니다. 우산도 뒤집어 놓는 바람을 뚫고 궁궐의 정문이 있었으리라 추정되는 곳까지 택시로 이동했습니다. 기본요금이 5위안, 우리나라 돈으로 천 원이 안 되었습니다. 택시 안에 앉았을 때만 해도, 복원공사가 진행되었다는 인터넷의 글을 떠올리며 표지판이

솥과 불로 찾아가는 중국 부엌의 역사

든 무엇이든 있으리라고 기대에 부풀어 있었습니다. 그러나 더는 진입할 수 없으니 내리라는 기사의 말을 듣고 내려 보니 그곳은 그저 폐허였습니다. 비바람 속에서 아무 구실도 못하는 우산을 접고 비를 맞으며 빈터에 하나 남은 문을 마주하자니 그저 서글펐습니다. 그 옆으로는 성벽이 일부 남아 있고 해자에는 낚시하는 사람 서넛이 앉았습니다. 누각도 없이 벽돌 골조만 남은 문은 그래도 아직 괜찮은 형체를 하고 있었습니다. 벽돌마다 부귀의 영원함을 비는 조각들이 있는데 과연 황궁의 지위에 걸맞을 정도로 정교했습니다. 마치 찰흙으로 빚은 것처럼 당초무늬는 부드럽게 틀어졌고 쌍쌍이 봉황이 날갯짓했습니다. 몇백 년 전 석공들의 정 소리가 그 속에서 들리는 것처럼 무늬가 아직 생생했습니다. 문화재는 한번 없어지면 두 번 다시 만들 수 없다며 조각을 만지지 말아 달라는 중국 문물국의 호소문이 오히려 낡고 바랜 모습으로 흔들거리고 있었습니다. 거창한 유적지를 기대하고 왔음인지, 자가용을 몰고 온 중국 사람들이 문 앞에 서더니 기가 막힌 듯이 웃으며 "아무것도 없어!"라며 금세 차를 타고 돌아가 버렸습니다. 우리까지 그냥 돌아가 버리면 그 문이 서운할 듯하여 공을 들여 살폈습니다.

화려한 폐허. 황제국의 명성은 있으나 각종 부패, 외침, 정치적 불안정을 끊임없이 겪어야 했기에, 300년 가까이 유지되었음에도 명나라의 이미지는 저에게 그렇게 남아있습니다.

평양에 남은, 중도中都 황궁 유적.(출처: 직접 촬영)

1) 유물과 문헌 속 주방의 모습

명나라의 주방은 명대 건축물 속에 남아있습니다. 저는 처음에 현존하는 명대 건축물을 들여다보면 명대의 주방을 이해하는 데에 도움이 될 것이라고 기대했습니다. 그러나 미처 생각하지 못한 부분이 있었습니다. 어떤 건축물이 명대에 만들어지고 이것이 지금까지 명맥을 유지했다고 해도 그 내부의 주방까지 과연 명대의 것이라고 말할 수 있을까요. 하나의 건축물이 유지되기 위해서 필연적으로 개보수 과정을 거치는데, 이것은 건축물이 지어질 때의 기술이 아니라 유지보수를 행한 시대의 기술과 관점을 가지고 시행됩니다. 특히 시대에 따라 식습관이 변모하기 때문에 주방에도 조금씩 변이가 일어납니다. 즉, 명대 가옥일지라도 그 건축물 속 주방 내부의 모습은 청대의 양식일 가능성이 높다는 의미입니다. 그래서 안휘이성安徽省 훼이저우徽州처럼 명대 건축물 군집촌에 있는 오래된 주방일지라도 '그것이 명대 주방이다'라고 함부로 소개하기가 어려웠습니다. 이러

솥과 불로 찾아가는 중국 부엌의 역사

한 이유로 명대의 경우에도 유물과 문헌을 중심으로 그 주방의 모습을 살피고자 합니다.

우선 소개할 것은 난징박물원南京博物院에 소장된 청동 조찬竈 명기입니다. 만약 실제로 이러한 아궁이가 있다고 하면 정말 거대한 조찬竈라고 말할수 있을 정도로 5개의 화안火眼과 연창을 갖추고 있습니다. 장방형의 조찬竈의 화안火眼 마다 조리도구가 얹어져 있고 그 곁에 국자와 건지개가 놓여있습니다. 아궁이에 달린 연창煙窓에는 지붕 모양이 표현된 감실이 하나있는데 조왕竈王을 모셔놓는 곳입니다.

이 명기는 1953년에 난징南京 시산챠오西善橋에 있는 명나라 태감太監김영金英의 묘에서 출토되었습니다. 김영은 베트남 사람인데 영락永乐 5년(1407)에 궁중에 들어가 여러 황제들을 모셨습니다. 후에 황명에 따라 이곳으로 와서 노후를 보냈다고 합니다. 생전에 여러 차례 비리를 저질렀다는기록이 있을 정도로 그는 상당한 부를 축적했습니다. 그래서 묘의 부장품도 그에 맞춰 화려하게 준비되었던 것입니다.

명나라 태감太監 김영金英의 묘에서 출토된 명기.
(난징박물원 소장. 출처: 바이두百度)

그런데 화안이 이렇게 많은 것이 죽은 자의 풍요로운 내세를 위한 과장이 아닙니다. 저는 2024년 1월에 뤄양과 시안의 사이에 위치한 디컹위안地坑園 보존 관광단지에 들렀습니다. 이곳에는 주민들이 실제로 살았던 땅굴형 주거지를 보존하고 있었습니다. 그중에서 눈길을 끄는 것이 있었습니다. 바로 화안이 아홉 개나 되는 조찬竈였습니다. 이 조찬竈는 홍백희사紅白喜事, 즉 혼례와 수壽를 다 누리고 돌아가신 분의 장례를 치를 때 참석하는 사람들을 위해 음식을 할 때 사용하는 것입니다. 조리도구를 많게는 10개까지도 놓을 수 있게 만들기 때문에 200명이 넘는 사람을 위한 음식도 다 해낼 수 있다고 합니다. 그런데 이 조찬竈의 가장 큰 특징은 이렇게 많은 화안을 사용하면서도 불은 한 곳에서만 땐다는 점입니다. 대신에 끝으로 갈수록 높이가 높아지도록 만들어서 끝까지 열기가 전해지도록 하고, 불기운이 센 쪽에서부터 약한 쪽까지, 찌기[증蒸]→끓이기[자煮]→튀기기[작炸]→장시간 고듯이 조리하기[돈燉]→뜸을 들이듯이 약한 불에서 장시간 조리하기[민燜]→보온하기[보保 및 온溫]와 같이 조리방법을 달리하여 한꺼번에 종류가 다른 음식을 뚝딱 해낼 수 있도록 고안했습니다. 그러니 부장품에 화안이 다섯 개인 경우도 충분히 있을 법한 일입니다.

디컹위안地坑園의 다안조多眼竈. 뒤쪽으로 갈수록 높이가 높아지도록 벽돌을 쌓아서 열기가 끝까지 전달되도록 고안한 것이 특징이다.(출처: 직접 촬영)

디컹위안 다안조多眼竈의 불 넣는 곳.(출처: 직접 촬영)

디컹위안 조竈의 끝 부분.(출처: 직접 촬영)

현재 사용하지 않는 팔안조八眼竈의 뼈대.(출처: 직접 촬영)

솥과 불로 찾아가는 중국 부엌의 역사

명나라 때 조성된 무덤 벽화를 통해 당시 주방의 모습을 유추해낼 수도 있습니다. 허난 덩펑시登封시 루뎬진盧店鎭에서 1522에서 1531년 사이에 조성된 것으로 보이는 벽화묘가 발굴되었습니다.[1] 그런데 묘실의 동쪽 벽에 너무도 생생하게 주방의 모습이 묘사되어 있습니다. 가로로 긴 형태의 공간 양쪽에 장식된 문이 있습니다. 문이 개방되어 있고 처마 밑에 휘장까지 돌돌 말아 고정해 놓아서 내부의 모습이 잘 보입니다. 두 명의 인물 모두 남성으로 보이는데 탁자 옆의 사람은 판판한 그릇을 받쳐 들고 섰고 오른쪽의 남성은 활활 불길이 성한 화로 옆에 서 있습니다. 화로 위에 술병이 있는 것으로 보아 술 데우는 용도인 듯한데 크기가 작지 않고 나무를 넣는 입구도 작지 않습니다.[2] 특이한 것은 화로인데 다리가 달려있지 않고 바닥에 붙어 있는 형태라는 점입니다. 크기 때문에 이동이 편리한 화로는 아니었을 것 같습니다.

허난 덩펑시登封시 루뎬진盧店鎭 벽화묘에 보이는 주방 모습 모사도.

(출처: 鄭州市文物考古研究所, 『鄭州宋金壁畵墓』)

---

1   鄭州市文物考古研究所, 『鄭州宋金壁畵墓』, 北京: 科學出版社, 2005, 277쪽.

2   鄭州市文物考古研究所, 『鄭州宋金壁畵墓』, 北京: 科學出版社, 2005, 272~276쪽.

허난 덩펑시登封市 루뎬진盧店鎭 벽화묘에 보이는, 술 데우는 화로의 모습.(출처: 鄭州市文物考古硏究所,『鄭州宋金壁畵墓』)

　　그밖에 도서의 삽화를 통해서 주방의 흔적을 찾아볼 수 있습니다.『천공개물天工開物』의 삽화에는 마치 조연처럼 등장하는 조竈가 표현되어 있습니다. 먼저 바다 소금을 끓여서 소금을 만드는 부분을 보겠습니다. "부釜의 바닥에 불을 때고 (해수를) 끓이다 보면 소금이 생긴다."[3]라고 했는데 그림을 보면 바닥이 비교적 얕은 부釜에 바닷물을 넣고 끓이고 있습니다. 워낙 큰 부釜이다보니 조竈 아래에 나무를 넣는 부분이 여러 군데 있습니다. 이렇게 해야 불의 열기가 부釜 바닥에 골고루 강하게 전달될 수 있었을 것이고 소금을 만드는 과정에 맞추어 불 세기를 조정하기에도 용이했으리라

3　　"火燃釜底, 滾沸延及成鹽."(宋應星, 楊維增 譯註,『天工開物』, 北京: 中華書局, 2021, 160쪽)

생각합니다.

바닷물 끓여 소금 만드는 장면.
(출처: 宋應星, 楊維增 譯註, 『天工開物』)

　　같은 책에 닻[묘錨]을 만드는 장면이 나옵니다. 제련해야 하기 때문에
역시 조竈가 필요합니다.[4] 용도는 다르지만 음식을 만드는 조竈와 형태가
유사합니다. 이 그림의 조竈 위에서 끓고 있는 것이 무엇인지는 알기 어렵
지만 정황상 쇳물일 것 같습니다. 특징적인 것은 조竈 옆에 풀무질을 할 수
있도록 하는 부분이 붙어 있어서 손잡이를 밀고 당겨 공기를 주입할 수 있
게 해두었습니다. 강한 화력을 필요로 하기 때문에 이런 공기 펌프가 필요

4　　宋應星, 楊維增 譯註, 『天工開物』, 北京: 中華書局, 2021, 295쪽.

했을 것입니다.

닻을 만드는 장면에 나오는 조竈.
(출처: 宋應星, 楊維增 譯註, 『天工開物』)

이 책에는 기름을 짜기 위해 깨를 찌고 볶는 과정이 묘사된 그림도 실려 있습니다. 이때 '평저과平底鍋', 즉 바닥이 얇은 과鍋를 사용한다고 기록되었습니다. 깨를 볶을 때 사용하는 솥의 깊이가 너무 깊으면 뒤집고 섞는 것이 아무래도 느려지고 불기운 때문에 타거나 혹은 한쪽은 덜 볶아질 수도 있을 것 같습니다. 그래서 "볶는 과鍋를 조竈 위에 비스듬히 앉히는데 찔 때 사용하는 증과蒸鍋와는 크게 다르다."[5]라 했습니다.[6] 조竈는 견고한 벽돌로 쌓은 형태입니다. 목조 건축물에서 화재 위험이 가장 큰 공간이 주

5   "炒鍋亦斜安竈上, 與蒸鍋大異."
6   宋應星, 楊維增 譯註, 『天工開物』, 北京: 中華書局, 2021, 335~336쪽.

방이라는 점을 생각하면 벽돌로 만든 견고한 조竈가 왜 필요했는지 이해할
수 있습니다.

깨 볶는 조竈.(출처: 宋應星, 楊維增 譯註, 『天工開物』)

  이상에서 본 것처럼 다양한 용도의 조리도구를 만들기 위해서 당시 사
람들의 철을 다루는 솜씨가 상당했을 것입니다. 이와 관련해 재미있는 일
화가 있습니다.

  원元나라가 멸망한 후에도 몽고족들은 한족들이 사용하는 조리도구를
경험해보았기 때문에 이것을 계속해서 사용하기를 원하였습니다. 그러나

철을 다루는 솜씨가 미치지 못해 명나라에서 솥을 수입해갈 수밖에 없었습니다. 그러나 철제 솥은 쉽게 녹여서 무기로 다시 만들 수도 있기 때문에 몽고족의 저의를 의심한 명나라 조정은 『대명회전大明會典』에서 이렇게 규정했습니다.

> 철솥과 황강철 제품 등이 유통되는 것은 모두 엄금한다. 시장은 대동진大同鎭에서만 연다. 시장은 해마다 한 번만 열고, 한 번에 이틀 이상 열 수 없다.[7]

이 법률 때문에 몽고족들은 철제 솥을 얻기 위해 무단히 애를 써야 했다고 합니다. 이 이야기는 명나라 사람들이 철제 솥을 주조하는 기술을 특화하고 있었음을 말해줍니다. 이런 기술이 있었기 때문에 용도에 따라 다양한 깊이와 크기, 형태로 솥을 만들어 사용할 수 있었습니다.

『천공개물』에는 부釜를 주조하는 장면도 그림으로 묘사되었습니다.

---

7   "鐵鍋幷硝黃鋼鐵俱行嚴禁, 市場定於大同鎭, 每年一市, 每市不過二日."

부釜를 주조하는 장면.(출처: 宋應星, 楊維增 譯註, 『天工開物』)

　　위의 그림을 보면 한 사람은 풀무질을 열심히 하고 있고 다른 한 사람
은 펄펄 끓어서 요동치는 쇳물을 도구에 받아내고 있습니다. 그림의 하단부
에 부釜의 주조틀이 보이는데 이곳에 쇳물을 붓기 위해서인 것 같습니다.

　　지금까지 그림에 반영된 고정형 조竈를 위주로 살펴보았습니다. 그런
데 명대에도 필요에 따라 화로를 병행해서 사용했습니다. 특히 황실에서
주도해서 만든 고급의 화로를 보면 상당히 이채롭습니다. 명나라 선덕제宣
德帝(1399~1435)는 향로를 완상하는 취미가 있었습니다. 마침 태국에서 홍동
紅銅을 들여왔는데 이것을 가지고 향로를 만들도록 하였습니다. 이 홍동으
로 3000개의 향로를 주조하면서 금과 은 등을 넣어 아름답게 장식했습니
다. 홍동의 한계가 있었기 때문에 그 뒤로는 이러한 향로를 더 만들지 못했
습니다. 말하자면 한정판인 셈입니다. 그 중, 선덕 3년에 주조된 동향로銅

香爐(타이베이고궁박물원 소장)가 유명합니다.[8] 물론 이것은 조리용 화로가 아니지만 형태를 비교하는 데에 참고하면 좋겠습니다.

선덕 3년에 주조된 동향로銅香爐.(타이베이고궁박물원 소장. 출처: 蘇生文, 『夜雨朱門: 圖說明代』)

이밖에 야외에서 사용하는 화로도 있습니다. 다음의 그림은 차를 끓이는 장면을 묘사했습니다. 우선 우측 상단에는 고정형 조竈가 묘사되어 있습니다.[9] 불을 활활 피운 모습입니다.

8   蘇生文, 『夜雨朱門: 圖說明代』, 北京: 商務印書館, 2016, 25쪽.

9   朱永明, 『中華圖像文化史·明代卷(下)』, 北京: 中國攝影出版社, 2017, 594쪽.

솥과 불로 찾아가는 중국 부엌의 역사

차 끓이는 과정.(출처: 朱永明, 『中華圖像文化史·明代卷(下)』)

그리고 앉아 있는 그림 속 주인의 옆으로 발이 세 개 달린 화로가 보입니다. 이 화로는 마치 주전자처럼 생겨서 연기가 빠지는 곳도 작게나마 안배되어 있고 내부가 방방하니 나무를 제법 넣을 수 있게 만들어졌습니다.

이와 유사한 차 화로의 모습은 명대 화가 구영仇英(1494?-1552)의 「죽원품고도竹院品古圖」에도 나옵니다. 시동은 세 발이 있는 화로 앞에서 부채를 들고 불을 지키고 있습니다. 화로의 열기가 어느 정도 있는 상태라 불구멍 밖으로 붉은 화기火氣가 나오고 있는 것이 묘사되어 있습니다. 초록빛 화로 위를 보면 흰빛을 띠는 용기가 있고 그 속에 주전자를 담가두었습니다. 아마 주전자가 화로의 강한 열을 직접 받지 않도록 중탕을 하는 장면을 묘사한 것이라 생각합니다. 시동 뒤에 있는 탁자 위에는 찻잔이 놓여 있어서 차가 다 끓여지고 나면 담을 참인 듯합니다. 문징명文徵明이 1549년에 그린 「진상재도眞賞齋圖」(상하이박물관에 소장)에도 차 끓이는 화로가 보이는데 비교해볼 만합니다.

구영仇英의 「죽원품고도竹院品古圖」 중 일부.(출처: 바이두百度)

명대 화가 문징명文徵明이 1549년에 그린 「진상재도眞賞齋圖」(상하이박물관에 소장)에 보이는 화로.(출처: 바이두百度)

　이러한 화로는 다른 글의 삽화에서도 확인할 수 있습니다. 명나라 말에서 청나라 초에 활동했던 이어李漁(1611~1680)의 경우 지금의 베이징北京·산시山西·산시陝西·간쑤甘肅·광둥廣東·푸젠福建 등을 유람하며 각지의 음식과 식재료를 경험하였고, 권귀權貴의 집안에서 대접받으며 여러 가정의 다

솥과 불로 찾아가는 중국 부엌의 역사

양한 음식을 맛보았습니다. 또한 육식을 천시하고 식재료 본연의 맛을 중시하는 등 음식에 대한 가치관도 명확한 사람이었습니다. 그의 이러한 경험을 반영한 『한정우기閑情偶寄』의 기록을 보면 그 레시피가 구체적이고 그 종류도 다양합니다. 예를 들어 '팔진면八珍麵'이라는 음식을 살펴보면, 닭고기, 생선, 새우를 장만하여 바싹 말려 준비하고 죽순, 깨, 산초 등은 함께 갈아 고운 분말로 만들어 면에 넣어 조리하도록 상세히 안내되어 있습니다.[10] 그 중 죽을 끓이는 것에 대한 자신의 생각을 이야기한 부분을 살펴보겠습니다.

> 죽을 끓일 때 가장 큰 폐단은 위는 맑은 물이 뜨고 아래에는 풀같이 밥알이 엉기는 것으로서 풀죽 같기도 하고 고약 같기도 하게 만든 것이다. 이는 불조절을 고르게 하지 못했기 때문인데 가장 졸렬하고 가장 어리석은 자들이 이런 경우를 만든다. 조금이라도 불을 땔 줄 아는 자라면 반드시 이러한 일은 없어야 한다.[11]

상당히 강한 어조로 죽을 만들 때 생길 수 있는 가장 좋지 않은 예에 대해 이야기하였습니다. 특히 위에는 맑은 갱물이 뜨고 아래에는 밥알들이 풀죽같이 엉긴 죽은 불 조절을 잘못해서 만든 것이라면서 조금이라도 능력이 있다면 이런 죽은 끓여서는 안 된다고 말하고 있습니다. 역시 불을 다루는 기술이 얼마나 중요한지를 강조한 부분입니다. 아래의 그림은 해당

---

10   李漁 撰, 陳如江·汪政 譯註, 『閑情偶寄』, 北京: 人民文學出版社, 2017, 326쪽.

11   "粥之大病, 在上淸下淀, 如糊如膏. 此火候不均之故, 惟最拙最笨者有之, 稍能炊爨者, 必無是事."

책에서 죽을 끓이는 장면에 맞추어 제시한 삽화입니다.[12] 화로 옆에 한쪽
무릎을 꿇고 앉아 입으로 후후 불어 불길을 돋우며 죽을 끓이고 있습니다.
그 모습만 보아도 조심스럽고 정성스러운 마음가짐이 보입니다.

삽화에 보이는 죽 끓이는 화로.
(출처: 李漁 撰, 陳如江·汪政 譯註, 『閑情偶寄』)

가옥에서 목욕을 할 때 물을 데우는 용도로 사용하는 화로 그림도 있습
니다.[13] 나무를 땔 때 물을 데우는데 화로의 크기가 작지 않습니다. 이는 명대

---

12   李漁 撰, 陳如江 · 汪政 譯註, 『閑情偶寄』, 北京: 人民文學出版社, 2017, 326쪽.

13   朱永明, 『中華圖像文化史 · 明代卷(上)』, 北京: 中國攝影出版社, 2017, 349쪽.

솥과 불로 찾아가는 중국 부엌의 역사

에 출간된 『본초품휘정요本草品彙精要』의 삽화로서 양생을 위해 목욕하는 장면이 묘사되었습니다.

목욕물 데우는 화로.(출처: 朱永明, 『中華圖像文化史·明代卷(上)』)

광번鄺璠(1465~1505)이 만력萬曆 연간(1522~1566)에 출간한 『편민도찬便民圖纂』에는 누에고치에서 실을 뽑는 장면을 묘사한 삽화가 있습니다.[14] 한 여성이 조竈에 불을 피우고 그 위에 용기를 얹어 누에고치를 넣어 두었습니다. 누에고치 실을 뽑기 위해서는 뜨거운 물에 담가서 불린 다음에 섬유 가닥을 뽑아내야 하는데 그 과정을 진행하는 모습인 것 같습니다. 저는 몇 년 전에 경주전통명주전시관에서 실 뽑는 시연을 본 적이 있었습니다. 당시 장인들은 전기밥솥에 누에고치를 넣어 불리고 있었는데 아마 그와 같은 과정이 아닐까요.

---

14   鄺璠, 石聲漢·康成懿 校注, 『便民圖纂』, 北京: 中華書局, 2021, 25쪽.

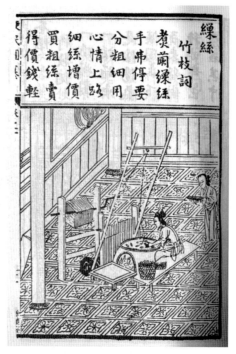

『편민도찬』에 실린 누에고치에서 실을 뽑는 장면.
(출처: 鄺璠, 石聲漢·康成懿 校注, 『便民圖纂』)

이런 삽화뿐만 아니라 주방에서 음식을 만드는 과정을 설명한 기록을 보면 주방의 모습과 주방에서 사용하는 도구를 유추할 수 있습니다. 명대의 식보食譜를 대표하는 『준팔생전遵生八箋』 중 일부를 보겠습니다.

[당로 만드는 법—보통 첨식을 만들 때에는 먼저 당로를 만드는데 이것은 궁궐의 비법이다--] 백당 10근—혹은 분량을 임의대로 할 수도 있는데, 여기에서는 열 근에 대한 비율이다—의 경우, 이동식 조[行竈]에 대과大鍋를 걸고 먼저 차가운 물 두 국자 반을 넣는데, 만약

솥과 불로 찾아가는 중국 부엌의 역사

에 국자가 작아서 당이 더 많을 경우 과鍋에 어림잡아 물을 보태고, 나무주걱으로 저어가며 부수는데 약한 불에서 한 번 끓으면 우유에 별도의 물 두 국자를 알맞게 넣은 후 그것을 붓는다. 만약에 우유가 없다면 계란 흰 자에 물을 알맞게 넣어도 된다. 단, 끓어오르기 시작하는 즉시 땔감을 뽑아내어서 불을 끈 후, 과鍋를 덮고 한 식경 정도 밀폐해두었다가 과鍋를 열고 아궁이 한쪽에 불을 때서 한쪽이 끓어오르기를 기다리는데, 다만 끓어오르면 즉시 (우유나 계란 흰 자를 물에 섞은 것) 타도록 한다. 수차례 끓어오를 때마다 이와 같이 그것을 타면, 당의 거품들이 한쪽에 생기게 되는데 건지개로 거품을 걷어낸다. 과鍋 가장자리 쪽에 끓어오를 때 묻은 거품들은 타버릴 수 있으니 솔을 미리 만들어놓은 (우유나 계란 흰 자와 섞은) 물에 담가놓았다가 자주 솔질한다. 두 번째로 다시 끓어오른 거품들은 한쪽에 모이는데 건지개로 건져낸다. 세 번째로 센 불을 사용하는데 물을 끓어오르는 곳에 부어서 거품과 우유가 한 쪽에서 끓도록 하며, 한 식경 뒤에 모으는데 거품을 깨끗하게 걷어내되 검은 거품은 다 걷어내고 흰 거품만 보여야 비로소 좋다고 하겠다. 깨끗한 면포로 여과해 병에 넣는다……[15]

이 조리법을 보면 후식을 만드는 데에 기본으로 들어가야 하는 당로를

---

[15] "起糖滷法--凡做甜食, 先起糖滷, 此內府秘方也--. 白糖十斤--或多少任意, 今以十斤爲率--, 用行竈安大鍋, 先用凉水二杓半, 若杓小糖多, 斟酌加水在鍋內, 用木爬攪碎, 微火一滾, 用牛乳另調水二杓點之. 如無牛乳, 雞子淸調水亦可. 但滾起卽點, 却抽柴息火, 盖鍋悶一頓飯時, 揭開鍋將竈內一邊燒火, 待一邊滾, 但滾卽點. 數滾如此點之, 糖內泥泡沫滾在一邊, 將漏杓撈出泥泡. 鍋邊滾的沫子又恐焦了, 將刷兒蘸前調的水頻刷. 第二次再滾的泥泡聚在一邊, 將漏杓撈出. 第三次用緊火將白水點滾處, 沫子·牛乳滾在一邊, 聚一頓飯時, 沫子撈得乾淨, 黑沫去盡白花見方好. 用淨綿布濾過入瓶.……"(정세진, 「『中饋錄』 역주」, 『중국산문연구집간』 Vol.11, 2021, 234쪽)

만드는 방법이 상세하게 설명되어 있습니다. 아주 세심하게 불 조절을 하면서 재료가 타버리지 않도록 주의를 주고 있습니다. 여기에서 사용하는 불은 이동식 조[行竈]의 불이며, 사용하는 조리도구는 대과大鍋입니다.

『편민도찬便民圖纂』에는 주방과 조竈에 대한 각종 금기나 주의하거나 시행해야 할 내용이 기록되어 있습니다.

> 6월: 6일 새벽, 정화수를 떠서 물에 백염을 탄 다음, 새 과鍋를 사용해 달여서 다시 소금을 만든다. 매일 아침에 이 소금으로 이를 닦되 다 닦고 나서는 물로 헹궈 손바닥에 뱉은 다음 눈을 씻는다. 매일 이렇게 하면 비록 늙어서도 등불 아래에서 글씨를 쓸 수 있을 것이다.[16]

위의 인용문을 보면 치아와 눈의 건강을 위해서 소금을 활용하는 부분이 있습니다. 소금을 물에 풀어 끓여서 증발시킨 다음 다시 소금으로 만들 때 반드시 '새 과鍋'를 사용해야 한다고 설명했습니다. 아마도 조리하면서 양념이나 기름이 밴 과鍋로는 깨끗한 소금을 다시 만들기가 어려웠을 것입니다.

---

16 "六月: 六日淸晨, 浸井花水, 以白鹽淘於水中, 用新鍋還煎作鹽, 每早以此鹽擦牙, 畢, 却以水嗽吐于手心洗眼, 日日如此, 雖老猶能燈下寫書."(鄺璠, 石聲漢·康成懿 校注, 『便民圖纂』, 北京: 中華書局, 2021, 90쪽)

2) 명대의 황실 주방

　민간의 주방과 조리사에 대한 기록은 부족하지만 황실의 주방과 그에
서 일한 조리사들이 어떻게 활동했는지에 대해서는 조금이나마 기록이 남
아있습니다. 명나라 때 광록시光禄寺는 궁중의 연회를 전문적으로 처리했
는데 황제가 먹는 음식을 관리하는 것이 가장 중요한 임무였습니다. 그밖
에 황태후, 비빈, 문무관원과 태감 및 궁녀 등의 식사 역시 그들이 책임졌
습니다.

　그렇다면 광록시에서 일하려면 어떤 요건을 갖추어야 했을까요. 조리
사는 예부禮部에서 선발했는데 우선 광록시에서 모집 인원, 요건 등을 정
하여 전국에서 조리사 지망생들을 모집했습니다. 이 중에서 사람을 선발
하지만 신원조사, 즉 범죄자를 걸러내는 것이 예부의 소관이었습니다. 예
부에서 1차 관문을 통과하고 나면 광록시로 가서 각자의 역할을 맡았습니
다.[17] 명대 광록시에서 일했던 조리사[주역廚役]들의 숫자에 대한 연구가 있
으니 살펴보겠습니다.[18]

연도	인원
洪武 연간	800
宣德 초	9462

17　趙中男, 『明代宮廷典制史』, 紫禁城出版社, 2010, 560~563쪽.
18　이 표는 趙中男의 『明代宮廷典制史』(紫禁城出版社, 2010, 564쪽) 중에서 일부 내용을 발췌한
　　것이다.

宣德 9년(1434)	6400
宣德 10년(1435)	5000
正統 4년(1439)	5380
正統 7년(1442)	6384
成化 11년(1475)	6884
成化 23년(1487)	7884
弘治 2년(1489)	6884
正德 6년(1511)	6884
嘉靖 8년(1529)	5804
嘉靖 9년(1530)	4000
嘉靖 16년(1537)	4193
嘉靖 34년(1555)	3860
嘉靖 말년	3600
隆慶 원년(1567)	3400

시기 별로 인원의 차이가 있긴 하지만 개국 초를 제외하고는 3000명이 넘는 인원이 궁궐에서 음식을 만들었음을 알 수 있습니다.

한편 광록시 만큼은 아니지만 제사를 전문적으로 관장했던 태상시太常寺의 경우, 홍치弘治 5년(1492)에 1500명이 종사할 만큼 상당히 많은 조리사가 일했습니다.[19] 그러므로 광록시와 태상시의 조리사들을 합하면 5000명 이상의 조리사들이 궁중에서 일했습니다.

한편 황제의 음식 조리 담당 부서는 '상선감尙膳監'이었습니다. 심덕부

---

19   趙中男, 『明代宮廷典制史』, 紫禁城出版社, 2010, 570쪽.

솥과 불로 찾아가는 중국 부엌의 역사

沈德符의 『만력야획편萬曆野獲編』을 보면 "음식 잘하는 자를 상등으로 삼는다. 또한 그 재주의 고하에 따라 가치를 높고 낮게 매기는데 그 임금이 높은 자는 매달 은 네, 댓 냥을 받는다."라고 했습니다. 당시 소박한 집 한 채 가격이 50냥, 1냥이 약 1000위안(2022년 기준으로 한화 약 18만원)이라고 한다면 상등 조리사의 임금은 상당히 높은 편이었다고 생각됩니다.[20]

이들이 올리는 음식 중 가장 신경 써야 할 부분은 황제에게 올린 음식이었습니다. 물론 황제 개인의 식습관과 기호를 고려해서 음식을 준비했지만 당시에 차려진 음식을 살펴보면 특히 계절감을 중시했습니다. 『남광록시지南京光祿寺志』 권2의 「선수膳羞」 부분 중, 홍무洪武 17년(1384) 6월의 아침식사 내용을 먼저 살펴보겠습니다.[21]

조선무膳: 양육초羊肉炒, 전란타제아煎爛拖薑鵝, 저육초황채豬肉炒黃菜, 소고삽청즙素熇插淸汁, 증저제두蒸豬蹄肚, 양숙전선어兩熟煎鮮魚, 노박육爐博肉, 산자면算子面, 찬계연탈탕攛雞軟脫湯, 향미반香米飯, 두탕豆湯, 포차泡茶.

조리법이 기록된 것이 아니기 때문에 글자로 음식을 유추해내는 수밖에 없습니다. 그런데 당시에도 양고기 볶음[양육초羊肉炒]의 볶기[초炒], 거위고기를 지져서 익힌 음식[전란타제아煎爛拖薑鵝]의 지지기[전煎]처럼 음식 이름에 조리방식이 반영되어 있어서 어떤 조리 기술을 사용했는지 확인할 수 있습니다.

---

20   程子襟, 『天子的食單』, 北京: 故宮出版社, 2016, 35쪽.

21   趙中男, 『明代宮廷典制史』, 紫禁城出版社, 2010, 581쪽.

같은날 점심에는 다음과 같은 음식이 올랐습니다.

> 오선午膳: 호초초선하胡椒醋鮮蝦, 소아燒鵝, 분양두제墳羊頭蹄, 아육
> 파자鵝肉巴子, 함시개말양두반鹹豉芥末羊肚盤, 산초백혈탕蒜醋白血湯,
> 오미증계五味蒸雞, 원즙양골두元汁羊骨頭, 호랄초요자糊辣醋腰子, 증선
> 어蒸鮮魚, 오미증면근五味蒸麵筋, 양육수정교아羊肉水晶餃兒, 사아분탕
> 絲鵝粉湯, 삼선탕三鮮湯, 녹두기자면綠豆棋子麵, 초말양육椒末羊肉, 향미
> 반香米飯, 산락蒜酪, 두탕豆湯, 포차泡茶.

여기에서도 거위 구이[소아燒鵝]의 구이[소燒], 다섯 가지 조미료를 넣어 찐 닭[오미증계五味蒸雞]의 찌기[증蒸], 다섯 가지 조미료를 넣은 밀 글루텐 찜[오미증면근五味蒸麵筋]의 찌기[증蒸] 등을 통해 당시에 활용한 조리 기술을 확인할 수 있습니다.

황제의 식단은 개국 초기에는 검박한 분위기였지만 후대로 갈수록 사치스러워졌습니다. 육류의 경우에도 위에서 보이는 것처럼 닭, 오리, 돼지고기 등을 주로 사용했지만 후대로 가면 이보다 더한 산해진미가 올려졌다고 합니다.

명대의 황궁 주방은 청나라가 세워진 이후에 어차선방御茶膳房으로 흡수되며 황궁 주방에서 일하던 조리사들은 청나라 주방으로 들어가 음식을 만들었습니다. 그 이야기는 청대 부분에서 이어나가겠습니다.

솥과 불로 찾아가는 중국 부엌의 역사

청

—궁궐과 민가의 주방

1) 궁중의 솥과 불

강희제 때 중국에서 선교사로 활동했던 바이진白晉(부베Bouvet, 1656~1730)의 증언에 따르면 양심전養心殿과 연결된 공간이 바로 명나라 때부터 사용되었던 황실 주방이었다고 합니다. 양심전은 자금성紫禁城 건청궁乾淸宮의 서쪽에 있었습니다. 명明 태감太監 유약우劉若愚가 쓴 『작중지酌中志·대내규제기략大內規制紀略』에 다음과 같이 소개되어 있습니다.

> 월화문의 서쪽을 지나면 선주문膳厨门이라고 하는데 바로 준의문이다. 남쪽을 향해 세워진 것이 양심전이다. 앞에 동쪽으로 짝지은 건물이 리인재履仁齋이고 앞쪽으로 서쪽으로 짝지은 건물은 일덕헌이다. 뒤에 있는 전각은 함춘실이라고 하는데 동쪽을 융희관, 서쪽을 진상관이라고 한다. 전각 문 안쪽에 북쪽으로 향하고 있는 것은 사례감이 업무를 보는 당직방이다. 그 뒤에 일찍이 큰 방이 연결되어 융

도각 뒤쪽과 딱 붙어 있는데 선조 때부터 정해져 있던 궁중의 선방膳房이다.[1]

위에서 말한 명대의 '선방膳房'은 청대가 되면 궁중의 조리실인 '어차선방御茶膳房'으로 전승됩니다. 다만, 건륭제乾隆帝 때에 이르러 어차선방에 몇 차례 변화가 생겼습니다. 건륭乾隆 13년(1748)에는 전정동외고箭亭東外庫를 어차선방으로 바꾸었습니다. 뒤이어 건륭 15년에는 내우문內右門 안, 태감들이 음식을 준비하던 조리실을 바꾸어서 내선방內膳房을 만들고 거기에 훈국葷局·소국素局·점심국點心局·반국飯局·괘로국掛爐局·사방司房 등을 설치했습니다. 여기에 소속된 종사자들은 황제는 물론 비빈들의 일상식을 준비했습니다. 또한 외선방外膳房을 만들어 각종 연회 준비 및 당직 대신과 시위를 위한 음식 준비를 하게끔 했습니다. 또 건륭 47년(1782)에는 외선방을 경운문景運門 밖의 외선방과 합병하였습니다. 내선방의 일부 기구도 자리를 옮겼습니다. 이처럼 청나라 궁궐의 어차선방은 필요에 따라서 여러 차례 자리를 옮기거나 통합, 분리를 거치면서 황제와 그의 식구 및 신하들을 위한 조리실의 체계를 갖추어 나갔습니다.

---

1   "過月華門之西, 曰膳廚門, 即遵義門. 向南者曰養心殿. 前東配殿曰履仁齋, 前西配殿曰一德軒. 後殿曰涵春室, 東曰隆禧館, 西曰臻祥館. 殿門內向北者, 則司禮監掌印秉筆之值房也. 其後尙有大房一連, 緊靠隆道閣後, 祖制宮中膳房也."(劉暢,『北京紫禁城』, 北京: 淸華大學出版社, 2009, 226쪽)

솥과 불로 찾아가는 중국 부엌의 역사

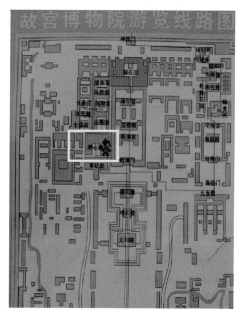

네모 표시된 곳이 자금성에서 양심전의 위치.

(출처: 바이두百度)

청나라 황제는 새해 첫날 송구영신 배례拜禮 의식 후에 쟈오즈餃子를 먹었습니다. 청나라 초기에는 새해 맞이하는 쟈오즈에는 고기를 넣지 않았습니다. 그것은 청 태조 누르하치(재위 1616~1626)의 명령 때문이었습니다. 그는 정권을 잡기까지 너무 많은 살상을 했다며 칸의 지위에 오른 해부터는 참회의 마음을 담아 새해에 처음 먹는 쟈오즈 만큼은 채소로만 소를 넣도록 명하였습니다. 황제는 행사를 끝낸 후 건청궁乾淸宮 왼쪽에 있는 소인전昭仁殿 곁의 작은 건물에서, 고기 대신에 비름, 원추리, 목이버섯, 두부 말린 것 등을 넣은 쟈오즈를 먹었습니다.

하지만 시간이 지날수록 살생을 참회하는 선조의 정신과 명령은 힘을

잃었습니다. 광서제光緖帝(재위 1875~1908) 때가 되면 고기소를 넣은 쟈오즈가 황제의 상에 오르게 됐습니다. 『청궁선식당清宮膳食檔』의 1885년 설날 기록을 보면 "황상께서는 양심전養心殿에서 삶은 쟈오즈를 드셨다. 처음에는 돼지고기 소를 넣은 것 12개, 다음으로는 돼지고기와 시금치 소를 넣은 것을 12개 잡수셨다."라 하였으니 결국 고기 쟈오즈가 채소 쟈오즈를 이긴 셈입니다.[2] 황제가 식사하는 장소는 연회일 경우 건청궁乾淸宮과 태화전太和殿, 제사 때에는 곤녕궁坤寧宮, 일상식의 경우 양심전養心殿, 중화궁重華宮 등이었습니다.[3]

어차선방은 차방茶房, 청차방清茶房, 선방膳房으로 나누어졌습니다. 대략 구분하자면 차를 관리하고 준비하는 부서와 일반 음식을 준비하는 부서가 나뉘어져 있었다는 의미입니다. 여기에 상선정尙膳正 3명, 상선부尙膳副 2명, 상차정尙茶正 2명, 상차부尙茶副 1명, 상선尙膳 12명, 상차尙茶 6명, 포장庖長 4명, 포인庖人 50명, 주역廚役 28명, 내선방 주역 67명, 외선방 주역 28명 등이 소속되어 일하였습니다. 이들 어차선방은 내무부內務府의 소속이었는데[4] 이와는 별도로 광록시光祿寺에서도 궁중 음식과 연회 관련 업무를 보면서 어차선방과 협력하여 일을 처리하였습니다. 청대의 광록시는 순치원년順治元年(1644)에 설치되어 예부禮部에 속해 있다가 강희3년(1664)에 예부에서 분리되어 나갔습니다.

이 어차선방은 역대 황실 조리실의 전통을 이은 것입니다. 수나라 초에

---

2   李舒 편저, 『皇上吃什麼』, 新北: 聯經出版社, 2019, 30~31쪽.

3   侯瑞秋, 「清代宮廷飲食禮俗初探」, 『滿族研究』, 2000年04期, 43쪽.

4   王亞, 「乾隆御膳房用瓷研究」, 景德鎮陶瓷學院 석사학위논문, 2013, 5~7쪽.

솥과 불로 찾아가는 중국 부엌의 역사

는 상식국尙食局이 설치되어 음식을 관리하였습니다. 당唐나라 때에는 전중성殿中省에 속한 상식국이, 송대에도 역시 전중성의 상식국이 황실의 음식을 담당했습니다. 금金과 원元대에는 선휘원宣徽院에 속한 상식국이 설치되었습니다. 명明나라 때에는 상선감尙膳監, 광록시, 상식국이 함께 궁궐의 음식을 맡았습니다.

청나라 어차선방의 조리사 구성원들 중에는 진한군기인陳漢軍旗人이 많았습니다. 이들은 후금시대와 청나라 초에 팔기군에 들어온 요동한족遼東漢族들이었습니다. 이들은 각기 담당하는 음식과 조리 과정에 따라 전문적이고 세분된 업무를 맡았습니다. 예를 들어 홍안紅案이라고 불리는 부문에서는 고기, 생선, 알류 등을 요리하는데 이런 조리사들은 1급으로 취급되었습니다. 그 아래에 굽기, 튀기기, 끓이기, 데치기 등 조리 방법에 따라 2급에 해당하는 전문 인원이 배속되었습니다.[5] 특이한 것은 이들이 모두 각자의 화로를 따로 썼다는 점입니다. 예를 들어 닭고기를 조리하는 담당자가 사용하는 화로에서는 채소를 조리하지 않는 것과 같이 각 부문별로 불을 공유하는 일이 없었습니다. 이것이 음식의 교차 오염을 막고 조리의 전문성을 확보할 수 있는 수단이 되었을 것이라 짐작할 수는 있지만 여러 가지로 불편함을 발생시켰던 듯합니다. 전해지는 일화에 따르면 도광道光 황제(재위 1821~1850)가 어느날 갑자기 '편아탕片兒湯'을 먹고 싶다고 말했습니다. 편아탕은 밀가루 반죽을 약간 납작하게 펴서 끓이는 분식인데 어차선방에서는 "편아탕을 끓이는 담당 화로가 없어서 올리지 못합니다."라고 말했습니다. 아울러 이들은 "꼭 드시고 싶다면 저희가 계획을 잡아 예산을

5 　瀛生, 「隱藏深宮的御膳房」, 『世紀』, 2001年02期, 54쪽.

짜고 편아탕을 담당하는 화로를 만들겠나이다."라고 고하였다고 합니다.[6] 이처럼 불을 공유하지 않는 조직 형태로는 황제의 입맛과 변화하는 음식 유행에 융통성 있게 대처하지 못했을 것입니다.

하지만 어떤 이유에선지, 어느 때부터인지 조리 부문의 분업과 화로 사용의 규칙은 변경되었습니다. 그래서 서태후西太后 때에 이르면 육류를 다루는 훈국葷局, 채소를 다루는 소국素局, 간식을 다루는 점심국點心局, 밥을 다루는 반국飯局, 각종 요리를 다루는 백합국百合局이 서로 협력해서 일하였고 조竈도 함께 사용했으며 주방용품과 주방 일꾼도 구분하지 않았다고 합니다. 청나라 말엽 환관들이 서태후를 모셨던 주방 사람들이 서로 협력하였을 뿐만 아니라 조리도구와 조수들도 구분 없이 사용하였다고 증언한 것이 이를 뒷받침합니다.[7]

청대 어차선방과 관련해 특기할 만한 것은 이곳에서 이루어지는 일들이 '당안檔案'에 기록되었다는 점입니다. 당안은 옹정雍正 시기부터 시작된 후, 빠짐없이 기록되어 지금 남아 있는 당안 목록은 5347건, 정리한 책으로는 85책에 달합니다. 그중에는 황제가 먹는, 매일 4번의 식사와 간식, 식사 때 사용한 찬기, 조리사의 이름 등이 모두 기록되었는데 이러한 당안을 음식과 관련된 것이라 하여 『선단膳單』이라고 불렀습니다. 예를 들어 『성경절차조상선저당盛京節次照常膳底檔』을 보면 건륭제가 심양瀋陽의 보극궁保極宮에서 한족 출신 조리사가 만든 닭·오리·사슴·돼지·양의 고기와 시금치·아욱 등의 채소로 만든 음식을 저녁 식사로 즐겼음을 알 수 있습니다.

---

6   瀛生, 「隱藏深宮的御膳房」, 『世紀』, 2001年02期, 54쪽.

7   신슈밍·쥐위안보 엮음, 주수련 역, 『자금성, 최후의 환관들』, 파주: 글항아리, 2013.

솥과 불로 찾아가는 중국 부엌의 역사

또한 황태후 이하 궁중 인물들의 식사 및 사연賜宴 관련 기록인 『행문저당行文底檔』도 남아 있습니다.[8] 음식 관련 당안 중에서 건륭제 때의 기록인 『절차조상선저당節次照常膳底檔』은 5권의 영인본이 출간되어 있고 『청궁양주어당淸宮揚州御檔』은 전자자료로, 『진소채저당進小菜底檔』은 다른 도서에 인용된 상태로 열람할 수 있어 비교적 접근이 용이합니다.

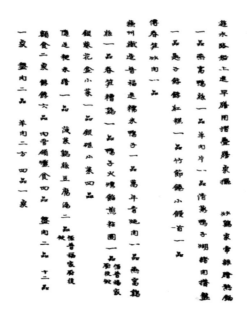

청대 당안의 예시. 건륭제가 남순南巡했을 때 먹었던 음식, 그 음식을 담당한 조리사까지 기록되어 있다.

8   鄭南, 「從『御茶膳房』檔案看慈禧時代的宮廷飮食」, 『社會科學戰線』, 2009年第07期, 267쪽.

청대 황제는 하루 네 번 규칙적으로 식사했습니다. 조점早點은 기상 후 오전 5시쯤 이루어지는 간단한 식사이고, 조선早膳은 묘시卯時에 올리는 식사, 만선晩膳은 미시未時에 올리는 식사, 만점晩點은 저녁 6시 전후에 올려지는 간단한 식사였습니다. 『양길재총록養吉齋叢錄』에 따르면 건륭제가 수도를 떠나 강남 지역까지 순행하는 길에도 이러한 규칙적인 식사를 빠뜨리지 않았다고 합니다.

청나라의 여러 황제들이 미식가였지만 건륭제乾隆帝(재위: 1735~1796)는 청나라의 음식문화를 꽃피우게 했던 장본인이었습니다. 미식가였던 그는 정찬 때마다 40~50가지의 음식을 즐겼습니다.

건륭제가 1765년 2월 15일 묘시卯時에 먹은 음식에 대한 기록을 살펴보겠습니다. 당시 건륭제는 중국의 강남 지방을 순행 중이었는데, 그는 배 위에서 아침식사를 했습니다. 접고 펼 수 있는 이동식 식탁 위에 초계가상잡회열과炒鷄家常雜膾熱鍋, 연와압사燕窩鴨絲, 양육편羊肉片 등의 음식을 받았습니다. 즉 여러 재료를 넣어 볶은 가정식 닭요리, 실처럼 가늘게 찢은 오리고기가 들어간 제비집 요리, 양고기 편육 등의 음식이었습니다. 이 중 '초계가상잡회열과'라는 음식에는 '열과熱鍋'라는 단어가 들어 있습니다. 직역하면 '뜨거운 솥'이라는 뜻인데 가정식으로 여러 가지 재료를 넣어 볶은 닭고기를 2차 가열이 가능한 솥에 담아 내놓았다는 뜻이 됩니다. 다음의 사진에 보이는 용기가 바로 '열과'입니다. 식탁 위에서 음식을 따뜻하게, 혹은 살짝 익혀서 먹기 위해서 이러한 조리도구가 필요했던 것입니다. 이처럼 중국의 음식 이름에는 식재료, 조리 방식, 담아내는 용기가 반영되는 경우가 많습니다.

솥과 불로 찾아가는 중국 부엌의 역사

자기로 만든 열과熱鍋.(자료출처: 바이두百度)

건륭제乾隆帝(재위 1735~1795)와 관련된 일화 중 또 다른 것을 소개하면 다음과 같습니다. 그는 1765년 강남으로 남순南巡하였다가 수도로 돌아오는 도중에 산둥山東 지역에 들렀습니다. 당안檔案, 즉 청대의 기록에 따르면 그때가 4월 10일이었습니다. 그 지역의 관원은 건륭제에게 햇밀로 만든 '녠촨碾轉'을 바쳤습니다. 녠촨은 햇밀이 살짝 덜 익은, 딱 그때에만 만들어 먹을 수 있습니다. 완전히 익지 않아 수분이 많고 초록색인 밀알의 껍질만 벗기고 센 불에 덖습니다. 수분이 적당히 날아가면 살짝 말려서 맷돌에서 빻습니다. 맷돌을 돌리면 밀알의 섬유질이 엉겨 초록빛 국수 같은 밀이 배배 꼬여 빠져나옵니다. 이것을 계란 등의 부재료와 함께 센 불에 볶거나, 혹은 마늘·고춧가루·참기름·식초·땅콩 간 것과 함께 무쳐 먹습니다.[9] 원래 우리나라의 보릿고개처럼 밀이 익기 전에 너무 배가 고플 때, 하는 수 없

9   녠촨의 레시피는 다오라이찬메이稻來傳媒와 텐센트비디오가 공동 제작한 중국의 미식 다큐멘터리 「풍미인간風味人間」에 소개된 조리법임을 밝혀둔다.

이 덜 익은 밀이라도 거두어 조리해 먹는 비상식량이었지만 건륭제는 이 음식을 먹고 「녠좐碾轉」 시까지 지었습니다. 그는 "기름진 옥식도 사양하였건만, 이 같은 농가의 미식을 아끼노라."[10]라고 말합니다. 이는 건륭제가 본디 낯선 음식에 거부감이 없는 사람이었고 또 계절감을 잘 느낄 수 있게 하는 음식을 좋아하였기 때문이기도 했을 것이며 백성들이 가장 고달픈 시기에 먹는 음식이라고 하니 차마 마다하기 어려워서였을 것입니다. 여담이지만 건륭제는 겨울부터 봄까지는 훠궈火鍋를, 음력 6월부터 8월에 이르는 기간에는 연근 요리를, 겨울에는 사슴고기 요리를 식단에 넣도록 하는 등, 제철 음식을 무척 좋아했다고 합니다.[11]

건륭제와 달리 먹는 것에 극도로 인색했던 황제도 있었습니다. 치세는 못하지만 근검절약 정신은 누구보다 뛰어났던 도광제道光帝(재위 1820~1850)입니다. 그는 궁궐에서의 식비 비중을 낮추기 위하여 태후, 황제, 황후 이외의 신분은 명절이 아니면 고기를 먹을 수 없게 했습니다. 그 자신도 솔선수범하여 삼복더위에도 수박을 금지하며 음식에 드는 돈을 아꼈습니다. 그가 유일하게 끊지 못한 사치라면 끼니마다 계란부침 만큼은 포기하지 않았다는 것입니다.[12] 하지만 그는 이 계란값도 아까워서 닭을 직접 길러야겠다며 결심하곤 했답니다.

황제의 취향이 곧 어차선방의 조리사들이 다루는 식재료와 조리하는 음식을 결정지었습니다. 예를 들어 서태후는 생 가지와 생 오이를 먹지 않

---

10   "縱遜玉食腴, 愛此田家美."
11   李舒 편저, 『皇上吃什麼』, 新北: 聯經出版社, 2019, 20~23쪽.
12   李舒 편저, 『皇上吃什麼』, 新北: 聯經出版社, 2019, 80~81쪽.

았습니다. 그러자 당시 어차선방에서 이 두 가지 채소를 식재료로 사용하지 않았습니다.[13]

음식에 있어서 사치를 부린 사람으로서 둘째 가라면 서러울 서태후는 무엇을 먹었을까요. 그가 먹은 음식도 당안에 기록되어 있습니다. 광서光緖 21년 정월에 먹은 식단을 소개합니다.

> 晚膳一桌: 火鍋兩品(野意鍋子, 蘋果燉羊肉), 大碗菜四品(燕窩'江'字海參爛鴨子, 燕窩'山'字, 口蘑肥雞, 燕窩'萬'字鍋燒鴨子, 燕窩'代'字什錦雞絲), 懷碗菜四品(燕窩金銀鴨子, 山雞如意卷, 大炒肉燉榆蘑, 荸薺蜜制火腿), 碟菜六品(燕窩炒爐鴨絲, 炸八件, 煎鮮蝦餅, 青韭炒肉, 青筍晾肉胚, 熏肘子), 片盤二品(掛爐鴨子, 掛爐豬), 餑餑四品(白糖油糕, 苜蓿糕, 蘋果饅首, 如意卷), 燕窩八鮮湯.[14]

사실 이에 나열한 음식들 가운데 이름으로 유추할 수 있는 음식도 있지만 입증하기는 어렵습니다. 다만 음식의 이름에 '과鍋'가 들어간 것이 많다는 것만은 확실합니다. 청대 궁중에서 유행했던 화과火鍋나 열과熱鍋 등은 모두 음식을 담는 용기가 음식 이름에 반영된 경우입니다. 이러한 그릇 중 '은해당식일품과錫海棠式一品鍋'는 다음과 같이 생겼습니다.

---

13   瀛生, 「隱藏深宮的御膳房」, 『世紀』, 2001年02期, 54쪽.

14   鄭南, 「從『御茶膳房』檔案看慈禧時代的宮廷飲食」, 『社會科學戰線』, 2009年第07期, 268쪽.

은해당식일품과錫海棠式一品鍋.(고궁박물원 소장. 출처: 周丹明·沙佩智,
「蘇州菜與淸宮御膳」)

　　고궁박물원에 소장된 은해당식일품과錫海棠式一品鍋입니다.[15] 이는 지금
우리가 알고 있는 바로 그 훠궈火鍋를 해 먹는 도구입니다. 아래에는 숯을
넣을 수 있는 받침이 있고 그 위에 닭, 오리, 휘퇴이火腿, 버섯, 생선살 등의
재료를 넣어 익혀서 먹는 과鍋가 있습니다. 또 이 도구의 이름에 들어가는
'일품一品'은 음식 종류를 셀 때의 '일품'이 아니고 가장 높은 수준, 계급을
나타낸다고 보면 됩니다.

　　'은타원과銀橢圓鍋'라는 것도 소개합니다. 은타원과銀橢圓鍋는 아래에
연료를 넣을 수 있는 곳이 보입니다. 또 몸체 양쪽에 고리가 있어 이동하기
에도 편리합니다.[16]

15　周丹明·沙佩智, 「蘇州菜與淸宮御膳」, 『紫禁城』, 2015年第02期, 54쪽.
16　周丹明·沙佩智, 「蘇州菜與淸宮御膳」, 『紫禁城』, 2015年第02期, 63쪽.

　　　　　　　　　　　　　　　　솥과 불로 찾아가는 중국 부엌의 역사

은타원과원鍋銀橢圓鍋.(고궁박물원 소장. 출처: 周丹明·沙佩智, 「蘇州菜
與淸宮御膳」)

청대 궁중 음식은 무슨 요리이든 해당 식재료로 농축한 탕을 만들어서
사용했다는 특징이 있습니다. 예를 들어 닭고기와 동과冬瓜가 들어간 음
식을 만들 때에는 닭을 끓여서 만든 농축 국물, 동과를 끓여서 만든 국물
을 만들어서 해당 요리에 넣었습니다. 맛과 향을 배가하고자 함입니다. 소
스로는 백당白糖을 빙당氷糖에 넣은 후 끓여서 색을 낸, 캐러멜소스와 유사
한 소스를 사용했습니다. 사용하는 기름도 매우 다양했습니다. 동물성 기
름, 즉 돼지고기 기름, 양고기 기름, 소고기 기름 등을 모두 사용했고, 식물
성 기름의 경우 참기름에 들기름[소자유蘇子油]을 섞어서 불 위에서 장시
간 찌고 냉각시켰다가 약한 불에서 고아서 유백색을 띠게 되면 사용했다
고 합니다.[17] 작은 재료 하나하나 정성을 다해 준비했던 것입니다.

어차선방의 연료는 목탄이나 나무 땔감이었습니다. 그렇다면 이러한

---

17   瀛生, 「隱藏深宮的御膳房」, 『世紀』, 2001年02期, 55쪽.

땔감을 넣는 조竈는 어떻게 생겼을까요. 옛 어차선방의 사진을 차례로 보겠습니다. 아래는 1920년대에 중화궁의 어차선방 내부를 찍은 것입니다.

중화궁 어차선방 내부.(출처: 周丹明, 沙佩智, 「蘇州菜與清宮御膳」)

이 사진은 청이 망하고 나서 1920년대에 찍은 어차선방 내부의 모습입니다.[18] 박락된 벽과 버려진 그릇 밑으로 장방형의 조竈가 보입니다. 긴 변 아래쪽으로 구멍이 보이는데 이곳이 아마도 연료를 넣는 불구멍일 것입니다. 사람이 살지 않으면 집은 금방 무너지게 되고 주방도 사용하지 않으면 금세 퇴락합니다. 그래서 사진 속 조竈의 모습도 정확하게 분간하기 어려울 정도로 망가졌습니다. 그래서 『북경풍속도보北京風俗圖譜』에 나오는 북경의 주방 내부와 이 사진을 대조해 보겠습니다.

---

18   周丹明, 沙佩智, 「蘇州菜與清宮御膳」, 『紫禁城』, 2015年第02期, 60쪽.

『북경풍속도보北京風俗圖譜』에 실린 식당 주방.

(출처: 內田道夫, 『北京風俗圖譜 1』)

　　『북경풍속도보北京風俗圖譜』에는 아래와 같은 설명이 있습니다. 풀이해 보면 조찬竈 아래의 아궁이에는 나무나 석탄을 넣어 불을 지피는데 화베이華北에는 석탄이 생산되기 때문에 그 지역에서는 무연탄 가루에 황토를 섞어 굴려서 '매구아煤球兒'라는 연료를 만든다고 합니다. 연료가 다 타고 나면 그을음을 긁어내고 매구아를 보태서 불을 때는데 불을 사용하지 않을 때면 (화안火眼 위에) 쇠로 만든 뚜껑을 덮어 둡니다. 불을 덮어놓고 나면 한동안 불이 올라오지 않기 때문에 식사 때를 놓치고 음식점에 가면 '불을 봉하여 (불을 피울 수 없기에) 조리를 할 수 없다'고 말하기도 했답니다.[19] 장방형의 구조에 넓고 평평한 조대竈臺, 불 넣는 구멍의 모습으로 어차선방의 조竈의 생김새를 유추할 수 있을 것 같습니다.

음식은 문화의 이식과 변화, 시대상의 변천을 잘 보여주는 표지가 됩니다. 양식洋食의 경우 서구 열강이 중국에 진출하면서 자연스럽게 중국에 소개되었습니다. 청나라 마지막 황제, 선통제宣統帝 푸이溥儀[20]는 1919년 3월부터 레지널드 존스턴Reginald Johnston으로부터 영어를 배웠습니다. 존스턴은 푸이에게 영어뿐만 아니라 서양의 음식 예절을 가르쳤습니다. 1923년 8월에 간행된 신문기사에 따르면 청나라 황실에서 서양음식을 전담하는 주방을 추가로 설치하였다는 내용이 보입니다. 이는 푸이가 서양음식을 주식처럼 가까이했기 때문입니다. 푸이는 전담 주방을 설치한 후에도 중국인이 서양음식을 만드는 것으로는 성이 차질 않아 서양인 조리사를 직접 고용하고, 서양음식을 제대로 즐기기 위하여 각종 은식기와 날붙이 취식도구를 갖추었습니다. 커피, 아이스크림, 샴페인 등의 기호식품까지 즐겼다고 하니 그의 서양음식 취향은 알아줄 만합니다.[21] 이 부분에서 우리는 음식의 변화를 통해 당시의 시대적 변화와 문화의 추이를 읽어낼 수 있습니다.

---

19   內田道夫, 『北京風俗圖譜 1』, 서울: 民俗苑, 1998, 122~123쪽.

20   신해혁명 이후에 활동한 인물들의 이름은 현대중국어 소리에 근거하여 표기하였다.

21   李舒 편저, 『皇上吃什麼』, 新北: 聯經出版社, 2019, 108~111쪽.

2) 다양한 민간의 조竈와 화로

청대 민간의 주방 모습은 이전 시기의 것과 별 차이가 없었다고 합니다. 장방형의 조竈에 2~3개의 화안火眼이 있고 그 위에 각종 조리도구와 찜기가 올려졌습니다. 조竈 근처에는 조왕竈王에게 가정의 발복을 비는 공간도 마련되었습니다.

아래 그림은 청대의 주방을 그린 것인데 앞에서 예시로 들었던 『북경풍속도보』의 주방 그림과 동일한 것이라 생각합니다. 다만 그림이 조금 더 선명하여 바이두百度의 이미지를 인용했습니다.

청대 주방의 모습.(출처: 바이두百度)

위의 그림을 부분별로 설명을 해보겠습니다.

그림	설명
	• 주방 벽에 걸려 있는 조리도구. • 나무 손잡이가 있고 몸체는 금속 소재라고 생각됨. • 지금의 '웍'과 상당히 유사한 형태임.
	• 벽에 걸려 있는 체. • 대나무 등으로 엮어서 만든 듯함.
	• 조竈 옆의 조리대. • 통나무 도마가 보임. • 그 곁에 양념통과 그릇이 보임.
	• 조리대 옆의 항아리. • 초나 장을 담는 작은 항아리들일 것임. • 가장 큰 항아리는 물을 담아놓는 용도일 것으로 생각됨.
	• 조竈 위의 찬장. • 각종 그릇이 포개져 있음.

솥과 불로 찾아가는 중국 부엌의 역사

- 불 앞에서 조리사가 센 불로 조리한 음식을 기울여서 따라내는 모습.
- 오른손에 국자를 들고 있음.
- 상당히 강한 화력을 사용하고 있음이 묘사됨.
- 조리사는 앞치마를 두르고 어깨에는 수건을 걸쳤음.
- 변발은 머리 주변에 둘러서 내려오지 않게 고정함.

- 조竈는 장방형이며 평평하면서 각을 잘 잡은 형태임.
- 조대竈臺 아래쪽은 살짝 단차를 두어서 멋을 냄.
- 불을 넣는 구멍은 바닥에 닿아 있고 부집게가 걸쳐 있음.
- 조竈의 체적이 상당하므로 땔감을 많이 넣을 수 있고 그만큼 강한 화력도 활용할 수 있을 것임.

- 별도로 설치된 화로 위에 올려진 2단 찜기.

- 조리할 때의 높이를 맞추기 위해 발받침을 두었음.

이 주방의 조찬竈를, 술을 증류하기 위해 만든 청대의 조찬竈[22]와 비교하면 좋겠습니다. 벽돌로 만든 조찬竈에 연료를 넣을 수 있는 구멍, 위에는 화안이 있는 것은 동일합니다. '이과두二鍋頭'가 술 이름이 될 수 있었던 것도 증류하는 솥과 관계되어 있습니다. 술을 증류해 나오기 시작하는 술을 '과두鍋頭'라고 부르는데 두 번째 솥[이과두二鍋頭], 즉 중간 단계에 증류되어 나오는 김을 냉각시켜 추출한 술이 곧 '이과두'입니다. 처음과 끝에 증류해서 나오는 것은 불순물이 있거나 맛이 좋지 않기 때문입니다. 그래서 이전에 중국에서는 술을 증류하는 것을 '솥에 불을 땐다는 뜻'으로 '소과燒鍋'라고 불렀습니다.

19세기 중엽에 그려진 외소화外銷畫로서 술을 증류하는 조찬竈를 묘사한 그림.(출처: 王次澄, 『大英圖書館特藏中國淸代外銷畫精華』 7권)

22   王次澄, 『大英圖書館特藏中國淸代外銷畫精華』 7권, 廣州: 廣東人民出版社, 2011, 78쪽.

솥과 불로 찾아가는 중국 부엌의 역사

타이완에는 광서光緖 연간에 지은 전통건축물이 창화현彰化縣에 있습니다. 영정여삼관永靖餘三館이라는 건물인데 여기에 있는 두 개의 주방은 방금 본 청대의 주방 모습과 다르지 않습니다.[23] 민남閩南 지역에서는 주방을 '조각간竈脚間'이라고 부르는데[24] 타이완에 남아 있는 '조각간'의 내부를 보면 역시 청대 주방의 모습과 다르지 않습니다. 2000년에 출간된 『북경민간풍속백도北京民間風俗百圖』에도 노점에서 사용하는 장방형 조竈의 모습이 묘사되었습니다. 즉석에서 묽은 반죽을 평평한 '당鐺' 위에 올린 다음, 대나무 도구로 돌려 얇게 구워내는 젠빙煎餠을 만드는 장면입니다.[25] 장방형의 조竈에 화안 하나, 그 위에 '당鐺'을 두었습니다. 당鐺은 면이 고르고 평평해서 음식을 얇게 지질 수 있습니다. 조대竈臺는 평평하고 넓은 편이라다 만든 젠빙을 곁에 쌓아놓을 수 있습니다. 또 노점 주인의 왼쪽에는 반죽을 넣은 항아리가 놓여 있습니다. 특히 그쪽은 조대竈臺의 단차를 달리했습니다. 그래서 항아리를 놓아도 조리하는 사람이 편하게 항아리 안의 반죽을 국자로 뜰 수 있는 높이로 딱 맞춰 두었습니다.

23   李乾朗·兪怡萍, 『古蹟入門』, 臺北: 遠流出版, 2018, 72~73쪽.

24   李乾朗, 『臺灣古建築圖解事典』, 臺北: 遠流出版, 2003, 62쪽.

25   書目文獻出版社 편, 『北京民間風俗百圖』, 北京: 書目文獻出版社, 2000, 80번째 그림.

젠빙煎餠을 만드는 노점.(출처: 書目文獻出版社 편, 『北京民間風俗百圖』)

또 다른 가게의 모습을 두 가지 보여 드리겠습니다.

그림	출처 및 설명
	• 書目文獻出版社 편, 『北京民間風俗百圖』, 北京: 書目文獻出版社, 2000, 69번째 그림. • 조竈 위에 진흙으로 돔 형태를 만들었음. 반죽한 병餅을 돔 내부의 철판 위에 올려서 순식간에 익힘.

솥과 불로 찾아가는 중국 부엌의 역사

- 청대 궁궐화가인 서양徐揚이 그린 「고
  소번화도姑蘇繁華圖」(1759년 완성)의 한
  장면.
- 각종 화로의 모습을 확인할 수 있음.
- 특히 만두饅頭 가게의 화로에는 찜기가
  층층으로 올려져 있음.

『북경풍속도보』에도 이동식 화로의 그림이 나오는데 이전 시대와 형태적 차이가 거의 없습니다. 바오즈包子를 판매하는 수레를 보면 이동식 수레 위에 찜바구니가 얹어져 있고 그 옆에서 피를 밀고 있는 사람의 모습이 묘사되어 있는데 화로의 형태는 위에서 본 것과 차이가 없습니다.[26]

청나라 때의 도자기 그림 속에 나오는 화로의 모습도 이와 비슷합니다. 역시 이전 시기와 마찬가지로 필요에 따라 조竈를 사용하기도, 또 화로를 활용하기도 한 것을 알 수 있습니다. 또 화로의 경우 크기, 사용 연료는 달라질 수 있지만 기본 형태는 거의 변함 없이 유지되었음도 발견할 수 있습니다.

---

26 內田道夫,『北京風俗圖譜 2』, 서울: 民俗苑, 1998, 12~13쪽.

그림	출처 및 설명
	• 18세기에 경덕진景德鎭에서 만든 인물도 필통 도자기 속 화로. • 시동이 부채질을 해서 화력을 키우고 있음. • 상하이박물관에서 직접 촬영.

그렇다면 가게 주방이 아니라 민가의 주방은 어떤 모습일까요. 북경의 사합원四合院은 청대를 대표하는 민가 형태입니다. 사합원에서 공간을 배치할 때 주방의 위치를 잘 잡는 것이 매우 중요했다고 합니다. 집안의 화복을 관장하는 공간이었기 때문입니다. 예를 들어 북쪽에 앉아 남쪽을 향하는 사합원은 대문이 남쪽에 뚫립니다. 그런데 복이 빠져나가지 않게 하기 위해서는 대문과 주방을 마주 보지 않도록 해야 합니다. 그래서 이런 경우에는 주방을 동쪽에 두었습니다.[27]

광서 23년(1897)에 지은 막씨장원莫氏莊園(쟈싱嘉興의 핑후시平湖市)의 모형을 보겠습니다. 대지주였던 막씨 집안의 집으로서 당시 부유한 가정의 민가 형태를 잘 보여준다고 합니다. 평면도를 보니 반듯한 대지 위에 침실,

---

27   王其鈞, 「中國傳統廚房研究」, 『南方建築』, 2011年06月, 22~23쪽.

서재, 사당, 중정, 정원을 구성했습니다. 그런데 규모가 상당한 이 집에 주방이 한 군데 설치되어 있습니다. 정원, 손님을 맞이하는 화청花廳 곁에 있습니다. 모형을 통해서 다른 건물 및 공간과의 차이를 느껴 보시길 바랍니다. 전체 규모에 비해 주방의 크기가 작은 편이고 큰 건물 사이에 끼어 있습니다. 과연 그 많은 식구들을 위해 이 한 곳에서 조리할 수 있었을지 궁금증이 생깁니다.

막씨장원莫氏莊園 모형.(출처: 자싱嘉興박물관에서 직접 촬영)

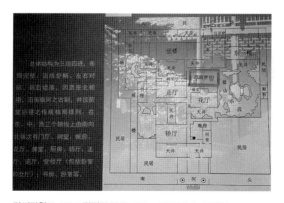

막씨장원莫氏莊園 평면도.(출처: 자싱嘉興박물관에서 직접 촬영)

막씨장원莫氏莊園 모형에서 주방의 위치.(출처: 쟈싱嘉興박
물관에서 직접 촬영)

　　이와 비교할 수 있도록 저장성 샤커우진峽口鎭 중헝가中橫街에 있는 민
가에서 주방의 위치를 보여드립니다.[28]

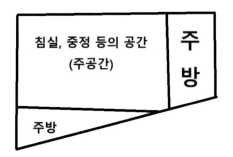

저장성 샤커우진峽口鎭 중헝가中橫街 청대 양식 건물
의 다주방 사례.

28　李秋香 외 3인, 『浙江民居』, 北京: 淸華大學出版社, 2010, 284쪽.

솥과 불로 찾아가는 중국 부엌의 역사

이는 1920년대에 지은 청대 양식 건물의 평면도입니다. 이 건축물을 보면 침실, 중정 등의 주공간 바깥으로 2개의 주방이 안배된 것을 볼 수 있습니다. 여기에서 두 가지 의문이 생깁니다. 이처럼 한 건물 안에 여러 개의 주방이 딸린 '다주방多廚房'의 사례는 제주도의 '안거리-밖거리가 있는 가옥'에서도 확인됩니다. 제주도에서는 혼인한 자녀들이 따로 음식을 조리하며 생활하도록 부엌을 여럿 배치하는데 이곳은 주방을 왜 여럿 두었을까요. 그리고 주방은 상징적인 의미에서도, 실생활에 있어서도 중요한 공간인데 주공간에 비해 비정형화된, 남은 땅에 배치한 것 같은 느낌이 드는 것은 왜일까요. 저쟝성의 주택에서 주방과 관련된 다음의 설명을 참고해 보겠습니다.

주방은 대부분 가옥의 주공간 내부에 위치하지 않으며, 삼합원이나 사합원의 경우 주방과 다른 보조 공간은 가옥의 주공간 외부에 건설되는데 주공간에 밀착되어 있으며, 단층에 한 면을 경사지게 지붕을 얹고 본 건물과 연결되는 문을 만든다. 주방이 차지하는 땅은 대부분 주공간을 제외한 부지의 불규칙한 부분이다. 따라서 그 형태도 종종 불규칙하다. 주방 등의 보조 공간을 주공간 외부에 건설하는 것은 가옥 자체의 완정한 구도와 깨끗한 환경을 유지하기 위한 것이다. 주방은 가족의 식사와 관련되어 있기에 위치가 매우 중요하며, 풍수 전문가가 길지를 선택한 후에 결정한다. 신예촌에서는 오늘날에도 페이궤이탕이 주방을 길지로 잘 선택했기 때문에 큰 재물을 얻었다는 이야기가 전해진다. 신예촌의 가옥 주방은 좀 작은 편인데 청당廳쁠 한 칸과 거의 같은 크기이거나 더 큰 정도이다. 장기 고용인과 단기 고용인이 있는 가정에서는 때때로 주방을 두 개 두기도 한다. 주방 면적의 크기는 주로 그것이 담당하는 기능에 따라 결정된다. 신예촌과 같이 상품경제가 덜 발달한 마을에서 주방이 담당하는 기능이 많다. 일상적인 요리뿐만 아니라 두부 만들기, 두부피 압착, 쌀 찧기, 술 양조, 절임 음식 만들기 등을 해야 한다. 명절 때는 또 녠가오를 만들고 찹쌀가루를 갈아야 한다. 그야말로 가정의 작업장인 것이다. 게다가 주방에서는 매일 돼지를 먹일 밥도 끓여야 한다. 일부 대지주의 집에서는 늘 장기고용인과 단기고용인을 고용하므로 식사하는 사람들의 수가 때로는 십몇 명에 이른다. 그래서 주방은 식당 역할을 겸하니 자연히 크거나 두 개로 나뉘어져 있어야 하는 것이다.[29]

이 설명을 보면 어느 정도 의문이 풀립니다. 주방은 중요한 공간이라 풍수장이를 불러서 자리를 잡을 만큼 그 위치, 방향이 중요합니다. 그러나 침실, 손님을 맞이하는 공간, 중정 등과 같이 주공간의 영역 및 구조를 완정하고 반듯하게 갖추기 위해서 주공간을 배치한 이후에 주방을 그 곁에 안배한다는 것입니다. 또 주방이 담당해야 하는 기능이 많을수록, 주방에

---

29 "廚房大多不建在住宅主體單元裏, 當一套三合院或四合院的單元建成後, 廚房及其他輔助房屋就蓋在主體建築之外, 緊貼主體住宅, 單層一面坡, 有門與主建築相通. 廚房所占之地, 大多是房基地上除去主體單元後所剩的不規則地段, 所以形狀往往不規則. 將廚房等輔助房屋建在住宅主體之外, 是爲了住宅本身保持一個完整的格局和整潔的環境. 廚房關系一家人的吃喝, 位置十分重要, 常要請風水師看吉向後選定. 新葉村至今還流傳著培桂堂一家因選好了廚房吉向, 發了大財的無稽的故事. 新葉村住宅中的廚房, 小一點的, 面積與廳堂一間差不多或更大. 使用長工·短工的人家, 廚房有時建兩個. 廚房面積大小主要是它的使用功能決定的. 在新葉村這類商品經濟不發達的鄉下, 廚房的功能很多. 除了日常做飯, 還要做豆腐·壓豆皮·舂米·釀水酒·醃鹹菜. 了年節時, 還要打年糕, 磨糯米粉. 簡直就是一個家庭作坊. 廚房還要天天煮大量的豬食. 一些地主人家, 常雇有長工·傭人. 吃飯的人口有時多達十幾人, 廚房兼作餐廳, 自然也要大些或分成兩處."(李秋香 외 3인, 『浙江民居』, 北京: 清華大學出版社, 2010, 91~92쪽)

솥과 불로 찾아가는 중국 부엌의 역사

서 식사를 많이 만들어야 할수록 주방의 면적이 커지거나, 혹은 그 개수가 늘어나게 된다는 설명입니다.

그렇다면 청대 민가 주방의 내부는 어떤 모습이었을까요. 중국의 일부 지역 민가에서는 청나라 때 주방의 모습을 이어받은 형태가 보이지만 정확하게 청대에 만들어진 주방의 내부 모습을 찾기는 상당히 어렵습니다. 청나라 화가인 임웅任熊(1823~1857, 저장성浙江省 출신)이 그린 사마상여司馬相如와 탁문군卓文君의 모습입니다. 그는 한나라 때의 인물도를 그렸습니다만 이 그림에 나타난 주방의 모습 중 일부는 청나라 때의 모습을 반영하고 있지 않을까요. 특히 그림 오른편에 한 모퉁이만 보이는, 벽돌로 쌓은 직육면체 조竈의 형태는 한나라의 조竈 명기와는 형태가 달라 보입니다.

임웅任熊의 인물도.(출처: 상하이박물관에서 직접 촬영)

이상에서 본 것처럼 청대에도 이전 시대의 솥과 불의 형태를 이어받았습니다. 그리고 여기에 사회문화적 함의를 담아냈습니다. 청대淸代의 밀주 금지법이 '소과燒鍋 금지법'[30], 즉 과鍋에 불을 때는 것을 금지하는 법이라 했던 것에서도 볼 수 있듯이 조리도구인 과鍋는 생활 속 문화를 상징하는 단어이자 삶의 중심 요소였습니다.

청대 원매袁枚는 『수지단須知單』에서 다음과 같이 말하였습니다.

> 음식을 익히는 법도에서 가장 중요한 것이 불 조절이다. 반드시 센 불이 있어야 하는 경우는 지지고 볶는 것으로, 불이 약하면 음식이 맛이 떨어진다. 반드시 약한 불이 있어야 하는 경우는 달이고 끓이는 것으로, 불이 세면 음식이 말라 버린다. 처음에 센 불을 쓰고 나중에 약한 불을 써야만 하는 경우는 육즙을 거두어야 하는 음식으로, 성급하게 다루면 겉은 마르고 속은 덜 익게 된다. …불을 꺼트려서 다시 익히면, 기름기가 빠지고 맛이 없어진다.[31]

불 조절이 음식에 있어서 얼마나 중요한지를 설명한 글입니다. 불 조절이 가능하려면 조竈의 불 조절이 가능해야 합니다. 청대 사람들은 고정형 조竈와 화로를 용도에 따라 달리 활용했습니다. 이러한 청대의 솥과 불은 그 이후 시대에까지 전수되어 지금도 중국의 일부 지역 민가에서 청대 주방의 모습을 확인할 수 있습니다. 이 부분은 다음 장에서 이어서 서술하겠습니다.

---

30 牛貫傑·王江,「論淸代燒鍋政策的演變」,『歷史檔案』, 2002年04期, 78쪽.

31 "熟物之法, 最重火候. 有須武火者, 煎炒是也, 火弱則物疲矣. 有須文火者, 煨煮是也, 火猛則物枯矣. 有先用武火而後用文火者, 收湯之物是也, 性急則皮焦而裏不熟矣. …火熄再燒, 則走油而味失."

　　　　　　　　솥과 불로 찾아가는 중국 부엌의 역사

근대 매체의 그림에 보이는
중국의 조竈, 로爐, 과鍋

1) 그림뉴스에 보이는 조竈, 로爐, 과鍋

근대에 발간된 중국의 여러 매체媒體에는 그림이 실려 있는 경우가 많았습니다. 예를 들어서 『점석재화보點石齋畵報』에 실린 그림 뉴스는 전쟁, 살인, 괴담 등, 다채로운 이야기를 세밀한 그림으로 묘사한 것들이었습니다. 그래서 다양한 계층의 사람들이 읽고 즐길 수 있었습니다.[1] 그런데 뜻밖에도 이러한 그림 뉴스에서 당시의 주방, 특히 조竈, 로爐의 모습을 발견할 수 있었습니다. 물론 사건을 재구성한 그림이라 사건 현장의 모습을 직접 취재한 것은 아닐 겁니다. 그러나 그 그림에는 그림을 그리는 사람의 머릿속에 있는 가장 전형적인 주방, 조竈, 로爐의 모습이 담겨 있습니다. 그렇다면 당시 일반인들이 이 공간과 사물을 연상할 때 가장 먼저 떠올릴 만한

---

1   문정진, 「중국 근대 상하이의 매체와 커뮤니케이션-19세기 말 『申報』, 『點石齋畵報』, 『時務報』를 중심으로」, 『中國現代文學』 Vol.56, 2011, 193쪽.

전형을 담고 있다고 간주할 수 있다고 생각합니다.

먼저 『청말민초보간도화집성속편淸末民初報刊圖畫集成續編』에 기재된 『천설화보淺說畫報』[2]의 그림부터 살펴보겠습니다.

『천설화보淺說畫報』에 묘사된 로爐.(출처: 國家圖書館分館 編, 『淸末民初報刊圖畫集成續編 1: 淺說畫報(壹)』)

이는 어느 불효자에 대한 뉴스였습니다.[3] 해당 그림은 어느 노파가 문을 열고 나오는 장면인데 그 발 바로 옆에 로爐가 보입니다. 적당한 간격으로 양쪽에 벽돌을 세 장 깔아서 바닥에서부터 간격을 띄운 이후에 매우 간

---

2   『천설화보』는 베이징北京에서 1911년에 창간된 그림 뉴스이다. 『淸末民初報刊圖畫集成續編』에 영인본으로 실려 있다. 그러나 이 영인본은 출간 당시 발간호, 발간일자를 잘라내고 영인했기 때문에 여기에서 인용한 그림 뉴스의 구체적인 시점은 밝히지 못하였다.

3   國家圖書館分館 編, 『淸末民初報刊圖畫集成續編 1: 淺說畫報(壹)』, 北京: 全國圖書館文獻縮微複製中心, 2003, 276쪽.

솥과 불로 찾아가는 중국 부엌의 역사

단한 형태의 로爐를 얹었습니다. 이 로爐는 높이는 다르지만 그 형태만큼
은 지금 중국의 인터넷에서 판매되고 있는 도기 재질의 흙 화로와도 닮았
습니다. 지금 판매되는 이 화로엔 구멍이 뚫린 동그란 판을 넣고 그 위에
숯을 넣은 후, 다시 그 위에 각종 조리도구를 얹을 수 있게 되어 있네요.[4]
신문에 실린 로爐의 연료가 무엇인지는 확인이 어렵지만 아래로 재가 빠지
게 되어 있다던가, 조리도구를 곧바로 얹을 수 있게 되어 있다던가, 이동이
가능한 모양을 취하고 있다는 점에서는 상당히 유사해 보입니다.

중국 인터넷에서 판매하고 있는 도토로陶
土爐.(출처: www.tmall.com)

도토로陶土爐의 내부 모습.
(출처: www.tmall.com)

다음으로 『도화일보圖畫日報』의 그림 뉴스를 소개합니다. 이 신문은 선
통宣統 원년(1909) 8월부터 1910년 10월까지 1년이 넘는 시간 동안 404호까

---

4   사진 출처: https://www.tmall.com/

지 발간된 매체입니다.[5] 여기에는 각종 분야의 사람들이 영업을 하는 모습이 묘사된 '영업사진營業寫眞'이라는 항목이 있었습니다. 여러 업종을 묘사하다 보니 그들이 사용하는 주방이나 도구들도 함께 묘사되어 있었습니다. 먼저 아가리가 넓은 조리도구인 확鑊을 수선하는 사람의 모습을 보겠습니다.[6] 수선하는 사람은 생철을 달구기 위해 불 기운을 돋우려고 열심히 풀무질을 하고 있고 그 옆에 아이가 기웃거리고 있습니다. 그 앞에 놓인 아가리가 넓고 깊이가 깊지 않으면서 검은색을 띠는 조리도구가 그가

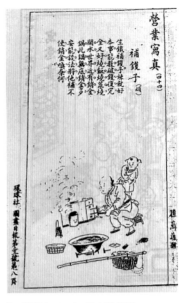

『도화일보圖畫日報』에 실린 확鑊.
(출처: 國家圖書館分館 編, 『淸末民初報刊圖畫集成續編 6: 圖畫日報(壹)』)

수선해야 할 확鑊인 듯합니다. 기사의 글을 보니 생철生鐵을 가지고서 확鑊을 잘 수선하고 나면 밥이나 요리도 하고 물도 끓일 수 있다고 쓰고 있네요. 당시에도 이런 형태의 조리도구는 확鑊이라고 지칭했음을 알려주는 그림이라고 하겠습니다.

5　『도화일보報』는 『청말민초보간도화집성속편淸末民初報刊圖畫集成續編』에 수록되어 있다. 그런데 이 영인본은 발간일을 확인할 수 없다. 출판사에서 호수와 발행일을 지운 상태로 영인했기 때문이다.(민정기, 「淸末 『도화일보(圖畫日報)』 연구」, 『中國文學』 Vol.52, 2007, 204쪽)

6　國家圖書館分館 編, 『淸末民初報刊圖畫集成續編 6: 圖畫日報(壹)』, 北京: 全國圖書館文獻縮微複製中心, 2003, 2549쪽.

솥과 불로 찾아가는 중국 부엌의 역사

위 그림의 풀무질하는 도구를 풍상風箱이라고 부릅니다. 나무로 직육면체 상자를 만드는데 내부에는 피스톤 역할을 하는 공간이 구성되어야 합니다. 쓰촨四川 지역의 전통 목풍상木風箱의 형체는 다음 그림과 같은데 위에서 수리를 하려고 사용하는 풍상과 전체적인 형태에는 차이가 없어 보입니다.[7]

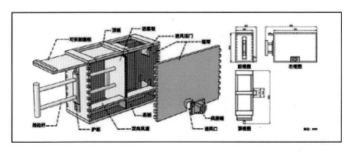

쓰촨四川 지역의 전통 목풍상木風箱.
(자료출처: 李宛馨·王崇東, 「四川傳統木風箱造物理念硏究及啟示」)

제가 2024년 1월에 뤄양의 디컹위안地坑園 관광단지에 들렀을 때 그곳에서 BB탄 사격장을 운영하는 할머니를 만났습니다. 카키색 군복 외투를 두껍게 입고 푸근하게 장사를 하고 계셨습니다. 그런데 저는 사격장보다 사격장 바로 옆에 있는 주방의 흔적을 보고 더 기뻐했습니다. 제가 흥미로워하자 할머니가 아직도 잘 움직인다며 풍상을 소개했습니다. 이 주방이 언제부터 있던 것인지 여쭙자 할머니는 "내가 1960년생인데 내가 태어났

7　자료출처: 李宛馨·王崇東, 「四川傳統木風箱造物理念硏究及啟示」, 『工業設計』, 2023年第03期, 158쪽.

을 때부터 이 주방이 지금 모습 그대로 있었고 지금도 내가 쓰고 있어."라고 대답하셨습니다. 물론 지금은 여기에서 음식을 만들지는 않지만 사료를 끓이는 등의 용도로 사용한다고 말이지요. 그러니 이 주방의 조竈와 풍상은 1960년대의 모습을 간직하고 있는 것입니다.

1960년대에 만들어진 주방.(출처: 뤄양에서 직접 촬영)

1960년대에 만들어진 주방에서 사용하는 웍.
(출처: 뤄양에서 직접 촬영)

솥과 불로 찾아가는 중국 부엌의 역사

1960년대에 만들어진 주방의 풍상.(출처: 뤄양에서 직접 촬영)

　　다른 영업사진 그림 뉴스를 보니 밤을 구워 파는 사람의 그림도 나옵니다.[8] 그가 사용하는 로爐의 불구멍을 보니 불기운이 왕성한 듯 활활 타는 모습이고 불쏘시개로 보이는 가위 모양의 집게도 꽂혀 있습니다. 불 위에 큰 조리도구를 얹고 그 속에 밤을 넣은 듯합니다. 그런데 이 조리도구 안을 자세히 들여다보니 비교적 굵은 알갱이로 묘사된 밤의 사이사이에 검고 작은 알갱이들이 함께 묘사되어 있습니다.

8　　國家圖書館分館 編, 『淸末民初報刊圖畵集成續編 6: 圖畵日報(壹)』, 北京: 全國圖書館文獻縮微複製中心, 2003, 2717쪽.

『도화일보圖畵日報』에 실린 밤 볶는 로爐.
(출처: 國家圖書館分館 編, 『清末民初報刊圖畵集成續編 6: 圖
畵日報(壹)』)

중국에서 밤을 굽는 것을 보면 불 안에 직접 넣는 직화구이도 있지만
고운 모래나 고운 자갈을 활용하는 것을 볼 수 있는데요. 아래 사진은 밤을
구울 때 열전도율을 높여주고 골고루 구워지도록 도와주는 돌을 인터넷에
서 판매하고 있는 홍보사진입니다.[9] 작고 납작하며 동글동글한 천연석이지
요. 1900년대 초에 밤을 구울 때 사용했던 검고 작으며 동글동글한 물질도
혹시 이 같은 돌은 아니었을까요.

---

9   사진 출처: https://m.1688.com/

솥과 불로 찾아가는 중국 부엌의 역사

밤을 구울 때 사용하는 천연석.

(출처: m.1688.com)

　　다음은 푸줏간에서 돼지를 잡는 모습을 묘사한 그림입니다.[10] 보기에 따라 마음이 불편할 수도 있겠지만 우리는 왼쪽 조竈의 모습을 위주로 살피겠습니다. 그림의 왼쪽을 보면 벽돌을 가지고 장방형으로 비교적 넓은 조竈를 쌓았습니다. 불구멍을 보면 활활 타는 모습이 묘사되어 있어서 지금 조竈 위에 도살한 돼지를 얹어서 털을 그슬린다는 등의 작업을 진행하고 있음을 알 수 있습니다. 이 조竈는 음식을 하기 위해 만들었다기 보다는 돼지를 잡아서 가공 처리하는 과정을 담당하도록 만들어졌겠습니다. 그러나 조竈의 높이가 작업자의 허리보다 낮게 설계되었고 아주 큰 화안火眼이 하나만 뚫린 것을 제외하고는 다른 조竈와 큰 차이 없어 보입니다.

10　　國家圖書館分館 編,『清末民初報刊圖畫集成續編 8: 圖畫日報(參)』, 北京: 全國圖書館文獻縮微複製中心, 2003, 3275쪽.

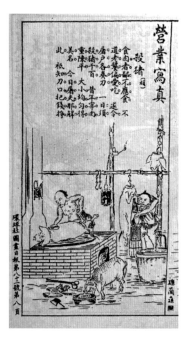

『도화일보圖畫日報』에 실린 푸줏간의 조
竈.(출처: 國家圖書館分館 編, 『清末民初報刊圖畫集
成績編 8: 圖畫日報(參)』)

아래는 '석당錫糖'이라는 음식을 만드는 장면입니다. 석당이 무엇인지
는 정확하지 않습니다. 혹시 엿을 뜻하는 '이당飴糖', 혹은 '당餳'을 잘못 쓴
것이 아닐까 자세히 보아도 단서를 찾기가 어려웠습니다. 유희劉熙의 『석
명釋名』을 보니 "당 중에 맑은 것이 '이'인데 형태가 부드럽고 온화한 것이
다. 뻑뻑한 것이 '당'인데 딱딱한 것이 마치 '주석錫'과도 같아서이다."[11]라
고 했습니다. 이 내용에 근거해 석당은 딱딱한[錫] 엿[餳] 종류일 수 있겠다

11　"糖之淸者曰飴, 形怡怡然也. 稠者曰餳, 强硬如錫也."

　　　　　솥과 불로 찾아가는 중국 부엌의 역사

고 추측해봅니다. 아래 그림 뉴스의 기사를 보니 큰 화로에 불을 때서 석당을 고는데 석당이 끓어서도 안 되고 불이 꺼져서도 안 되니 불 조절을 잘 해야 하며 이렇게 만들어진 석당은 꿀처럼 달다고 되어 있네요.[12] 과연 그림 속 사람 중 한 명은 불을 때며 조절을 하고 한 명은 아가리가 넓은 솥 안의 음식을 젓고 있는데 자못 진지합니다.

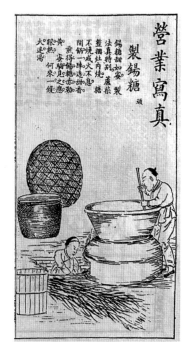

『도화일보圖畵日報』에 소개된 석당錫糖 만드는 화로.(출처: 國家圖書館分館 編, 『淸末民初報刊圖畵集成續編 10: 圖畵日報(伍)』)

---

12   國家圖書館分館 編, 『淸末民初報刊圖畵集成續編 10: 圖畵日報(伍)』, 北京: 全國圖書館文獻縮微複製中心, 2003, 4648쪽.

석당을 만드는 그림과 함께 같은 페이지에서 소개된 업종은 술 빚는 것입니다. 그림을 보면 주방 밖에서 주방 안을 들여다보는 구조로 묘사되어 있습니다.[13] 화구에는 큰 찜기로 보이는 그릇이 올려져 있는데 술밥을 찌고 있는 것일지도 모르겠습니다. 굴뚝 밖으로 연기가 솟아오르는 장면까지 묘사되었으니 한참 술빚는 작업이 진행 중인 것을 표현하고자 했음입니다.

『도화일보圖畵日報』에 소개된 술 빚는 조竈.(출처: 國家圖書館分館 編, 『淸末民初報刊圖畫集成續編 10: 圖畫日報(伍)』)

---

13   國家圖書館分館 編, 『淸末民初報刊圖畫集成續編 10: 圖畫日報(伍)』, 北京: 全國圖書館文獻縮微複製中心, 2003, 4648쪽.

19세기 중엽에 그려진 외소화外銷畫로서 술을 증
류하는 조竈를 묘사한 그림.(출처: 王次澄, 『大英圖書
館特藏中國淸代外銷畫精華』 7권, 廣州: 廣東人民出版社,
2011, 78쪽)

　　만약 실내가 아니라 노점에서 음식을 팔아야 한다면 당연히 이동하기
편한 화로를 사용해야 할 텐데요. 근대 시기 노점에서 어떤 화로를 썼는지
상세히 묘사한 그림 뉴스가 있습니다. 고운 밀가루로 반죽을 하고 장미를
소로 쓴 소증고小蒸糕를 만드는 장면이 묘사된 그림입니다.[14] 그런데 화로
에 올려진 찜기가 무척 작습니다. 아마 소증고는 말 그대로 작은 고糕인 것
같습니다. 또 찜기를 한 번에 1~2개만 올리고 부채로 불기운을 조절해 가

14　　國家圖書館分館 編, 『淸末民初報刊圖畫集成續編 10: 圖畫日報(伍)』, 北京: 全國圖書館文
　　　獻縮微複製中心, 2003, 4516쪽.

며 찌는 것으로 보아 상당히 조심스럽게 작업을 진행해야 하는 고운 음식
이었을 것 같습니다.

『도화일보圖畵日報』에 소개된 소증고小蒸
糕 만드는 화로.(출처: 國家圖書館分館 編, 『清
末民初報刊圖畫集成續編 10: 圖畫日報(伍)』)

소증고 만드는 영업 사진 옆에는 춘권春卷을 만들어 파는 노점 상인이
묘사되어 있습니다. 춘권은 얇게 민 반죽 안에 각종 소를 넣고 돌돌 말아서

솥과 불로 찾아가는 중국 부엌의 역사

기름에 지져서 먹는 음식인데요.[15] 그림 뉴스의 기사를 보니 닭고기살 잘게 찢은 것이나 새우살을 소로 쓴 것이 좋지, 부추와 돼지고기를 넣게 되면 냄새가 난다고 쓰고 있습니다.

『도화일보圖畫日報』에 소개된 춘권 만드는 화로.(출처: 國家圖書館分館 編, 『清末民初報刊圖畫集成續編 10: 圖畫日報(伍)』)

15　國家圖書館分館 編,『清末民初報刊圖畫集成續編 10: 圖畫日報(伍)』, 北京: 全國圖書館文獻縮微複製中心, 2003, 4516쪽.

뤄양의 한 거리에 장식된 노점 상인의 모습.

(출처: 직접 촬영)

　다음의 영업 종목은 죽집입니다. 이 집은 노점은 아니고 가게 안에 주방이 차려진 것으로 묘사되어 있습니다.[16] 불구멍이 두 개쯤 되는 조竈에 부채질을 해서 불 조절을 하고 있습니다.

16　國家圖書館分館 編,『淸末民初報刊圖畫集成續編 11: 圖畫日報(陸)』, 北京: 全國圖書館文獻縮微複製中心, 2003, 4841쪽.

　　　　　　　　　솥과 불로 찾아가는 중국 부엌의 역사

『도화일보圖畫日報』에 묘사된 죽집의 조
竈.(출처: 國家圖書館分館 編, 『淸末民初報刊圖畫
集成續編 11: 圖畫日報(陸)』)

　　다음은 '로호조老虎竈', 즉 '호랑이 조竈'라는 의미를 가진 독특한 가
게입니다. 그림 뉴스의 기사부터 살펴보니 이곳은 물을 끓여서 1문文에
한 바가지씩 팔고 덤은 전혀 없다고 했습니다.[17] 이런 가게가 생겨난 것
은 1800년대 중반 즈음이라고 합니다. 연료의 문제 때문에 물을 전문적으

17　　國家圖書館分館 編, 『淸末民初報刊圖畫集成續編 11: 圖畫日報(陸)』, 北京: 全國圖書館文
獻縮微複製中心, 2003, 4841쪽.

로 끓여서 공급하는 가게가 필요했기 때문에 생겼다고 합니다. 이 가게에서 온수를 사다가 씻기도 하고 '탕파'라고 부르는 뜨거운 물을 넣는 물통을 채워서 이불 속에 넣으면 그나마 따뜻하게 잘 수도 있었습니다. 그러다가 나중에는 이곳이 동네 사람들이 모여서 수다를 떨고 여가를 즐기는 사랑방 역할까지 맡게 되었습니다. 이런 업종 이름이 로호조老虎竈가 된 것은 그 가게에서 사용하는 조竈의 모양 때문이라는 설이 유력합니다. 나무를 넣는 입구는 호랑이의 입, 조竈의 끄트머리에 붙어 있는 연통은 호랑이의 꼬리이고, 조竈가 턱 하니 놓여 있는 모습이 호랑이가 웅크린 것 같다고 붙여진 이름이라지요. 하지만 다른 설도 있습니다. 초기에 이러한 가게의 조竈는 담장 밖에 불을 넣는 구멍이 있었다고 합니다. 그리고 그 위에는 조竈의 상황을 볼 수 있도록 창 두 개가 나란히 뚫려 있었습니다. 그래서 그 벽을 보노라면 호랑이 눈 2개에 호랑이 입 하나가 있는 듯, 마치 호랑이 얼굴처럼 보였다는 설입니다. 혹은 이런 가게에 물을 길어다가 공급하는 물지게꾼들이 하도 험악스러워서 호랑이 같다고 말하다가 얻게 된 이름이라는 설도 있습니다.

솥과 불로 찾아가는 중국 부엌의 역사

『도화일보圖書日報』에 소개된 로호조老虎竈.(출처: 國家圖書館分館 編, 『淸末民初報刊圖畫集成續編 11: 圖畫日報(陸)』)

로호조老虎竈의 재현. 앞에 수도꼭지를 통해 데워진 물을 받아 간다.(출처: 바이두百度)

아래의 그림은 소성蘇城(지금의 쑤저우蘇州) 반수촌潘樹村의 한 집안에서 일어난 불행한 사건을 묘사하였습니다.[18] 그림만 보아도 심상치 않은 것이 느껴지실 것입니다. 그러나 당시에 가옥에서 주방의 위치와 개방감을 정확하게 묘사하고 있어 소개합니다. 이 그림을 보면 맞배지붕의 건물이 한 동 있고 그 건물과 직각을 이루도록 맞배지붕을 얹은 주방을 안배하고 있

---

18   國家圖書館分館 編, 『淸末民初報刊圖畫集成續編 8: 圖畫日報(參)』, 北京: 全國圖書館文獻縮微複製中心, 2003, 3554쪽.

습니다. 주방은 문이 없이 개방되어 있어서 주방 안의 조竈와 조리대가 모두 보입니다. 저는 앞에서 한나라 때의 조竈와 화로 유물로 볼 때 밀폐된 공간에서 사용하기 어려웠을 것 같다고 이야기한 적이 있습니다. 조竈에서 연기가 나오는 곳이 구멍 하나, 혹은 짧은 연통으로 구성되어 있어서 밀폐된 공간에서 사용하기에는 연기 배출이 어렵게 되어 있고, 조리 때 사용하는 화로의 개수가 많은 것으로 묘사되었으며 유물에 남아 있는 주방의 모습이 지붕은 있지만 벽은 없는 개방된 모습이라는 점 때문이었습니다. 그런데 이 그림뉴스에 묘사된 쑤저우의 주방도 개방된 형태로 묘사되어 있습니다. 쑤저우의 날씨가 일년 내내 온화한 편이라는 점 때문일 수도 있겠습니다. 그러나 이전 시기 주방이 어느 정도 개방된 형태였을 수 있다는 하나의 실마리는 아닐까 생각합니다.

『도화일보圖畫日報』에 실린 쑤저우의 주방.(출처: 國家圖書館分館 編, 『淸末民初報刊圖畫集成續編 8: 圖畫日報(参)』)

솥과 불로 찾아가는 중국 부엌의 역사

그런가 하면 어디서 많이 본 듯한 조찬竈의 모습을 이 신문에서 확인할수 있습니다. 한 열녀의 이야기에 묘사된 주방의 모습입니다.[19] 여기에는 지금 저장浙江 지역에 남아 있는 전통 조찬竈와 거의 차이가 없는 조찬竈가 나옵니다. 불구멍은 조찬竈의 뒤쪽에 위치하고 앞에는 화안火眼, 그리고 벽체까지거의 흡사합니다. 그림 뉴스의 기사 내용에서도 이 사건의 배경이 저장 지역이라고 나옵니다. 아마 지역성을 감안해서 주방 내부의 모습도 묘사한것이라 생각합니다.

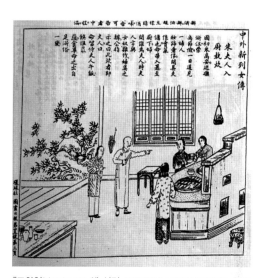

『도화일보圖畵日報』에 실린 조찬竈.(출처: 國家圖書館分館 編, 『淸末民初報刊圖畵集成續編 6: 圖畵日報(壹)』)

19   國家圖書館分館 編, 『淸末民初報刊圖畵集成續編 6: 圖畵日報(壹)』, 北京: 全國圖書館文獻縮微複製中心, 2003, 2580쪽.

다음 이야기는 선통 2년에 발간된 『개통화보開通畵報』에 실린 그림입니다. 음식을 조심하지 않고 먹었다가 화를 당했다는 일화를 묘사했습니다. 어떤 노파가 병들어 죽은 닭을 삶아 먹었는데 갑자기 복통에 시달리다가 다음 날 새벽에 죽고 말았다는 이야기인데, 그림을 보면 노파가 주방에 앉아 무언가를 먹고 있는 장면이 묘사되었습니다.[20] 여기에는 저쟝성浙江省 쟈싱嘉興, 쟝쑤성江蘇省 지역의 전통 조竈와 유사한 형태의 것이 보입니다. 이로 볼 때 쟈싱을 비롯해 저쟝 지역에 남아 있는 전통 조竈는 적어도 1900년대 초반의 모습을 거의 그대로 유지하고 있다고 생각합니다.

『개통화보開通畵報』에 실린 주방 모습.(출처: 國家圖書館分館 編,
『淸末民初報刊圖畫集成續編 16: 開通畵報 외』)

---

20 國家圖書館分館 編, 『淸末民初報刊圖書集成續編 16: 開通畵報 외』, 北京: 全國圖書館文獻縮微複製中心, 2003, 7084쪽.

솥과 불로 찾아가는 중국 부엌의 역사

장쑤성江蘇省 이싱시宜興市 신스촌新市村의 조
竈.(출처: 2023년 12월, 우야난吳亞楠 동학의 외할머니께서
제공)

2) 외소화外銷畫에 보이는 조竈, 로爐, 과鍋

18세기 중기부터 19세기 말까지 중국의 사회문화를 서구에 알리는 매
체 역할을 했던 '외소화外銷畫', 즉 해외 판매용 그림이 있습니다. 이 그림
은 개항지였던 광저우廣州 지역에서 판매되었는데 중국의 인물, 산업, 종
교, 건축물, 각종 문화 활동, 풍습 등을 한 장면 한 장면 묘사하고 있습니다.
생활상을 그대로 담은 그림이라 여기에 조竈, 화로, 과鍋 등이 사실적으로 묘사되었습니다.

먼저 주방의 모습을 묘사한 그림을 살펴보겠습니다.[21] 저는 이 그림을 보았을 때 무척 기뻤습니다. 첫째, 주방이 어느 정도는 개방된 형태로 구성되어 있었습니다. 저는 조찬(竈)와 화로의 형태에 따라 주방이 개방된 형태로 구성되었어야 했을 것이라고 추정하고 있습니다. 그런데 이 그림에 묘사된 엄청난 크기의 조찬(竈)는 지붕과 기둥만 있고 벽은 없는 곳에 자리 잡았습니다. 둘째, 그림의 아래에 '주방'이라고 써있고 그 옆에 '후원後院'이라고 병기되어 있습니다. 저는 앞에서 남송시대 황실의 주방을 '후원'이라고 칭한 예시를 언급한 적이 있습니다. 이 그림의 제목을 보면 주방과 후원이 어떤 이유에선지 밀접한 관계를 맺고 있음을 보여줍니다.

대형 조찬(竈). 사진 아래에 제목 부분을 보면 '주방廚房(후원後院)'이라고 되어 있다.(출처: 王次澄, 『大英圖書館特藏中國淸代外銷畫精華』 제5권)

---

21   王次澄, 『大英圖書館特藏中國淸代外銷畫精華』 제5권, 廣州: 廣東人民出版社, 2011, 144쪽.

다음은 과과鍋를 철로 주조하여 거푸집을 제거하는 장면입니다.[22] 19세기 초에 그려진 이 그림에 나오는 과과鍋는 우리가 요즘 접할 수 있는 '웍'과 형태가 일치합니다.

과과鍋를 주조하여 거푸집을 제거하는 장면.(출처: 王次澄, 『大英圖書館特藏中國淸代外銷畫精華』 제7권)

철과鐵鍋와 다른 사과沙鍋도 있습니다. 이것은 흙으로 빚은 다음 구워서 만듭니다. 이 제품을 팔러 다니는 상인의 모습을 보겠습니다.[23] 멜대에 주렁주렁 달린 조리도구 중, 세숫대야처럼 생긴 것이 바로 사과沙鍋입니다. 날렵한 철과鐵鍋의 모양과는 다르지만 오래도록 끓이는 음식을 만들 때에는 이만한 조리도구가 없다고 합니다.

---

22   王次澄, 『大英圖書館特藏中國淸代外銷畫精華』 제7권, 廣州: 廣東人民出版社, 2011, 182쪽.
23   王次澄, 『大英圖書館特藏中國淸代外銷畫精華』 제7권, 廣州: 廣東人民出版社, 2011, 122쪽.

사과沙鍋 파는 상인.(출처: 王次澄, 『大英圖書館特藏中國淸代外銷畫精華』 제7권)

　지금까지 근대 시기 중국 매체의 그림에 나오는 주방, 조竈, 화로, 과鍋
의 모습을 보았습니다. 사실적으로 묘사된 그림을 통해서 이 시기 주방, 조
竈, 화로, 과鍋의 모양이 이전 시대의 전통을 계승하였고 현재까지도 전해
지는 것임을 확인할 수 있었습니다.

솥과 불로 찾아가는 중국 부엌의 역사

저쟝성浙江省 일대의
전통식 주방과 조竈

1) 저쟝성 일대의 전통 조竈

여기에서는 중국의 동남쪽 지역인 저쟝성浙江省의 전통식 주방과 그 안의 독특한 조竈를 보여 드리려고 합니다. 중국 각지 전통 민가에 보이는 조竈 종류로는 과창鍋餏, 성조星竈, 갱조坑竈, 지조地竈, 화당火燸 등이 있습니다. 그중에서 가장 대표적인 것이 북방의 과창鍋餏과 남방의 성조星竈입니다. 과창의 경우 가장 오래된 조竈 형식이라고 합니다. 주로 중국 북방에 분포하며 점토와 밀짚을 섞은 재료로 빚어서 만듭니다. 나무와 풀을 땔감으로 사용하며 철과鐵鍋를 얹기에 좋도록 로조爐竈, 즉 화로의 형태로 만듭니다. 창餏이 '버팀대'라는 의미임을 생각해 보면 과창鍋餏은 결국 '철과鐵鍋를 얹는 곳'이라는 의미일 것입니다. 성조星竈는 남방의 아궁이 형식이며 주방에서 자리 차지를 많이 하는 형태입니다. 이런 조竈에는 3~7개 정도의 화안火眼이 설치됩니다. 특히 양면으로 구성되어 불을 때는 공간은 뒤편에,

조리하는 공간은 앞쪽에 구성되는 것이 특징적입니다.[1]

나무를 때기 때문에 아파트에는 결코 놓을 수 없는 조竈이지만 저장성을 비롯한 중국의 일부 민가에 아직도 남아 있는 전통식 주방입니다. 2023년도 2학기에 교환학생으로 한국에 와서 제 수업을 들었던 우야난吳亞楠 동학은 자신의 외할머니께 부탁해서 쟝쑤성江蘇省 이싱시宜興市 신스촌新市村의 성조星竈 사진을 촬영하여 보내주었습니다. 깔끔하게 타일로 마감되어 있지만 그 형태는 전통적 성조星竈와 다르지 않습니다. 무엇보다 지금까지도 음식을 조리하는 데에 사용되고 있다는 데에 의의가 있습니다.

쟝쑤성江蘇省 이싱시宜興市 신스촌新市村의 성조星竈.(출처: 2023년 12월, 우야난吳亞楠 동학의 외할머니께서 제공)

---

1   王其鈞, 「中國傳統廚房研究」, 『南方建築』, 2011年06月, 20쪽.

솥과 불로 찾아가는 중국 부엌의 역사

저장성 쟈싱嘉興의 경우도 살펴보겠습니다. 이 사진에는 마치 돌출된 것처럼 반타원형으로 생긴 조竈, 그 위에 찬장처럼 보이는 장식장, 그리고 조竈의 외부에 꽃, 대나무, 바위 등 각종 그림이 그려진 것이 보입니다. 이 주방이 있는 지역은 바로 쟈싱嘉興입니다. 상하이上海에서 멀지 않고 중국의 고속철도 역이 설치된 지역으로서 교통이 좋으면서 물과 어우러진 풍광과 전통가옥이 아름답기로 유명합니다. 이곳의 조竈는 문물로 지정되면서 더욱 유명세를 얻었습니다. 문물로 지정된 이유는 청대의 조竈 모습을 상당 부분 유지하고 있을 뿐만 아니라 그 위에 조화竈畵라고 부르는 그림을 그리는 전통이 남아 있기 때문이라고 합니다. 그럼 먼저 이곳 조竈의 모습을 먼저 보여 드리겠습니다.[2]

쟈싱嘉興 민가의 전통식 조竈.
(출처: 張覺民, 『江南竈畵』)

---

2   자료출처: 張覺民, 『江南竈畵』, 北京: 中國輕工業出版社, 2012, 13쪽.

위의 사진을 간단하게 표기한 그림을 보시겠습니다.

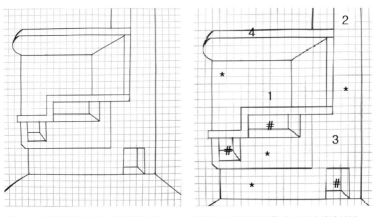

쟈싱嘉興 민가 전통식 조竈의 간단한 도식.　쟈싱嘉興 민가의 전통식 조竈의 상단 부분.

위의 그림 각 부분에 번호와 기호를 붙여 두었습니다. 이 지역 조竈는
보통의 조竈와 유사한 내부 구조를 가졌지만 겉면을 곡선과 직선을 이용
해 아름답게 마감했습니다. 그래서 각 부분의 기능이 겉으로 명확하게 드
러나지 않을 수 있습니다. 먼저 1번 구역은 바로 조왕竈王을 모시는 '조군
당竈君堂'이라는 부분입니다. 여기에는 밥과 향, 초를 놓아 조왕에 대한 숭
배를 한시도 잊지 않음을 보여주는 곳입니다. 조왕을 모시는 곳은 조竈의
정면이라서 조竈 앞에서 조리하는 사람과 바로 마주할 수 있도록 배치하기
도 하고 90도 틀어서 측면을 바라보도록 배치하기도 합니다. 조왕의 그림
을 그려놓은 곳도 있고 구역을 둔 것으로 조왕이 모셔져 있다고 간주하는
곳도 있습니다. 아래의 사진을 보면 조군당이 측면을 향하게 구획되어 있

　솥과 불로 찾아가는 중국 부엌의 역사

으면서 마치 전각殿閣에 모셔져 있는 것과 같은 모양을 낸 경우도 있음을 알 수 있습니다. 그런데 조왕이라는 이름 대신에 사명司命이라고 한 경우도 있습니다.[3] 요즘 중국의 드라마에 사명이라는 신이 인간의 수명과 운명을 관장하는 개구쟁이로 종종 등장하는데 사실 여기 주방에 있는 사명신은 조신竈神으로서 조군사명竈君司命, 즉 조왕입니다. 또는 '정복궁定福宮'이라는 편액을 표기하고 조왕을 모실 수 있도록 입체적인 공간을 구획한 곳도 보입니다. 정복궁은 조왕이 천상에서 머무는 곳을 의미하니 결국 조왕을 위한 공간입니다.

조군당.(출처: 張覺民, 『江南竈畫』)

사명司命이라고 표기된 조군당.
(출처: 張覺民, 『江南竈畫』)

---

3   자료출처: 張覺民, 『江南竈畫』, 北京: 中國輕工業出版社, 2012, 15쪽.

장쑤성江蘇省 이싱시宜興市 신스촌新市村의 성조星竈. 조왕을 모시는 공간을 따로 구획하지 않고 우측 상단에 조왕 그림을 붙여둔 것으로 대신한 것을 확인할 수 있다.(출처: 2023년 12월, 우아난吳亞楠 동학의 외할머니께서 제공)

자싱의 전통 성조星竈 복원품. 잉어 그림 우측으로 정복궁定福宮이라는 글자가 보이고 조왕을 모실 수 있도록 입체적으로 공간을 구획한 것이 보인다. 정복궁은 조왕이 천상에서 머무는 곳이다.(출처: 자싱嘉興에서 직접 촬영)

솥과 불로 찾아가는 중국 부엌의 역사

2는 겉으로 회벽 처리가 되어 있어서 잘 드러나지 않지만 연창煙窓의 역할을 하는 곳입니다. 아래에서 불을 때면 자연히 연기가 나는데 연기가 빠져나가는 통로가 없다면 주방 안에서 작업하기가 어려울 것입니다. 이 지역 주방의 연기 통로 형태를 보면 측벽을 향해 90도로 꺾는 경우도 있고 지붕을 뚫고 직선 형태로 올라가는 경우도 있습니다. 지붕에 구멍을 내도 되는지, 주방에서 조竈가 차지하는 위치와 방향을 따졌을 때 벽을 뚫는 것이 나을지 등을 고려한 결과입니다.

장쑤성江蘇省 이싱시宜興市 신스촌新市村 조竈의 연통. 조竈는 스텐레스로 만든 신형이지만 자리 차지하는 방식이나 옆벽을 뚫어서 연기를 나가게 하는 방식은 전통적인 경우와 일치한다.(출처: 2023년 12월, 우야난吳亞楠 동학의 외할머니께서 제공)

3은 조산竈山, 혹은 연진장煙塵墻이라고 부르는 부위입니다. 조竈 상단에서 마치 산이나 담장과 같은 역할을 하도록 세워져 있는데 불을 땔 때 생기는 연기나 불먼지 등이 조리하고 있는 음식에 넘어오지 않도록 막아주는 역할을 합니다. 이런 기능적인 구조물에 아름다운 그림을 그려 넣어서 마치 장식장처럼 만들고 있는데 3의 주변에 *표시가 된 곳은 모두 그림을 그릴 수 있는 곳입니다. 아울러서 #의 경우 감입嵌入된 곳인데 여기에는 그릇 등을 넣어 두는 것을 볼 수 있습니다. 벽을 단순하게 처리하지 않고 입체적으로 만들어 마치 찬장처럼 보입니다.

장쑤성江蘇省 이싱시宜興市 신스촌新市村 조竈의 연진장. 타일로 마감을 하되 조왕을 모시는 공간만 입체감 있게 구획했다.(출처: 2023년 12월, 우야난吳亞楠 동학의 외할머니께서 제공)

솥과 불로 찾아가는 중국 부엌의 역사

4는 조모竈帽, 즉 조竈의 모자입니다. 조竈의 제일 상단에 위치하면서 재를 막아주는 역할을 합니다. 그런데 이곳은 여러 모양으로 꾸밉니다. 지금 설명하고 있는 부분에서는 다음과 같이 모양을 주었습니다. 넓고 평평한 판으로 설치하고 윗부분에 요철 모양을 두 군데 냈습니다.

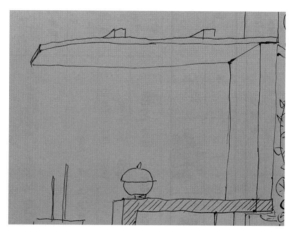

조모竈帽.

그런데 이렇게 넓고 평평한 구조물이 공중에 떠 있다면 고정되지 않은 반대쪽은 아래로 처지는 등, 구조적인 문제가 발생할 수도 있습니다. 그러하기에 이 부분을 꾸미는 사람들은 기둥으로 한쪽을 받쳐 두었습니다. 이 기둥은 한반도의 전통건축물에서 사용하는 '활주'와 같은 기능을 합니다. 이는 처마가 처지는 것을 방지하기 위해서 그 아래를 받쳐주는 별도의 기둥입니다. 아래의 사진을 보면 기둥처럼 생긴 구조물로 조모竈帽를 받치고 있습니다.

별도의 기둥으로 받쳐놓은 조모竈帽.

(출처: 쟈싱嘉興에서 직접 촬영)

그렇다면 조竈의 하단 부분은 어떻게 구성될까요. 간단하게 표시한 그림을 만들었습니다. 각 부분마다 역시 이름과 정해진 기능이 있습니다.

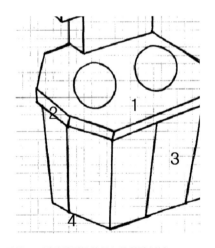

쟈싱嘉興 민가의 전통식 조竈의 하단 부분.

솥과 불로 찾아가는 중국 부엌의 역사

1은 조대竈臺, 혹은 조면竈面이라고 부르는 부분입니다. 이 부분은 취사가 직접적으로 이루어지고 각종 조리도구와 식재료, 양념통 등을 얹어 가며 사용하는 부분이니만큼 평평하고 곱게 마감 처리를 합니다. 요즘에는 현대식으로 타일을 붙여서 실용성을 높인 경우도 보입니다.

장쑤성江蘇省 이싱시宜興市 신스촌新市村의 조대竈臺. 백색 타일로 마감을 한 부분 위에 식용유, 조리용 술, 각종 양념, 그릇, 도마와 칼, 바구니 등이 올려져 있다. 실질적으로 조리를 하는 곳으로 아직도 사용되기 때문이다.(출처: 2023년 12월, 우야난吳亞楠 동학의 외할머니께서 제공)

2는 조대竈臺의 가장자리 부분입니다. 이 부분은 원래 나무로 마감 처리를 했었다고 합니다. 하지만 조리를 하는 과정에 물이나 불기운이 갈 수도 있어서 요즘에는 회로 마감처리를 하거나 타일로 마감을 하는 경우도 많다고 합니다. 아래의 사진처럼 화안火眼 근처는 회로 마감, 그 주변은 나무로 마감하는 것이지요.[4]

전통식 조竈의 마감 처리 장면.(출처: 姜燕萍, 『江南傳統竈頭畵』)

2) 저쟝성 일대 전통 조竈의 불 때는 곳

그렇다면 불을 넣는 곳은 어디일까요? 조竈의 생김새, 크기, 주방 안에서의 배치를 고려해서 불을 때는 곳을 안배하기 때문에 앞쪽에서 불을 때기도 하고 뒤쪽에서 불을 때기도 합니다. 다음의 사진에 보이는 경우는 후면에서 불을 땝니다. 조리를 시행하는 부분과 불을 때는 부분이 90도, 혹은 180도의 방향 차이가 있어서 혼자서 작업하기 보다는 협업을 할 때 더 용이한 구조라고 할 수 있겠습니다.

---

4   자료출처: 姜燕萍, 『江南傳統竈頭畵』, 杭州: 浙江大學出版社, 2020, 105쪽.

장쑤성江蘇省 이싱시宜興市 신스촌新市村의 조찬竈. 불을 때는 곳이 조리하는 방향과 반대편에 있고 불구멍이 두 곳이다. 나무나 나무 껍데기들을 활용해 불을 때는데 불구멍에 부집게가 걸쳐져 있음도 볼 수 있다.

(출처: 2023년 12월, 우야난吳亞楠 동학의 외할머니께서 제공)

장쑤성江蘇省 이싱시宜興市 신스촌新市村의 조찬竈. 불을 때는 곳이 조리하는 방향과 반대편에 있고 불구멍이 한 곳이다. 위의 구멍에는 나무를 넣고 불을 때는데 아래 구멍으로 재가 떨어져 있는 것을 확인할 수 있다.

(출처: 2023년 12월, 우야난吳亞楠 동학의 외할머니께서 제공)

그렇다면 이런 조찬竈의 내부구조는 어떤 모습일까요. 조문竈門과 조대竈臺가 반대쪽에 있는 경우, 혹은 같은 방향에 있는 경우의 단면도는 각각 다음과 같습니다.[5] 화안이 하나인 조찬竈 실제 사진과 비교하면 눈에 더 잘 들어옵니다.

---

5   尚鵬鵬,「農村柴灶改造及其熱性能與汙染物排放研究」, 浙江大學 석사학위논문, 2019, 4쪽.

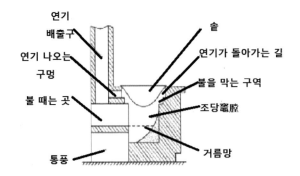

조문竈門이 뒤에 있는 경우 조竈의 단면도.

(출처: 尙鵬鵬, 「農村柴灶改造及其熱性能與汙染物排放研究」)

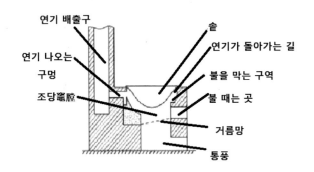

조문竈門이 앞에 있는 경우 조竈의 단면도.

(출처: 尙鵬鵬, 「農村柴灶改造及其熱性能與汙染物排放研究」)

솥과 불로 찾아가는 중국 부엌의 역사

장쑤성江蘇省 이싱시宜興市 신스촌新市村 조찬의 측
면부. 불을 때는 곳이 조리하는 방향과 반대편에 있
다. 화안이 하나인 작은 조찬이지만 기본 구성은 전
통적인 경우와 일치한다.(출처: 2023년 12월, 우야난吳
亞楠 동학의 외할머니께서 제공)

 제가 우연히 생선을 잘 다룬다고 소문난 중국의 식당을 소개하는 동영
상을 본 적이 있습니다.[6] 그곳 주방 안을 보니 깨끗하게 관리가 된 전형적
인 주방의 모습이었습니다. 큰 화안火眼이 있고 조리사들이 분주하게 웍을
움직이고 있었습니다. 주방 내부에는 불을 때는 시설이 없었기 때문에 당

---

6 동영상 출처: m.baidu.com/video(河南深山溝里飯店用地鍋竈做的黃燜魚 편)

연히 가스를 사용하는 곳이라고 생각했습니다. 그런데 그것이 아니라 나무를 때는 곳이 주방 바깥에 있었습니다. 간단하게 그림으로 표현하면 이렇습니다. 그림을 보면 내부 조리대에 화안火眼이 2개 있고 그 조리대는 벽에 붙어 있습니다. 그 벽 바깥에 바로 불을 때는 구멍이 2개 있습니다. 주방벽 바깥에 불을 때는 곳 역시 지붕 안에 있어서 비바람을 피할 수 있게 되어 있고 그 곁에 나무도 적재되어 있었습니다. 날씨와 관계없이 불을 때서 음식을 할 수도 있지만 불을 땔 때 나는 연기나 재, 불티 등이 조리하는 음식에 들어갈 염려도 없는 구조입니다. 다만 불을 다루는 사람과 조리하는 사람의 협업이 필요하겠습니다. 그래서 이런 소통을 위해 벽에 구멍을 뚫어놓기도 합니다. 그 구멍은 앉아서 불을 때는 사람의 눈높이에 맞춰져 있어서 반대편에서 조리하는 사람의 모습을 볼 수 있고 소통할 수도 있습니다.

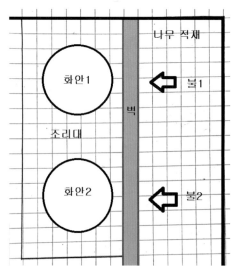

허난河南의 한 식당 주방 구조.

솥과 불로 찾아가는 중국 부엌의 역사

쟈싱의 조竈 복원품. 모란 그림 아래로 구멍이 뚫린 것이 보이는데 이 구멍을 통해서 불을 때는 사람과 조리를 하는 사람이 서로를 볼 수 있다.(출처: 쟈싱嘉興에서 직접 촬영)

그럼 이제 조竈에서 각 부분의 의미를 다시 정리하겠습니다.[7]

부분 명칭	설명
조각竈脚	기단[조기竈基] 부분이다.
조신竈身	몸체 부분으로서 땔감을 때는 부분이고 속이 비어 있기 때문에 조竈의 배[조두竈肚 혹은 조당竈膛]라고도 부른다.
조대竈臺	조리도구를 놓고 조리를 행하는 부분이다. 마감재는 시대별로 다양하다.
조상竈箱	연기상자[연상煙箱]이라고도 부른다. 불을 때서 생긴 연기가 빠져나가는 중간 통로가 된다.

---

7 아래의 내용은 張覺民의 『江南竈畵』(北京: 中國輕工業出版社, 2012, 10~11쪽)의 내용을 요약, 정리한 것이다.

조산竈山	연진장煙塵牆이라고 하는데 조두竈頭와 불 때는 부분을 분리하고 있는 벽이다.
조모竈帽	연진판煙塵板이라고도 부른다. 조두竈頭의 제일 윗단이며 재를 차단하는 기능을 한다.
조군당竈君堂	사명당司命堂이라고도 부른다. 부뚜막의 왼쪽 혹은 오른쪽에 위치하는데 조왕신의 신상이 그려져 있는 종이, 혹은 소상塑像을 놓고 공양드리는 곳이다.
조문장竈門牆	조상竈箱과 조산竈山의 뒷면.
조문구竈門口	조신竈身의 뒷면에 있는 경우도 많다. 예를 들어 이안조二眼竈이면 보통 두 개의 조문구가 있다. 땔감을 넣어 불을 붙이는 곳이다.
출회구出灰口	조문구竈門口 아랫단에 있어서 재를 꺼낼 수 있게 된 부분이다. 불을 때는 구멍 아래에 따로 구멍을 내서 재를 치울 수 있게 한 경우가 있고 나무를 넣고 재를 치우는 구멍이 하나로서 일원화된 경우도 있다.

이런 형태의 조竈는 벽돌과 점토, 석회 등을 활용해 쌓고 마감합니다. 아래 사진을 보면 미장 마감 직전의 모습을 확인할 수 있습니다.[8] 마감을 하고 그림을 그려놓으면 상당히 복잡해 보이는 구조로 느껴지지만 벽돌로 쌓아올린 모습을 보면 각 부분이 기능에 충실하도록 작업되었음을 확인할 수 있습니다. 연기가 빠져나가는 통로, 솥을 얹을 화안火眼, 조리대인 조대竈臺의 높이와 방향, 창문과의 배치 등이 주방이라는 공간 안에 어우러집

---

8   자료출처: 姜燕萍, 『江南傳統竈頭畫』, 杭州: 浙江大學出版社, 2020, 103쪽.

솥과 불로 찾아가는 중국 부엌의 역사

니다. 그중 가장 중요한 것이 조리도구를 얹을 화안火眼을 어떻게 하느냐의 문제일 것입니다. 아래의 사진을 보면 조리도구의 크기를 가늠하기 위해 적당한 그릇을 넣어두고 마감을 합니다.[9]

미장 직전 조竈의 모습.(출처: 姜燕萍, 『江南傳統竈頭畫』)

---

9   자료출처: 姜燕萍, 『江南傳統竈頭畫』, 杭州: 浙江大學出版社, 2020, 105쪽.

화안火眼 주변 마감질.
(출처: 姜燕萍, 『江南傳統竈頭畵』)

마감을 하고 나면 아래와 같이 약간의 요철이 있는 화안火眼이 구성됩니다.[10]

---

10   자료출처: 姜燕萍, 『江南傳統竈頭畵』, 杭州: 浙江大學出版社, 2020, 108쪽.

솥과 불로 찾아가는 중국 부엌의 역사

최종 마감질 전의 화안火眼 구성 모습.

(출처: 姜燕萍, 『江南傳統竈頭畫』)

그리고 최종 마감을 하면 아래와 같이 조리도구를 얹을 수 있는 적절한 모습으로 완성됩니다.

최종적인 화안火眼 구성 모습.

(출처: 자싱嘉興에서 직접 촬영)

3) 간단한 조竈의 구성

앞에서 보았던 아름다운 조竈는 상당히 격이 높다고 할 수 있습니다. 하지만 간단히 만드는 화안火眼 1개짜리 조竈도 조리시설로서 충분히 기능을 할 수 있습니다. 다음과 같은 순서로 만든다면 말입니다.

순서 및 설명	간단한 도식
㉠ 바닥을 고르게 한 후 1과 같이 일정 구획을 잡아 벽돌로 경계를 세운다. 벽돌을 3단 정도 우선 쌓도록 한다.	
㉡ 벽돌을 경계로 삼아서 2의 공간에 모래를 채워 넣는다.	
㉢ 1에서 벽돌을 쌓은 모양에 따라 그 위에 벽돌을 3단 정도 더 쌓는다.	
㉣ 2의 부분에 황토를 더 채워 넣는다.	
㉤ 먼저 해두었던, ㉣에 채워 넣은 황토를 잘 다지고 그 위에 물을 뿌린다.	
㉥ 6의 부분을 긴 벽돌로 걸쳐서 경계를 지운다. ㉣에서 황토 다져놓은 부분 위에 6의 높이에 맞추어 흙 이긴 것을 대충 덮는다.	

솥과 불로 찾아가는 중국 부엌의 역사

Ⓐ 7과 같이 재 거름망 역할을 할 쇠막대기를 걸친다. 쇠막대기 대신에 체처럼 생긴 쇠거름망을 걸쳐서 그 역할을 하도록 하기도 한다. 나중에 이 부분 위로 나무나 풀로 불을 때게 되는데 여기에서 발생하는 재가 7의 쇠막대기를 지나 그 아래로 떨어지게 된다.

◎ 만약 연기가 빠져나갈 통로를 만들고 싶다면 이 단계에서 화살표 표시 부분의 벽을 뚫어서 연기 통로를 확보하도록 한다. 필요할 경우 벽돌을 가지고 그 경로를 구획해도 된다. 흙 이긴 것을 가지고 Ⓐ 위를 전체 도포하되 연기 통로를 주의한다.

Ⓩ 벽돌을 ◎ 위에 오른쪽과 같은 모양으로 쌓는데 기본적인 선은 1의 형태를 따라 하도록 한다.

Ⓩ 벽돌을 쌓은 높이에 맞추어서 빈 공간을 황토로 채워 넣는다. 짚과 황토를 물에 이겨서 전체 면을 말끔하게 미장 마감한다.

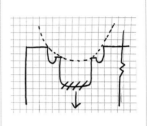

ⓔ 가장 윗면의 화안火眼 주변을 최종 마무리한다. 세로 단면도가 옆과 같은 모양이 되도록 요철을 두어야 조리도구를 안정적으로 걸칠 수 있다. 빗금 표시는 7의 거름망을 표시한 것이다.

4) 전통 조찬竈를 만들 때의 금기

조찬竈를 만드는 것은 옛날부터 집안의 참 중요한 일이었기 때문에 풍수장이를 불러서 길일을 택하거나 방향을 잡는다고 합니다. 또 각종 금기도 있어서 조찬竈를 쌓을 때 아이들은 절대 쳐다보지 못하게 한다고 합니다. 아이들의 영혼이 조찬竈 바닥에 눌려서 잘못될 수 있다고 생각해서입니다. 그래서 조찬竈 표면에 그림을 그려서 최종 완성을 해내는 장인들도 끝까지 정성을 들입니다. 이때 "풀 한 단에 (재산이) 홍왕하고 풀 두 단에 (명성이) 울리고 풀 세 단에 남과 북으로 (기운과 재산이) 통하고 큰 물결처럼 일렁이리라!"[11]라고 중얼거리며 마감질을 한답니다. 조찬竈가 집안의 홍왕興旺과 직결된 곳이라고 생각하기 때문에 시작부터 마감까지 부정 타는 일은 없어야 합니다.[12]

---

11   "一個草把旺, 二個草把響, 三個草把南透北澗."(張覺民, 『江南竈畵』, 北京: 中國輕工業出版社, 2012, 22쪽)

12   조찬竈를 만들 때의 주의사항 및 풍속은 張覺民의 『江南竈畵』(北京: 中國輕工業出版社, 2012, 22

솥과 불로 찾아가는 중국 부엌의 역사

특히 조문竈門의 방향에 관한 금기가 심합니다. 조문竈門, 즉 불을 넣는 구멍이 대문과 바로 마주하게 되면 지극히 흉하다고 여기고 조문竈門이 불단佛壇과 마주하면 음양陰陽이 상충相沖해서 매우 흉하다고 여겼답니다. 이러한 금기를 그림으로 정리한 칼럼이 있어 정리, 인용해서 소개합니다.[13] 아래에 든 예시는 옛날부터 금기했던 내용과 일치하는데 주방의 안정감을 따져보면 상당히 일리 있다고 생각합니다.

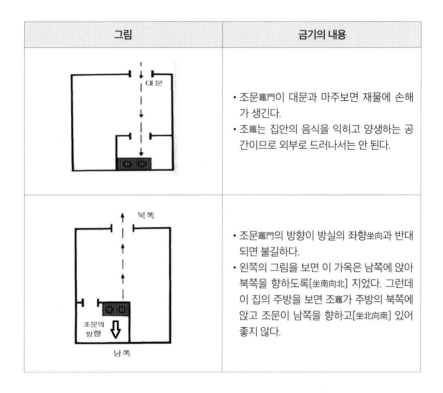

그림	금기의 내용
	• 조문竈門이 대문과 마주보면 재물에 손해가 생긴다. • 조竈는 집안의 음식을 익히고 양생하는 공간이므로 외부로 드러나서는 안 된다.
	• 조문竈門의 방향이 방실의 좌향坐向과 반대되면 불길하다. • 왼쪽의 그림을 보면 이 가옥은 남쪽에 앉아 북쪽을 향하도록[坐南向北] 지었다. 그런데 이 집의 주방을 보면 조竈가 주방의 북쪽에 앉고 조문이 남쪽을 향하고[坐北向南] 있어 좋지 않다.

쪽)를 참고해서 정리했다.

13   이 아래 표의 내용과 도면은 『建材工業信息』에 실린 「廚灶安放有講究」(『建材工業信息』, 2000年01期, 69~72쪽)라는 칼럼을 정리한 것이며 그림의 글자만 한글로 바꾸었다.

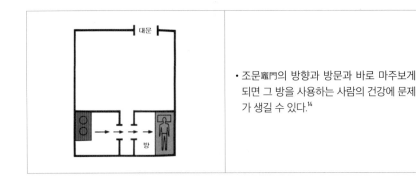

• 조문竈門의 방향과 방문과 바로 마주보게 되면 그 방을 사용하는 사람의 건강에 문제가 생길 수 있다.[14]

　　여기까지 쟈싱嘉興을 중심으로 남아 있는, 중국 강남 지역 전통 조竈의 모습을 살펴보았습니다. 주방은 한 번 익숙해지고 나면, 동선이 조금이라도 바뀌거나 높낮이가 약간이라도 바뀌게 되었을 때 주방에서 활동하는 사람이 느끼는 불편함이 상당합니다. 그러하기에 전통 주방에 익숙해진 사람이라면 타일을 붙이고 가스렌지를 한편에 놓아 효용성은 높이더라도 주방에서 전통 조竈를 없애지 않고 옛 형태대로 유지한다고 생각합니다. 그러하기에 이 지역에 아직도 이렇게 보기 좋은 조竈가 남아 있을 수 있으리라 생각했습니다. 그런데 이 지역 조竈가 유명해진 결정적 부분은 따로 있습니다. 이 부분은 다음 장에서 함께 살펴보도록 하겠습니다.

---

14 이 내용은 명대에 출간된 책에도 기록되어 있다. "주방문은 방문과 마주 보면 안 된다.(廚房門不可對房門)"(鄺璠, 石聲漢·康成懿 校注, 『便民圖纂』, 北京: 中華書局, 2021, 138쪽)

　　　　　　　　　　　　　　　　솥과 불로 찾아가는 중국 부엌의 역사

저쟝浙江 쟈싱嘉興 지역
전통 주방의 조화竈畵

항저우杭州, 쟈싱嘉興을 비롯한 저쟝浙江 지역에는 청말, 근대 시기의 전통 시조柴竈의 형태를 유지하고 있는 조竈가 아직도 남아 있다고 합니다. 이러한 조竈는 형태도 참 아름답습니다. 장방형이 가장 일반적이지만 원통형이나 꽃바구니花籃의 형태를 취한 것들도 있습니다. 이런 꽃바구니형 조竈는 조대竈臺와 그 아래에 각을 잡아 꽃바구니 모양을 냅니다. 다음의 사진을 보면 직선과 곡선을 혼용하고 면을 분할하기도 하고 요철을 주어서 입체적으로 표현한 흔적을 볼 수 있습니다. 그런데 주방에서 조리하는 도구라고 하기에는 표면에 회화 및 문양이 그려진 것이 특이합니다.

물론 그림이 전혀 그려지지 않은 조竈도 있습니다. 그림이 그려져 있지 않은 경우와 연속해서 비교해 보겠습니다.[1]

---

1   사진 출처: 劉米, 「中國傳統家用竈具形態演變硏究」, 湖南科技大學 석사학위논문, 2018, 20쪽.(다신주방문화박물관大信廚房文化博物館 전시품)

쟈싱의 꽃바구니형 조竈.

(출처: 쟈싱嘉興에서 직접 촬영)

그림을 그리지 않은 조竈.

(출처: 劉米, 「中國傳統家用竈具形態演變研究」)

솥과 불로 찾아가는 중국 부엌의 역사

위의 두 그림을 보면 조竈의 구성, 불을 넣는 방향 등의 기본 구조는 유사합니다. 그러나 전자가 마치 장식품처럼 보이는 반면 후자는 아주 단정한 조竈로 보입니다. 그러나 중국의 창강長江 이남 지역, 특히 저장浙江 지역의 전통 형식 조竈에는 이렇게 그림을 그린 경우도 많습니다. 건물이든, 기물이든 외부에 그림을 그리거나 장식을 하는 것은 위계가 높음을 의미합니다. 조竈가 한 가정에서 차지하는 위상이 상당하다는 점을 생각하면 외부에 장식을 할 수 있겠다고 생각할 수는 있습니다. 그런데 막상 그 위에 그려진 그림을 보면 섬세하고 화려해서 장식의 정도가 상당합니다.

그렇다면 이렇게 조竈를 장식하는 것은 언제부터 시작되었을까요. 허난河南의 시샤현박물관西峽縣博物館에 소장된 한나라 때의 조竈를 살펴보겠습니다.[2]

문양	예시 사진	
• 홍유도조紅釉陶竈. • 불을 넣는 쪽의 당화장擋火墻에 2층 누각의 모양이 표현됨.		

2   자료출처: 표에 들어간 유물 사진들은 시샤현박물관西峽縣博物館의 「한대도조감상漢代陶竈鑒賞」이라는 글에서 인용한 것임.(https://mp.weixin.qq.com)

• 홍유도조紅釉陶竈. • 당화장擋火墻에 가옥의 모양이 표현됨.		
• 도조陶竈. • 불을 넣는 쪽 면에는 두 명의 사람이 무릎을 꿇고 두 손을 가슴 쪽에 모은 채 마치 조竈를 지키고 있는 것처럼 앉아 있음. • 인물의 모습 주변에는 마름모와 점으로 구성된 연속무늬를 양각으로 표현함. 보통 이러한 연속무늬는 지속성과 영원성을 의미함. • 옆면에는 입을 벌리고 꼬리를 바짝 세운 채 달리는 짐승의 모습이 표현됨.		

위의 사진은 한나라 때 무덤의 부장품이었던 일종의 미니어처 조竈입니다. 그런데 각 유물마다 각종 문양이 새겨져 표현된 것을 볼 수 있습니다. 가옥을 표현한 것에서부터 짐승과 인물, 연속무늬까지 조竈의 겉면을 치장해서 격을 높인 예입니다. 이미 한나라 때 조竈를 문양으로 장식하는 형태가 있었다는 것을 이 유물들이 말해주고 있습니다.

솥과 불로 찾아가는 중국 부엌의 역사

실제 사용하는 조竈에 본격적으로 그림을 그리기 시작한 것은 청말민초 시기라고 합니다.[3] 그러나 이 그림들이 학계의 관심을 끌게 된 것은 한참 후의 일로서, 1980년대 말부터 하이옌현海鹽縣 통위안진通元鎭의 조竈 그림에 대한 발굴이 시작되면서부터였습니다.[4] 이 그림들이 단순하지 않고 수준도 높다는 여러 사례들이 수집되고 그 가치를 인정받게 되어 마침내 2011년에는 쟈싱嘉興을 중심으로 하는 이 지역의 조화竈畵가 중국의 국가급비물질문화유산國家級非物質文化遺産(목록 번호 Ⅶ-99)에 등재되기에 이르렀습니다.

조화竈畵의 소재는 참 다양합니다. 부귀영화를 의미하는 꽃, 오래오래 산다는 소나무, 금방이라도 귀신을 물리쳐 줄 것 같은 호랑이, 전설에 나오는 신선, 그리고 『삼국지연의三國志演義』 등에 나오는 주요 장면들이 그려집니다.

앞에서 이 지역에서 벽돌을 이용해서 조竈를 쌓는 사진을 제시한 적이 있습니다. 조竈의 마무리 미장을 할 때 보통 흰 벽을 치는데 그 회벽이 마르기 전, 축축한 상태에서 바로 이러한 그림을 그린다고 합니다. 이렇게 하면 그림의 안료가 회벽에 자연스럽게 스며들어서 그림의 지속력이 늘어나는 것입니다.

그런데 이런 그림들을 도대체 왜 그리게 되었을까요. 전통 건물의 마지막 장식에 해당하는 우리나라의 단청을 떠올려 보았습니다. 건물 내외의 구조재에 단청을 하게 되면 해당 건물의 위계가 어느 정도인지 시각화될

---

3   計慧, 「江南灶壁畵的藝術淺析」, 上海師範大學 석사학위논문, 2013, 14쪽.
4   姜燕萍, 『江南傳統竈頭畵』, 杭州: 浙江大學出版社, 2020, 前言 부분.

뿐만 아니라 건물의 장식성이 보태지고, 벌레의 침범이나 외부인의 손길에서 생길 수 있는 위해로부터 건물을 보호하게 됩니다. 그러면 조竈의 외부 장식에 해당하는 조화竈畵는 어떤 역할을 하고 있을까요. 여러 자료를 뒤져보았지만 조화竈畵가 외부의 위해 요소들로부터 조竈의 구조재를 보호한다는 근거는 찾지 못했습니다. 하지만 조화竈畵의 면면을 살펴보니 장식성을 보태고 조竈의 위계를 표현해 주는 것은 분명해 보였습니다. 장식하는 이 그림들이 조竈의 중요성을 표현하는 무형의 아우라를 풍기고 있다는 것입니다.

당연한 이야기이지만 주방이란 공간은 밥을 지어 가족의 양생을 책임지는 곳입니다. 그러기에 옛날부터 중국의 주방, 특히 그 안에서 불을 때는 조竈는 가족 개개인의 안위, 건강, 복의 근원이라고 여겨졌습니다. 그래서 이곳에는 가족의 안위, 건강, 복을 비는 문양과 문구를 그려 넣었습니다. 아래의 사진은 기존에 존재하는 글자를 조합하여 새로운 글자를 만든 경우를 보여줍니다. 마치 부적처럼 복을 기원하는 문양의 역할을 하도록 조합한 것입니다.[5] 첫 번째는 쌀[미米], 가운데[중中], 있다[유有], 물[수水]을 조합해서 만든 글자입니다. 풀이하면 "쌀 가운데에 물이 있다."라는 뜻입니다. 아마도 쌀로 밥을 지을 때 물이 필요한 것처럼 해당 가정에도 필요한 것들이 다 갖춰지고 양식과 복이 충만하길 기원하는 의미인 것 같습니다. 그 아래 글자는 날마다[일日], 들어오다[진進], 몇 말의[두斗], 금[금金]을 조합했습니다. 풀이하면 "날마다 몇 말의 금이 (집 안으로) 들어온다."입니다. 날마다 재물이 집 안으로 들어오기를 기원하는 주문과도 같습니다. 이처

---

5   사진 출처: 計慧, 「江南灶壁畵的藝術淺析」, 上海師範大學 석사학위논문, 2013, 24쪽.

솥과 불로 찾아가는 중국 부엌의 역사

럼 조竈에 그려진 그림은 가정의 번영을 기원하는 '주문'입니다. 이런 주문
을 그려 넣는 순간 조竈는 음식을 만드는 공간에서 기도처로 변모합니다.
매일 같이 불을 때고 음식을 하면서 가족의 안녕과 풍족한 생활을 염원하
는, 생활과 일치된 종교적 공간이 되었던 것입니다.

미중유수米中有水.
(출처: 計慧, 「江南灶壁畫的藝術淺析」)

일진두금日進斗金.
(출처: 計慧, 「江南灶壁畫的藝術淺析」)

　이 지역 조竈의 그림을 보니 하나의 조竈 표면을 여러 개의 구획으로 분
할하여 다양한 그림으로 구성하는 것이 특징이었습니다. 그림은 화려하고
선명합니다. 사진 한 장을 보여 드리겠습니다. 이 사진에 보이는 조竈 그림
은 상당히 퇴색했습니다. 불을 때고 있는 할머니 옆쪽 그림은 선이 뭉개져
서 형체를 구분하기 어렵습니다. 그러나 중간 부위에 먹선으로 표현한 넝
쿨무늬는 아직도 선명하게 보입니다. 이는 폭이 좁고 긴 면을 장식할 때 사
용하는 문양입니다. 바로 세세생생世世生生 안녕과 평화가 넝쿨처럼 이어

지고, 자손만대子孫萬代에 영화가 넝쿨처럼 끝도 없이 이어지기를 기원하는 무늬입니다. 하단의 중앙 부분 그림에는 대나무밭에서 노는 두 마리 판다가 분명히 보입니다. 판다[슝마오熊貓]는 유유자적하고 평화롭게 생활합니다. 대나무만 풍부하다면 더할 나위 없이 행복하게 살아갑니다. 그래서 대나무밭에 있는 두 마리 판다는 화합과 행복, 평안과 풍족함을 상징합니다.

쟈싱의 조竈 그림.(출처: 바이두百度)

이와 더불어 하단부의 가장 왼쪽에 흐릿하지만 우뚝 솟은 건물도 보입니다. 이 지역의 경물을 묘사한 것으로 생각되기도 하지만 이와 유사한 그림을 여럿 보니 아마도 특정 경물보다는 '욱일동승旭日東昇', 즉 아침 해가

솥과 불로 찾아가는 중국 부엌의 역사

동쪽에서 뜬다는 의미를 표현한 것 같습니다.[6] 그러면 아침 해가 동쪽에서 솟아오르는 것처럼 좋은 기운이 솟아오르기를 기원하는 그림으로 해석할 수 있습니다. 이어지는 사진은 역시 같은 소재로 그린 조화竈畵입니다.[7] 위에서 본 그림과 달리 붉은 해가 분명히 표현되어 있어서 의미를 유추하는 데에 도움이 됩니다.

아침 해가 솟는 장면을 묘사한 조화竈畵.(출처: 張覺民, 『江南竈畵』)

---

6   이 구절은 『시경詩經·패풍邶風·포유고엽匏有苦葉』에 나오는 "끼룩끼룩 우는 기러기, 아침 해가 시작되는 아침이네.(雝雝鳴雁, 旭日始旦)"와 관련되어 있다고 보기도 한다. 한 여성이 정인情人이 어서 와서 자신을 아내로 맞아주기를 기다리는 내용인데, 이 내용에 근거를 두고 그림을 풀이하면 남녀가 만나고 사랑하기를 기다리는 의미를 지녔다고 풀이할 수 있다.

7   張覺民, 『江南竈畵』, 北京: 中國輕工業出版社, 2012, 67쪽.

아침 해가 솟을 때 닭이 우는 장면을 묘사한 조화竈畵.(출처: 직접 촬영)

시안 장락문長樂門 위의 누각에 보이는 편액. 1층 편액에는 장락각長樂閣, 2
층 편액에는 욱일동승旭日東升이라고 되어 있다.(출처: 직접 촬영)

솥과 불로 찾아가는 중국 부엌의 역사

이 그림들의 목적은 가족의 건강과 행복을 기원하는 것이었습니다. 하지만 저는 개인적으로 이 그림들 덕분에 음식을 하는 동안에 지루함을 잊었을 것 같다는 생각을 했습니다. 주방에서 음식을 하다 보면 오래 끓여야 하거나 약을 달이는 것처럼 장시간 이곳에 머물러야 하는 경우가 많습니다. 그때 이런 그림이 앞에 보인다면 참 재밌을 거 같습니다. 조리하면서도 그 그림과 관련된 재밌는 이야기를 할 수도 있고 그 이야기가 너무 흥미진진해서 곁에 있는 아이들에게도 들려줄 수 있으니 자연스럽게 어떤 고사가 전승되는 자리가 마련되었을 것이라는 생각도 들었습니다.

특히나 이런 생각이 들게끔 했던 건 여러 가지 고사를 바탕으로 한 그림이었습니다. 조화竈畫 속에는 『삼국지연의』의 유명한 장면들이 펼쳐지는 경우가 많습니다. 적벽대전赤壁大戰, 유비劉備가 삼고초려三顧草廬를 통해서 제갈량諸葛亮을 맞이하는 장면, 제갈량이 지략으로 조조曹操 군대의 화살을 취하는 장면 등, 이렇게 흥미진진한 이야기들이 생동감 있게 그려집니다. 아래의 사진들을 차례로 살펴보십시오.[8] 이 사진을 보면 알 수 있지만 그림의 수준이 상당히 좋습니다.

---

8   표에 들어간 그림의 출처: 姜燕萍, 『江南傳統竈頭畫』, 杭州: 浙江大學出版社, 2020.

『삼국지연의』의 장면	그림
삼고초려	
조자룡趙子龍이 유비의 아들을 품에 안고 조조의 군영을 돌파해 나가는 장면	
초선차전草船借箭	

솥과 불로 찾아가는 중국 부엌의 역사

우리나라 단청에서는 별화別畵라고 해서, 화면의 구획을 지은 다음, 그 안에 민화나 문인화 풍격을 띠는 그림을 그리는 경우가 있습니다. 우리나라에서 단청을 전문적으로 하시는 분들이 많지만 그럼에도 불구하고 별화까지 그릴 수 있는 분은 상당한 숙련자로서 그 수가 많지 않습니다. 이 수준에 오르기 위해 상당 기간 연습을 거쳐야 하기 때문입니다. 반복된 문양에 대한 채색을 마친 후에 별도의 공간에 모란, 국화, 소나무, 새 등의 자연물, 여러 나한, 불교 고사 등을 그려 넣는데 밑그림도 없이 일필휘지로 그리는 모습을 보면 저절로 감탄하게 됩니다. 그런데 자연물보다 고사를 그림으로 표현했을 때, 보는 사람들이 연상하고 상상해 낼 수 있는 것들이 많아집니다. 이 점을 고려했을 때, 조화竈畵를 그리는 장인 중에서도 문인화 풍의 자연물을 그리거나 인물고사와 관련된 그림을 그리는 분이라면 긴 시간 연마한 장인이라 판단할 수 있고, 또 인물고사와 관련된 그림이 보는 사람들로 하여금 상상과 연상을 더 많이 불러일으킨다고 생각합니다.

쟈싱嘉興 조화竈畵의 전승인.(출처: 직접 촬영)

조화竈畫의 주제 가운데 명대의 『봉신연의封神演義』에 나오는 인물이나 이야기도 있습니다. 『봉신연의』는 은殷나라가 망하고 주周나라가 세워지는 시기를 배경으로 하는데 각종 천신天神과 요괴가 등장하는 재밌는 이야기입니다. 그중에서 나타哪吒는 도교의 신인 태을진인太乙眞人이 도력을 모은 구슬이 화化해서 세상에 나온 동자童子입니다. 진인이 축적한 도력의 정수인 데다가 태어날 때부터 건곤권乾坤圈과 혼천릉混天綾이라는 어마어마한 파괴력이 있는 무기까지 갖고 태어난 그는 강력한 힘으로 요괴들을 무릎 꿇게 했습니다. 요즘 게임 속 인물로 치자면 극강의 힘을 가진 아이템을 두 개나 가지고 태어난, 아주 특출난 신입니다. 그의 모습이 조竈에 자주 그려진 이유가 바로 그가 지닌 항마降魔의 힘 때문입니다. 아래 그림을 보면 그는 양쪽으로 동그랗게 묶은 총각總角 머리 모양에, 용을 타고 파도 위를 종횡무진 다니는 다부진 모습으로 묘사됐습니다. 그의 두 손에는 그가 바로 나타임을 나타내는 건곤권과 혼천릉이라는 지물持物이 표현되었습니다.[9]

『봉신연의』에 나오는 나타哪吒.(출처: 직접 촬영)

---

9   그림 출처: 姜燕萍, 『江南傳統竈頭畫』, 杭州: 浙江大學出版社, 2020, 30쪽.

'지물'이란 신들이 지니고 다니는 특정의 사물입니다. 해당 신이 가지고 있는 능력을 지물들이 나타냅니다. 위의 그림을 보면 나타가 둥근 고리를 들고 있는 것이 보입니다. 그것이 바로 나타의 '건곤권乾坤圈'입니다. 이는 나타가 태어날 때부터 가지게 된 둥근 고리 모양 무기인데 상대를 제압하거나 날아서 공간을 이동하게 해주는 역할을 합니다. 어깨와 몸에는 펄럭이는 끈이 둘러 있습니다. 이것이

2019년에 개봉한, 중국의 애니메이션 '나타라는 마동이 세상에 내려왔다[哪吒之魔童降世]'의 홍보용 포스터. 나타가 두른 혼천릉이 묘사되어 있다.(출처: 바이두百度)

'혼천릉混天綾'입니다. 역시 나타가 태어날 때부터 지니게 된 무기인데 7척尺의 비단끈으로서 천지를 뒤흔들 수 있는 강력한 힘을 발휘할 수 있습니다. 요즘 『봉신연의』를 모티프로 하는 영화, 드라마, 만화, 게임이 많이 출시되었고 그 중에서도 특히 나타가 인기를 끌고 있습니다. 그런데 이전 시기 조화竈畵를 보면 나타는 당시에 이미 인기 있는 캐릭터였음을 알 수 있습니다.

그 밖에도 조화竈畫에는 용, 봉황, 기린, 거북이, 사슴, 박쥐, 희작喜鵲, 제비, 학, 원앙, 물고기, 두꺼비, 연꽃, 모란, 매화, 소나무, 석류, 복숭아, 재신財神, 꽃병, 갖가지 길상 문양 혹은 글자들, 구름, 영원무궁을 의미하는 반장盤長 등을 그립니다.[10] 각각의 그림과 의미를 정리하면 다음과 같습니다.

내용	그림(출처: 직접 촬영)
• 등용문登龍門. • 가족들이 각각의 능력을 펼쳐서 관문을 통과하고 복록을 누리기를 기원함.	
• 기린 • 기린이 아들을 보내주다[기린송자麒麟送子]. • 장원 급제(자손이 복록을 얻기를 기원함).	

10   張覺民, 『江南竈畫』, 北京: 中國輕工業出版社, 2012, 64~78쪽.

솥과 불로 찾아가는 중국 부엌의 역사

• 꽃병. • 병瓶이 발음이 같은 평平, 즉 평화와 평온함을 의미함.	
• 금옥만당金玉滿堂: 금과 옥이 집에 가득함. • 어魚와 옥玉의 발음이 같은 것을 이용해서 금붕어[금어金魚]를 통해 금과 옥[금옥金玉]을 비유함. • 집안에 재물이 가득하고 안녕이 가득하기를 기원함.	
• 음양판과 호리병 등, 도교의 팔보八寶. • 복록을 불러오는 문양임.	

이상에서 본 그림처럼 조竈에 그린 그림은 그 소재도 다양하고 활기찬 표현력도 돋보입니다. 그런데 이것이 왜 하필 조竈에 그려졌을까요. 한반도, 혹은 중국에서 건물의 내외부에 단청을 하는 것은 해당 건물의 위계를

나타내기 위함이었습니다. 예를 들어서 궁궐의 정전正殿 건물에는 최상의 재료로 극상의 문양을 그려 넣습니다. 반면 같은 궁궐일지라도 회랑回廊에는 간단한 색으로 넓은 면을 칠하는 정도로 그칩니다. 즉, 색과 장식이 많아지고 화려해질수록 그 건물의 위계가 높다는 의미입니다. 위에서 살펴본 조竈의 그림과 문양의 장식성, 색의 사용을 살펴보면 민가에서 할 수 있는 한, 상당한 위계를 표현한 것이라고 저는 생각합니다. 아울러서 이 그림들로 인해서 해당 조竈와 주방이 격상되는 의의가 있다고 생각하고 있습니다. 주방의 조리는 때로는 단순하고, 때로는 지루하고, 때로는 험하기도 하고, 또 지극히 일상적인 일이지만 조竈의 그림은 그 일상성을 벗어나 주방에서 행해지는 그 행위가 가족을 위해 얼마나 중요한 일인지, 가정의 안녕과 영원성을 기원하는 얼마나 중요한 의식인지를 상기시키고 있다고 저는 생각하는 것입니다.

그래서 조竈에 그림을 그리는 이 행위와 결과물이 중국에서 문물로 지정되는 등, 가치를 인정받는 것처럼 보입니다. 그러나 2023년도 7월, 쟈싱에 조화竈畵 전시관이 있다는 인터넷 자료에 의지해 이곳을 찾았을 때 아쉽게도 전문전시관은 없어진 상태였습니다. 물어물어 겨우 찾아갔더니 이곳은 전국시대 굴원屈原의 고사와 관련된 찹쌀 음식인 쫑즈粽子를 판매하는 가게로 바뀌어 있었습니다. 쫑즈 판매점 내부에 두 개의 조竈와 몇 개의 그림들이 남아 있어 일부나마 실물을 볼 수 있었지만 아쉬움은 여전했습니다. 옛 조竈를 사용하는 가정이 갈수록 줄어가고 있는 현실에서 조화竈畵를 그리는 장인들이 본업으로는 생계를 꾸릴 수도 없을 텐데 전시관마저 운영이 되지 않으면 이런 무형 유산이 지속될 수 있을지 우려되었습니다.

솥과 불로 찾아가는 중국 부엌의 역사

쫑즈 판매점 안에 전시된 조화竈畫. 쫑즈 제작에 사용되는 플라스틱 상자, 종이상자 등이 어지럽게 쌓인 곳에 있었다.(출처: 직접 촬영)

조화竈畫의 일부라도 실물을 볼 수 있는 전전라오라오쫑즈眞眞老老粽子 판매점의 주변 풍경.(남후구南湖區 환청시로環城西路. 출처: 직접 촬영)

문득 영화 「금옥만당金玉滿堂」을 보았던 기억이 납니다. 사채업자였던 장궈룽張國榮이 한 식당의 주방에 들어가 음식을 배우게 되면서 일어나는 이야기인데, 나중에는 두 팀의 요리 대결이 흥미롭게 그려져서 시간 가는 줄 모르고 보았습니다. 오랜만에 밝은 성격의 주인공을 연기하는 장궈룽을 보며 반가웠고 정해진 시간에 맞춰 조리하느라 뜨거운 열기 앞에서 동분서주하는 조리사들의 활약상이 인상 깊었습니다. 사람들이 뒤얽혀 먹고 마시며 내적으로 성장하는 이 이야기는 그야말로 '금과 옥이 집에 가득'한, 금옥만당金玉滿堂의 화목함을 형상화한 것이었습니다.

조竈에 그리는 그림이 표현하고 싶은 이상도 결국 '금옥만당'입니다. 매 끼니의 양식을 통해 가족 모두의 내적, 외적 성장을 꿈꾸고 닥쳐오는 미래로부터 가정의 안녕과 평화를 기원하는 '금옥만당'인 것입니다. 쟈싱에서 상하이로 이동하며 조竈 위에 예쁜 그림을 그리는 이 아름다운 행위가 다음 세대까지 이어졌으면 하고 바랐습니다.

솥과 불로 찾아가는 중국 부엌의 역사

옛 주방과의 이별

중국에 새로운 주방이 자리잡고 전통 형식의 조竈가 사라지게 된 것은 서양식 가옥의 정착, 전기 제품의 발전, 사용하는 연료의 변화 등의 요인이 가장 큽니다. 그러나 중국인들이 옛 주방과 이별하게 된 데는 사회정치적 요인도 작용했습니다.

1934년 10월, 중국공산당이 쟝시江西를 떠나 오로지 도보, 소와 말을 이용해 산시山西까지 이동한 대장정大長征 때의 일입니다. 이들은 총 25,000리를 걸었고 출발할 때 거의 10만 명이었던 인원이 도착할 때에는 6천 명밖에 남지 않았다고 합니다.

이토록 긴 거리를 도보로만 이동하며 풍찬노숙했던 이들에게 무슨 변변한 주방이 있었겠으며 조리도구가 있었을까요. 그러나 돌과 흙으로 원시적인 화로를 만들더라도 조리도구는 있어야 먹을 수가 있었기에 당시의 기록화를 보면 '이것'은 가지고 행군했습니다.[1]

---

1   자료출처: 인터넷 기사 '長征故事《大郭小郭行軍鍋》的原型 : 郭春花, 背鍋也是戰鬪'

대장정 기록화.(출처: 인터넷 기사 '長征故事《大郭小郭行軍鍋》的原型')

　이 그림을 보면 짐을 들고 열을 지어 행군하는 모습이 묘사되었습니다. 그런데 원으로 표시한 부분을 보면 멜대로 걸린 부분에 검정색 솥 모양이 보입니다. 이것은 '철과鐵鍋'입니다. 바로 행군하는 사람들의 식사를 책임졌던 조리도구입니다. 그래서 이것을 '행군과行軍鍋'라고 부르기도 합니다. 중국의 다용도인 철과鐵鍋는 끓이기, 볶기 등이 모두 가능하기 때문에 행군을 위해 최소한의 조리도구만 챙기라고 한다면 이것 하나만 챙겨도 충분했을 것입니다.

(https://www.sohu.com/a/456153841_121055957)

솥과 불로 찾아가는 중국 부엌의 역사

대장정 당시 사용했다는 행군과.(출처: 바이두百度)

　　행군과에 얽힌 이야기도 소개되어 있습니다. 1935년 원소절元宵節, 대
장정에 참가했던 한 사람이 신세를 졌던 마을 사람에게 철과鐵鍋 하나를
선물로 주었습니다. 얼마 지나지 않아 홍군紅軍을 좇고 있던 군인들이 마
을에 들이닥쳤고 마을 사람들 중에 홍군에 협조한 사람이 있는지, 동조자
를 찾기 시작했습니다. 철과를 선물 받았던 사람은 이에 철과를 등에 멘 채
산으로 도망쳤습니다. 군인들이 이를 발견해 총을 쏘았고 그는 쓰러졌습
니다. 그가 죽었다고 생각한 군인들은 더는 좇아오지 않았는데 쓰러진 사
람은 철과 덕분에 약간의 부상만 입었을 뿐, 죽지 않았다고 생각했습니다.
후에 이 행군과는 그 지역 박물관에 기증되어 전시되었고 이야기도 함께
전해지고 있다고 합니다.[2] 이처럼 주방에 걸려서 음식을 만드는 철과가 사
회적 혼란 속에서는 행군과行軍鍋가 되고, 고정형 조竈와 화로를 사용하던

2　　자료출처: '一口救命鍋的長征歷史典故'(바이두문고百度文庫)

사람들도 난리 중에는 신석기시대 사람들처럼 흙바닥에 돌을 고아서 음식을 끓여야 합니다. 이런 과정 속에서 옛 주방과 의도치 않게 이별을 경험했던 것입니다.

또 다른 이야기로 1970~80년대의 경우를 말해 볼까 합니다. 당시에는 중국의 주거난이 심각한 상태였습니다. 한정된 토지 위에 최대한 많은 사람을 수용할 수 있는 주택을 공급해야 했던 공산당은 긴 복도를 두고 그 주변에 방을 배치한 주택을 공급했습니다. 원래 이곳은 미혼남녀의 숙소로 제공되었지만 이 사람들이 그곳에서 결혼을 하고 아이를 낳아 기르게 되면서 좁은 곳에서 수많은 가족들이 함께 살아가게 되었습니다. 사람들은 이런 형태의 집을 '퉁즈러우筒子樓'라고 불렀습니다. 퉁즈筒子란 '통'을 뜻하고 러우樓는 '다층 건물'을 의미합니다. 여러 사람들이 한 통에 들어가 살고 있는 다층 건물, 즉 아파트먼트와 유사한 주거 형태입니다. 하지만 이곳에는 주방이나 화장실이 개별적으로 안배되지 못했습니다. 공동주방, 공동화장실을 사용하다보니 위생 문제 등, 여러 가지 취약한 부분도 있었습니다.[3]

---

3   張映琪·吳志軍·辛林嶺,「中國傳統廚房形態的演變歷程」,『家具』, 2017年第06期, 3쪽.

퉁즈러우.(출처: 바이두百度)

퉁즈러우의 복도에 있는 주방.(출처: 바이두百度)

1988년의 퉁즈러우의 공용 주방.(출처: 바이두百度)

퉁즈러우의 주방.(출처: 바이두百度)

솥과 불로 찾아가는 중국 부엌의 역사

일련의 사진을 보면 사람들이 좁고 부족한 복도에 작은 화로를 놓고 조리하거나 공용주방에서 작은 화로를 놓고 조리하는 장면이 나옵니다. 주방은 각 가정의 개성이 담기는 공간이고 남들이 보지 않았으면 싶은 공간이었을 수도 있는데 사회적 변화로 인해 주거지가 변화하자 주방의 사용 형태도 바뀌어야 했습니다. 그러나 사람들은 여러 불편함 속에서도 그곳에서 조리해서 가족들을 먹이고 일을 하며 더 나은 미래를 향해서 걸어갔습니다. 퉁즈러우의 주방은 이전 시대의 주방과 형태과 규모, 사용 형태가 완전히 달랐습니다. 그러나 사람들이 주방에서 하는 행위들을 모두 감당했고 가족들의 식사와 건강을 책임지는 본령의 임무도 수행했습니다. 이는 일견 옛 주방과 이별하는 과정으로 보이지만 주방의 형태가 달라져도 그 임무는 변하지 않는다는 점을 오히려 잘 보여줍니다.

중국에서도 대규모 재개발이 이루어져 퉁즈러우도 점차 사라지고 있습니다. 그러나 이곳에서 자라난 세대에게는 잊히지 않는 기억이라고 합니다. 시간이 지나면서 불편함은 잊혀지고 다만, 좁은 복도의 화로에서 음식을 하던 부모와 자신들의 모습이 기억 속에 따뜻하게 남아있을 것입니다.

인민공사의 한솥밥

가옥 구조가 바뀌면 사용하는 연료도 바뀌는 경우가 많습니다. 나무, 나무 껍데기 등을 때지 못한다면 자연히 전통 방식의 조竈를 사용할 수 없 게 됩니다. 그런데 정치적 영향으로 주방의 모습이 바뀌는 예가 중국에는 있습니다. 1958년에 시작되어 1962년까지 지속되었던 대약진운동大躍進運 動 때의 일입니다. 대약진운동에 대해 요약한 설명을 우선 살펴볼까요.

'대약진大躍進' 운동은 1958년 초부터 모든 활용 가능한 자원을 집 중적으로 투입하여 대대적인 생산량의 제고를 목표로 한 증산 운동 이었다. 특히 기술과 자본의 현저한 결핍이라는 조건을 쉽게 극복할 수 없었던 상황 속에서 상대적으로 풍부한 노동력을 인민공사人民公 社 체제로 재조직함으로써 증산의 목표를 달성하고자 했다. 인민공 사는 '일대이공一大二公', 즉, 한편으로는 기존의 생산 조직을 합병하 여 공사라는 대규모大規模 조직을 설립하고, 다른 한편으로는 공사를 단위로 통일적인 회계[核算]와 분배를 행하는 공유제公有制의 소유제 형식을 취하여, 노동 생산물을 국가가 쉽게 수취할 수 있도록 만들기 위한 새로운 조직적 장치였다. 또한 인민공사는 '정사합일政社合一' 체제, 즉 행정과 기업의 일체화, 당과 정부의 일체화를 통해 단순한 경제 관리 조직에 머물지 않고 정치 업무까지도 관할함으로써 사회에 대한 전방위적인 통제를 가하는 체제였다. 이념적으로 보면 이상의 대약진과 인민공사화 운동은 중국공산당의 사회주의 건설의 '총노선總路線'을 기치로 조속히 사회주의 사회를 실현하고자 한 정치적 이상주의 운동이기도 했다.[1]

위의 설명에 따르면 경제 성장과 증산을 위한 운동이었던 대약진운동을 펼치는 가운데 '인민공사'라는 조직이 편성되었습니다. 그런데 이 조직은 독특한 면이 있습니다. 함께 생산하고 서로 서비스를 제공하는 공산주의적 경제 조직이었던 것입니다. 이때 농촌뿐만 아니라 수도인 베이징北京에서도 다음과 같은 변화가 일어납니다.

1958년 7월 3~4일 열린 베이징시市 '가도거민사회주의건설약진대회街道居民社會主義建設躍進大會'의 보고에 따르면, 5월 이래 이미 9만여 명의 가도 거민이 생산 조직에 참가했고, 재봉·이발·목욕·식당 등 생활 서비스업을 조직했으며, 일부 소규모 공장 건설 및 일반 기업을 위한 보조 노동에 나섰다. 특히 참여자의 절대다수는 부녀자였기 때문에 가사 노동으로부터 부녀를 해방한다는 목적에서 식당과 탁아 조직을 설립하는 일이 중시되었다. 1958년 말 생산에 참가한 가도 거민은 14만 명으로 늘었고, 1959년 11월에는 590여 개의 가도 공

---

1   朴尙洙, 「중국 도시 人民公社 건설 시기 街道 공간의 국가와 사회, 1958~1965」, 『중국근현대사연구』 Vol.66, 2015, 148쪽.

장, 1천 7백여 개의 생산조, 그리고 1천 2백여 개의 서비스 조직이 구
성되었으며, 약 16만 여 명의 가정주부가 생산에 참가하는 등, 생산
및 생활의 조직화는 꾸준히 진행되었다.[2]

위의 글을 보면 인민공사라는 조직에는 부녀자의 참여가 늘어나면서
부수적인 변화가 있었습니다. 이전 시대에 육아와 식사 준비와 같은 가사
노동의 담당자가 주로 여성이었지만 이 여성들의 사회 참여가 늘어나면서
아이를 봐주는 탁아 조직과 식사를 제공하는 식당까지 생겨났습니다. 위
의 논문에서 인용한 조사 결과에 따르면 "1958년 말 베이징시 전체의 가
도 식당은 896개에 이르렀고, 식당에 근무하는 인원도 2816명, 이용자도
59700명에 달했다."고 합니다.[3] 그러니 집에서 밥을 먹지 않고 식당을 이용
하게 되었다, 즉 요즘 쓰는 단어로 단체급식을 시행하게 되었다는 이야기
인데 도대체 이 인민공사 공공식당은 어떤 곳이었을까요.

아래 사진은 공공식당에서 식사를 제공하는 모습입니다.[4] 마스크와 앞
치마, 위생모를 착용한 사람이 반찬을 그릇에 담고 있는데 그의 옆에는 이
미 음식을 담은 다량의 접시가 놓여 있어서 음식을 먹어야 하는 사람이 많
다는 것을 보여줍니다. 창문 너머로는 사람들이 웃으며 함께 식사를 하고
있습니다. 아이를 안은 사람도 있는데 얼핏 보아도 그 숫자가 적지 않아 보
입니다.

2   朴尙洙, 「중국 도시 人民公社 건설 시기 街道 공간의 국가와 사회, 1958~1965」, 『중국근
     현대사연구』 Vol.66, 2015, 150쪽.
3   朴尙洙, 「중국 도시 人民公社 건설 시기 街道 공간의 국가와 사회, 1958~1965」, 『중국근
     현대사연구』 Vol.66, 2015, 150쪽.
4   자료출처: https://mbd.baidu.com/

1958년 인민공사의 공공식당 모습.(출처: https://mbd.baidu.com)

이처럼 집체 노동을 해야 하는 단위의 사람들이 모여서 단체로 식사를 하는 곳이 바로 공공식당입니다. 1958년에 마오쩌둥毛澤東이 공공식당에 대해 접하고 이해 8월에 허베이河北의 공공식당을 시찰할 때만 해도 그는 공공식당에 대해서 앞으로 좀 지켜보자는 다소 유보적인 입장을 취했습니다. 그런데 그해 12월쯤, 마오쩌둥은 공공식당이 '인민공사를 공고하게 해 줄 관건'이라고 생각을 바꾸었습니다.[5] 노동의 효율을 높여주고 노동 참여 인원을 늘릴 수 있다는 장점이 있었기 때문입니다.

"밥 먹는 데에 돈이 필요치 않다!"[6]라는 공공식당의 슬로건이 이때 이미 등장했습니다. 아래의 사진은 인민공사 식당에서 함께 식당을 하는 모

5   張昭國·廖靈丹,「專斷性權力同建制性權力的博弈與國家治理體系的建設: 基於人民公社 時期公共食堂存廢的考量」,『魯東大學學報(哲學社會科學版)』, 2014年第03期, 10쪽.

6   "吃飯不要錢!"

습입니다.[7] 식사를 하는 사람들 너머로 벽에 붙은 "밥 먹는 데에 돈이 들지 않는다!"라는 슬로건, 그 아래 "노력해서 생산하자!"[8]라는 구호가 보입니다.

공공식당에서의 식사 모습.(출처: image.baidu.com)

1958년 9월, 국무원부총리國務院副總理인 탄전린譚震林은 쟝쑤성江蘇省에 와서 인민공사와 관련된 좌담회를 개최했는데 여기에서도 공공식당 문제가 거론되었습니다. 이때 탄전린은 '밥을 먹어도 돈이 들지 않는 것'이 바로 '문명文明'이고 밥을 먹으면 돈을 요구하는 것이 야만이라고 역설했

---

7   자료출처: https://image.baidu.com/

8   "努力搞生產"

솥과 블로 찾아가는 중국 부엌의 역사

습니다.[9]

물론 처음에는 사람들의 반발도 심했습니다. 허난河南의 쉐이핑현遂平縣의 인민공사에서는 이런 일도 있었습니다. 1958년에 해당 인민공사의 구성원들에게서 3500여 건의 각종 불만 및 의견을 자유롭게 내놓도록 했습니다. 그런데 그중에서 식당에 가입하고 싶지 않다, 식당에 대해 불만이 있다는 의견이 있었지만 인민공사에서는 도리어 이러한 의견에 대해 비판을 가했다는 내용입니다. 그러고 나서야 공공식당이 건립되고 기반을 잡아나가게 되었다고 합니다. 이러한 내용을 들여다보면 초창기 공공식당에 대한 사람들의 감정이 좋지 않았으며 이것을 당에서 비판하면서 사람들의 반감을 가라앉혀 나가는 과정이 있었음을 알 수 있습니다.[10]

다음의 사진은 1958년, 산시성陝西省의 공공식당에서 다 같이 둘러앉아 식사를 하는 모습입니다. 그 아래 사진도 역시 같은 시기에 어린이들이 단체로 식사를 하는 모습입니다.[11] 이전에 가족 단위로 식사하는 모습과는 차이가 있지만 사진 속 모습이 상당히 즐거워 보이긴 합니다.

9   紀乃旺, 「人民公社化時期農村公共食堂的興辦: 以江蘇爲例」, 『遼寧行政學院學報』, 2012年第9期, 171쪽.

10   張昭國・廖靈丹, 「專斷性權力同建制性權力的博弈與國家治理體系的建設: 基於人民公社時期公共食堂存廢的考量」, 『魯東大學學報(哲學社會科學版)』, 2014年第03期, 10-11쪽.

11   자료출처: https://mbd.baidu.com/newspage/data/dtlandingwise?nid=dt_4590874699545165903&sourceFrom=homepage

1958년, 산시성陝西省 공공식당의 모습.(출처: mbd.baidu.com)

1958년, 산시성陝西省에서 어린이들의 단체 식사 모습.(출처: mbd.baidu.com)

솥과 불로 찾아가는 중국 부엌의 역사

그런데 1958년 말부터 식량난이 닥치기 시작하면서 공공식당 운영에 또 다른 어려움이 생겼습니다. 그러나 마오쩌둥은 공공식당의 운영을 점검은 하되 이것을 해산할 생각이 없었습니다. 1959년 8월에 열린 루산회의 廬山會議에서 인민공사의 공공식당을 해산해야 한다는 의견이 나오자 이에 대해 마오쩌둥은 '비관주의적 사조'라고 말하며 반대했습니다. 그리고 이 회의가 끝난 후에는 공공식당의 운영이 재개되었습니다. 그 결과 1959년 말 무렵, 중국 농촌 지역에서 운영되는 공공식당이 391.9만 개소, 공공식당에서 밥을 먹는 인구가 약 4억 명에 달하게 됩니다. 이는 인민공사 총인구의 72.6%에 해당합니다. 특히 허난河南과 후난湖南 등의 일부 성省에서는 97% 이상이 공공식당에서 밥을 먹었다고 합니다.[12] 이러한 통계를 보자면 1959년 말이 되면 가정의 주방이 거의 유명무실해지는 곳이 생겨났음을 알 수 있습니다.

다음은 당시에 공공식당을 선전하기 위해 그린 그림입니다.[13] 여성이 색이 선명한 음식을 들고 있고 그 뒤로 앉아서 식사하는 사람들과 그들에게 음식을 날라주는 사람도 보입니다. 앉아 있는 사람들은 모두 여성입니다. 저는 이 선전화가 식사를 준비하는 노동으로부터 여성들을 자유롭게 해줄 하나의 대안이 바로 공공식당이라는 것을 선전하고 있다고 생각합니다. 아래에 쓴 문구를 보면 "공공식당을 운영하게 되면 모든 인민공사 구성원들이 배불리 먹고, 잘 먹고, 깨끗하고 위생적인 음식을 먹게 될 것임을 보

---

12   張昭國·廖靈丹,「專斷性權力同建制性權力的博弈與國家治理體系的建設: 基於人民公社時期公共食堂存廢的考量」,『魯東大學學報(哲學社會科學版)』, 2014年第03期, 11쪽.

13   자료출처: 타오바오에서 판매하고 있는 당시의 선전화 이미지(www.taobao.com)

증합니다!"¹⁴라는 내용입니다. 공공식당은 깨끗하고 맛있는 음식을 배불리 먹을 수 있는 곳이라는 것이지요.

인민공사 공공식당을 선전하는 선전화. 중국의 인터 넷 쇼핑몰에서 요즘 판매하고 있는 그림.(출처: www. taobao.com)

비슷한 취지로 그린 선전화를 소개합니다.¹⁵ 국수와 채소, 만터우饅頭 를 앞에 놓은 노동자가 만족스러운 웃음을 짓고 있고 음식을 나르는 여성 도 즐거운 표정입니다. 아래에 쓴 문구는 "인민공사의 공공식당은 대단해,

---

14 "辦好公共食堂, 保證所有的社員, 吃得飽, 吃得好, 吃得乾淨衛生."

15 자료출처: image.baidu.com

솥과 불로 찾아가는 중국 부엌의 역사

밥과 요리 맛있게도 만드네. 내 뜻대로 먹고 나면, 생산의 의지가 불끈 솟네."¹⁶라는 내용입니다. 인민공사의 이미지는 역시 맛있는 음식을 마음껏, 배불리 먹을 수 있는 쪽으로 선전되었음을 알 수 있습니다.

인민공사를 선전하는 그림.
(출처: image.baidu.com)

하지만 선전과 달리 공공식당이 갖고 있던 문제는 쉽게 해결되지 않았습니다. 1959년 2월에는 인민공사의 문제점 중에서 곡물 및 부식품과 관련된 문제점이 보고되었습니다. 아래의 내용을 살펴보겠습니다.

---

16   "公社食堂强, 飯菜做得香. 吃着心如意, 生産志氣揚"

예를 들면 리우李屋 생산대대는 1만7천 근의 현미를 감췄다. 그들에 따르면, 현미는 …… 인민공사가 무료급식을 하지 못할 경우를 대비하여 생산대가 식량을 확보하고, …… 다른 생산대보다 우위에 서기 위하여 감추었던 것이다. 비슷한 상황은 회계사업에서도 찾아진다. …… 지역주의는 부식품의 취급에서 특히 두드러지게 나타난다. 예를 들면 일부 관리들은 인민공사의 돼지를 식당의 돼지라고 공공연히 말하면서 돼지를 식당으로 가지고 갔다.[17]

위의 내용을 보면 인민공사의 구성원들이 의도적으로 식량을 감추는 한편, 돼지 등을 임의로 빼내어 식당에서 활용하는 비리도 있었습니다. 1960년에 주더朱德와 저우언라이周恩來는 공공식당 실태를 조사한 이후 마오쩌둥에게 "절대다수, 심지어 전체 인민공사의 구성원-부녀자와 독신남까지도 집으로 돌아가 밥을 먹기를 원한다."[18]고 보고했다고 합니다. 가족 단위를 넘어서 식사를 함께하는 불편함, 식재료를 가정에서 소비하지 않고 공공식당에서 소비하는 것, 식재료를 가정에 비축하지 못하도록 하고 공공재로 만드는 것, 게으르게 일하는 사람도 똑같이 먹을 수 있다는 맹점, 공공식당에 과다한 노동력이 투입되는 점 때문에 사람들의 거부감을 샀던 것입니다. 이때 마오쩌둥은 공공식당의 문제점이 가장 심각하다고 인정하고 군중들이 공공식당 해산을 원할 경우 해산해야 한다고 입장을 바꾸었습니다. 이후 1961년에는 공공식당의 존폐와 식량 분배 문제를 인민공사 구성원들의 의견에 따르도록 하라고 했습니다. 공공식당에서 내세웠던

---

17   스키너 G.윌리엄, 양필승 역, 『중국의 전통시장』, 서울: 신서원, 2000, 224쪽.
18   "絕大多數甚至全體社員, 包括婦女和單身漢在內都願意回家吃飯"

솥과 불로 찾아가는 중국 부엌의 역사

'한솥밥[大鍋飯]'이 이상주의적인 정책이었고 사실은 문제점이 상당했음이 드러났기 때문입니다.

당시에 공공식당과 일반 가정의 취사 노동에 대해 비교한 발언이 있습니다. 1961년 3월, 쟝쑤성江蘇省 쥐롱현句容縣 인민공사 사원인 뤼바이여우呂百友는 다음과 같이 발언했다고 합니다.

> 우리 집 식구는 여섯 명인데 이전에는 모두 일찍 일어나 아침밥을 지었습니다. 저는 과鍋에 불을 때고 아내는 조리를 했습니다. 아침밥을 하면서 점심밥도 하고, 휴식하는 사람이 돌아와서 음식을 만들어 가지고 오는 등, 모두가 분업하므로 밥하는 것이 아예 온전한 노동 시간을 차지하질 않았습니다. 지금 식당의 일을 보면, 23명의 사원이 전부인데 4.5명이 밥을 지어 먹습니다.(취사원 2명, 회계원 1명, 채소 재배 1명, 대장의 경우 반나절씩 일에 참여하지 않음)[19]

뤼씨의 말에 따르면 그의 식구 6명은 분업하여 식사 준비를 하기에 일을 하면서도 병행할 수 있었는데 공공식당의 경우 23명의 밥을 해주면서 4.5명이 투입되는 꼴이니 노동력의 낭비라고 할 수 있습니다. 그런데 뤼씨가 이야기하는 이전의 노동 상태 설명이 흥미롭습니다. 아침에 본인은 불을 넣고[소과燒鍋], 아내는 조리를 한다고[상조上竈] 했습니다. 조竈의 한쪽에서 조리를 하는[상조上竈] 동안에 '과鍋'에 불을 넣으려면 불을 넣는 입

---

19 "我家六個人, 過去都是起早燒早飯, 我燒鍋, 老婆上竈, 早飯帶中飯, 息工回來帶弄菜, 大家都有分工, 燒飯根本不占正當的勞動時間. 現在辦食堂, 全隊23個勞力, 有4個半人搞飯吃(二個炊事員, 1個會計, 1個種菜, 隊長一天有半天不參加生産)"(柳森,「江蘇省農村公共食堂的歷史考察」,『徐州師範大學學報』, 2011年第05期, 86쪽)

구와 조리를 하는 방향이 적어도 90도 적도 차이는 있어야 합니다. 그러므로 이렇게 분업이 가능한 조竈의 형태는 앞에서 우리가 살펴보았던, 저쟝성浙江省의 전통 조竈처럼 불을 넣는 쪽과 조리하는 방향이 다른 쪽인 경우라야 가능할 것입니다.

대약진운동의 효과가 그다지 크지 않았고 오히려 식량난을 초래하는 등, 각종 악재가 겹쳤기 때문에 '한솥밥[大鍋飯]' 정책은 인민들을 배불리 먹을 수 있는 상황을 이룩하지 못했습니다. 또한 이 기간 동안 각 가정에서 음식을 하지 않았기 때문에 각 가정의 주방도 제 기능을 발휘하지 못하였습니다. 당연히 주방에서 이루어지는 음식 전수도 이루어지지 못했을 것입니다.

이처럼 정치 상황에 의해 주방의 의미가 무색해지는 순간이 중국에는 있었던 것입니다. 그러나 지금에 이르러 공공식당은 향수를 불러일으키는 소재가 되기도 합니다. 인민공사의 공공식당을 모티브로 삼은 식당이 운영되기도 하는 것을 보면 말입니다.

요즘 중국에서 인민공사 공공식당을 모티브로 하여 영업하는 식당.
(출처: 바이두百度)

솥과 불로 찾아가는 중국 부엌의 역사

중국은 싫지만 마라샹궈·
휘궈는 먹고 싶어

동북공정, 사드 배치, 코로나19 확산 이후 한국인의 혐중嫌中 감정은 악화되고 있기만 합니다. 특이한 점은 혐중 감정을 토로하는 세대가 10대, 20대의 젊은 층에 집중되어 있다는 점입니다. 젊은 세대는 외부 세계에 대해 비교적 유연하고 열린 사고를 가질 것이라는 기대와는 반대되는 경향이 우리나라 젊은이들에게서 나타나고 있는 것이지요. 그런데 2023년도에 보도된 기사들을 보면 이런 혐중 정서와 모순되는 일면을 발견할 수 있습니다.

1980년대 초부터 2000년대 초까지 태어난 사람은 모두 'MZ세대'로 불리지만 이들의 소비 행태는 성별과 나이에 따라 차이가 큰 것으로 나타났다. 급변하는 시대에 20년에 걸쳐 태어난 이들을 하나의 세대로 묶어 단순화하는 것은 적절하지 않다는 지적도 나온다.

세계일보가 17일 마이데이터 전문기업 뱅크샐러드에 의뢰해 지난해 3월부터 올해 3월까지 이 회사 애플리케이션을 이용해 소비 행태를 기록한 MZ세대 130여 만 명의 지출 습관을 17개 대분류, 84개

소분류로 분석한 결과 전체 MZ세대는 식비와 온라인쇼핑(대분류 기준)에 가장 많은 지출을 하는 것으로 나타났다. …… 84개 품목(소분류 기준)으로 세분화해서 살펴보면 MZ세대의 소비패턴은 성별, 세대별로 달랐다. 전체 지출의 4분의 1 이상을 식비에 쓴 20대 여성은 이 가운데 절반 이상을 '중식'에 사용했다. 전체 대비 중식 지출 비중은 14.91%다. 이는 최근 들어 '10·20세대'를 중심으로 일고 있는 '마라탕 열풍'과 무관하지 않다.

KB국민카드가 지난해 7월 조사한 10·20대의 체크카드 매출 데이터에 따르면 중·고교 여학생의 경우 마라샹궈·훠궈 전문점의 매출이 커피전문점에 이어 2위였다. 반면 30대 여성들은 전체 지출에서 단 0.85%만 중국 음식 소비에 사용했다. 20대 남성은 1.54%, 30대 남성은 1.22%를 중식에 사용했다.

20대 여성이 마라탕 지출에 적극적이라면 30대 여성은 '택시' 탑승에 상대적으로 더 큰 비용을 지출했다.(하략)[1]

위의 기사에서 인용한 데이터에 따르면 MZ 세대 여성이 식비 지출을 가장 많이 한 부분은 '중식'이며 우리나라 10대 중·고교 여학생이 체크카드를 가장 많이 사용한 곳은 '마라샹궈·훠궈 전문점'에서였습니다. 아래는 학교 급식에 등장한 마라탕과 관련된 뉴스 리포트입니다.

[기자]
새빨간 국물에 기름이 둥둥 떠 있고, 고기와 청경채, 배추, 버섯에 두꺼운 당면이 가득 든 마라탕. 혀가 얼얼한 매운맛에 향신료가 자극

---

1   자료출처: "[단독] 2030 여성은 마라탕·택시요금…남성은 車·아웃렛에 지갑 연다"(세계일보 2023-04-17 기사)

솥과 불로 찾아가는 중국 부엌의 역사

적이지만 요즘 학교 급식에도 등장할 만큼 아이들에게 인기입니다.

[현장음]

"요즘 학교 (급식) 클래스. 마라탕·꿔바로우."

'누가 매운맛에 더 강한가'라며 아이들의 마라탕 먹기 도전 영상은 조회 수가 10만 회를 넘어갈 정도입니다.

아이들은 마라탕을 먹으면 스트레스가 풀린다고 말합니다.

[송 모군 / 서울 마포구]

"많이 먹으면 일주일에 한 두세 번…뭔가 혀에 알알한 제가 그 느낌을 되게 좋아해서요. 마라탕 먹으면 그 느낌이 많이 나더라고요."

맘카페 등에선 학교에서까지 아이들에게 자극적인 음식을 꼭 먹어야 하느냐며 부모의 성토 글이 올라옵니다.

[학부모 A씨]

"너무 자극적이기도 해서 아이에게 좋을 거 같진 않고 중국 식재료에 대해서 약간 불신이 있어 가지고."

[학부모 B씨]

"마라탕 식당에 가도 학생들끼리 와서 마라탕을 먹더라고요. 아 좀 양을 조절을 해 줘야죠. 계속 먹일 수 없고."(하략)[2]

초등학생도 마라의 맛에 반해 급식에도 마라탕이 등장한 세대에 대한 리포트입니다. 위에서 직접 인용하지는 않았지만 이 리포트의 후반부에는 마라탕은 짜고 매운, 매우 자극적인 음식이라 제한이 필요하다는 전문가의 조언도 이어졌습니다. 중국을 싫어한다는 10대, 20대가 마라샹궈, 훠궈, 꿔바로우 등, 중국의 음식을 이토록 선호하는 경향은 다소 모순되어 보입

---

2   자료출처: "초등생 급식에 마라탕…나트륨 초과·위염 경고"(채널A 2023-05-18 뉴스)

니다.

그런데 마라샹궈, 훠궈, 궈바로우라는 음식 이름이 모두 중국의 조리도 구와 관련되어 있음을 아는 사람은 많지 않습니다. 여기에서 '궈'는 다름 아닌 '과鍋'입니다. 흔히 우리가 '웍'이라고 부르는 중국의 대표적인 조리 도구입니다.

우선 궈바로우鍋巴肉를 살펴볼까요. 여기서의 '궈바[과바鍋巴]'는 '과鍋' 의 바닥에 눌러붙은 딱딱한 밥, 즉 우리의 '누룽지'에 해당하는 음식입니 다. 넓적한 고기를 튀겨낸 모양이나 식감이 '과바鍋巴'의 그것과 유사하여 붙인 이름입니다. 한국인들도 누룽지의 구수함을 생각하며 향수에 젖는 경우가 많은데 중국인 중에 과바鍋巴에 대한 추억을 수필로 남긴 것을 찾 았습니다.

> (1956년에) 각종 이유로 이 해에는 '(가난하여 음식이 없는 형편이라) 과 鍋 뚜껑을 열 수조차 없었고' 온 가족이 매일 변변치 않은 음식을 먹 었는데 몇 달 동안 한 끼도 배불리 먹을 수가 없었다. 아버지가 밖에 서 재봉 일을 해서 몇 근의 쌀을 받았지만 집안의 사람들은 아까워서 (그 쌀을) 먹질 못하고 매일 아침 멀건 밥을 끓였는데 나에게는 그것 을 그날의 점심으로 싸가라고 하셨다. 말이야 멀건 밥이지, 사실 물 이 전부로서 안에는 그저 몇 알의 쌀이 들어갈 뿐이었다. 어느 날 점 심에 내가 (학교) 식당에 가서 밥을 먹으려는데 장씨 성을 가진 조리 사 한 분이 갑자기 내게 '과바鍋巴' 한 덩어리를 주면서 "빨리 갖고 가 서 먹어! 내가 보니까 너는 매일 점심때 얼굴이 비칠 정도로 희멀건 밥을 마시고 있더구나. 몸이 축나면 공부는 어떻게 하려고 그래?"라

솥과 불로 찾아가는 중국 부엌의 역사

고 하셨다. 내가 괜찮다고 마다하니 아저씨는 나를 떠밀었다.(하략)[3]

이 이야기는 1956년의 가난했던 시절을 회상하는 것으로 시작됩니다. 그해에 주인공의 가족은 극심한 가난에 시달리는데 '과鍋 뚜껑을 열 수가 없을 정도'였습니다. 이 표현은 '게불개과揭不開鍋'라는 말로서 과鍋 뚜껑을 열 수가 없다, 즉 너무 가난해서 과鍋에 음식을 하질 못하니 과鍋 뚜껑을 열 일도 없다는 의미입니다. 학교에 가서도 쌀알이 몇 알 떠 있는 멀건 물을 마시며 버티니 학교 식당의 아저씨가 '과바鍋巴'를 아이에게 먹입니다. '과바鍋巴'는 쌀알이 떠 있는 멀건 물이 아니라 쌀밥이 농축된 음식입니다. 그러니 이 아이에게 얼마나 반가운 음식이었을까요. 그러나 아이는 염치를 차리며 마다합니다. 위에서 인용하지 않았지만 주인공은 글의 말미에서 배고픈 아이를 위해 '과바鍋巴' 조각을 먹이고 싶었던 조리사 아저씨를 추억하며 그래도 이 세상에 좋은 사람이 있음을 그때 알았다고 술회합니다. 중국인도 역시나 솥, 그리고 솥에 붙어 있는 음식에 대한 추억이 많은 것 같습니다.

'마라샹궈', 즉 '마랄향과麻辣香鍋'에도 '과鍋'라는 글자가 들어갑니다. 닭 튀긴 것, 새우 튀긴 것, 어묵, 옥수수와 각종 채소를 산초기름, 생강, 마늘, 쓰촨四川 고추, 각종 향신료 등과 함께 '과鍋'에서 볶은 음식인데 음식

---

3 "由於種種原因, 這年家裏實在揭不開鍋了, 全家人每天吃糠咽菜, 幾個月都吃不到一頓飽飯. 父親在外做栽縫, 別人送給他幾斤米, 但家裏人舍不得吃, 每天早上煮一碗稀飯, 讓我帶上當中午飯. 說是稀飯, 其實都是水, 裏面只有幾粒米. 一天中午, 我到食堂去取飯, 一位姓張的大師傅突然塞給我一塊鍋巴說: '快拿去吃了吧! 我見你每天中午都喝能照見人影的稀飯, 身體搞垮了怎能上學呀?' 我說不要, 他卻一把我推走了."(曹仲福,「一塊鍋巴」,『當代礦工』, 2001年02期, 1994, 56쪽)

을 제공할 때 '과鍋'에 담아서 내놓는 경우도 많습니다. 마라탕이 국물이 있다면 이 음식은 국물이 거의 없이 조리합니다. 워낙 '얼얼하고[麻]' 또 '매운[辣]' 음식이라 매운맛에 꽂힌 한국인들에게 인기입니다.

훠궈, 즉 '화궈火鍋'에도 역시 '과鍋'가 들어갑니다. 각종 육수에 채소며 고기를 살짝 담갔다가 건져 먹는 음식인데 육수를 담아내는 용기를 강조한 음식 이름입니다. 그런데 요즘 훠궈를 먹는 분들이라면 이 용기를 왜 '과鍋'로 통칭하는지 이해하지 못할 수도 있습니다. 요사이 훠궈 전문점에서 사용하는 스테인리스로 만든 둥글거나, 혹은 네모진 용기와 중국음식점에서 조리할 때 사용하는 '과鍋', 즉 웍의 소재와 모양이 달라 보이니 말입니다. 이전에도 훠궈와 그 취지가 같은 음식이 오래전부터 있었지만 사용하는 용기의 명칭은 달랐습니다.

훠궈의 역사를 연구하는 연구자들은 상주商周 시대의 청동기에서부터 그 흔적을 찾기도 합니다. 조리도구에 열을 직접 가하는 것의 흔적을 찾을 수 있다고 주장하는 것입니다. 여기에 전적으로 동의하기는 어렵지만 하나의 의견이니 소개는 해보겠습니다. 상주商周 시대에는 청동으로 만든 정鼎을 사용했습니다. 정鼎의 형태에 대해서는 앞에서 이미 서술했으니 재차하지 않겠습니다. 그런데 어느 시기가 되면 이러한 기구에 별도의 장치가 추가된 도구가 나옵니다. 이른바 '온정溫鼎'이라고 부르는 것입니다.[4] 다음의 사진은 쟝시성박물관江西省博物館에 소장된 상대商代(기원전 1600-기원전 1046) 말의 '수면문청동온정獸面紋靑銅溫鼎'입니다. 방형의 구조, 표면의 문

---

4   온정溫鼎과 관련해서는 羅志和·李寧의 「中國最早的火鍋: 商周靑銅溫鼎」(『四川烹飪高等專科學校學報』, 2008年第02期, 3~7쪽)을 참고하여 정리했다.

양, 네 개의 다리를 갖춘 모습인데 독특한 부분이 있습니다. 한쪽 면에 개폐가 가능한 작은 문이 달려 있다는 점입니다. 연구자들은 이곳이 바로 연료를 넣을 수 있는 구멍이라고 보고 있습니다. 연료를 넣어 용기 안의 음식을 데울 수 있도록 했다는 것입니다.

장시성박물관江西省博物館 소장 온정溫鼎.
(출처: 바이두百度)

이보다 그 용도가 더욱 확실하게 나타나는 용기도 있습니다. 서주西周 시대(기원전 1046-기원전 771) 후기의 '노예수문방정奴隷守門方鼎'을 소개합니다. 이와 비슷한 형태의 정鼎은 여럿 발굴되었는데 하단부에 문처럼 개폐할 수 있는 부분이 있고 이 부분의 잠금장치에 월형刖刑이라는 극형을 받은 노예가 붙어서 마치 문을 지키는 것처럼 고안되었다는 공통점이 있습니다. 그런데 이 문을 보면 2개의 문짝으로 열 수 있게 되어 있고 그 문의 측면으로 창문처럼 공기가 통할 수 있는 구멍도 보입니다. 바로 이곳이 목탄木炭을 넣어서 연소할 수 있도록 하는 곳이고 측면의 구멍은 산소를 공급해서 연소를 원활하게 할 수 있도록 만든 곳이라고 합니다.

서주 시대 후기의 노예수문방정奴隸守門方鼎.
(출처: 바이두百度)

4장에서 살펴보았던 정鼎의 형태와 달리 위의 도구에서 2차 가열할 수 있는 장치가 별도로 필요했던 이유가 무엇일까요. 이를 연구한 논문에서는 제사를 지내고 나서 다 식어버린 '대갱大羹'을 다시 데워서 먹기 위해

솥과 불로 찾아가는 중국 부엌의 역사

고안된 장치로 보고 있습니다.[5] 대갱은 고기를 끓여서 만든 즙인데 여기에는 소금이나 염매鹽梅 등, 간을 맞춰주는 조미료를 넣지 않습니다. 『주례周禮·천관天官·총재冢宰』를 보면 "제사에서 대갱과 형갱鉶羹을 내놓는다. 빈객에게도 이와 같다."[6]라고 했는데 제사에 쓰는 고기즙이 바로 대갱인 것입니다. 대갱과 함께 내놓는 형갱鉶羹은 '형鉶'에 담아 내놓는 갱羹입니다. '형鉶'은 국을 담는 세 발 달린 용기로서 정鼎과 유사한 형태이지만 크기가 작습니다. 이런 용기는 제사를 지내는 동안 쉽게 식기 때문에 제사 지낸 후에 용기 안의 음식을 먹기 위해서는 데우는 정도라도 2차 가열이 필요했고 그래서 위와 같이 연료를 아래에 넣어 데워먹을 수 있도록 고안한 것이라고 연구자들은 추정합니다. 훠궈를 먹을 때처럼 용기를 팔팔 끓이는 정도로 열을 가할 수 있었는지는 알 수 없지만 용기에 열을 가한다는 점만큼은 유사합니다.

한나라 때가 되면 훠궈의 '원앙과鴛鴦鍋'를 연상하게 하는 용기가 나옵니다. 원앙과는 과鍋의 절반을 나누어서 한쪽에는 맵지 않은 육수인 백탕白湯을, 한쪽에는 매운 육수인 홍탕紅湯을 넣어서 각자 원하는 육수에 식재료를 살짝 담갔다가 먹도록 고안된 용기입니다. 요즘에는 두 칸으로 구성된 원앙과 뿐만 아니라 3~4칸, 심지어 9칸까지 나누어진 용기도 나와서 토마토탕, 채소육수, 우유가 들어간 육수를 이용해 훠궈를 즐기는 모습을 볼 수 있습니다.

5   羅志和·李寧, 「中國最早的火鍋: 商周靑銅溫鼎」, 『四川烹飪高等專科學校學報』, 2008年第02期, 5~6쪽.

6   "祭祀, 共大羹·鉶羹. 賓客, 亦如之."

중국의 훠궈 식당에서 사용하는 원앙과.(출처: 바이두百度)

이런 원앙과와 유사한 용기로서 한나라 때의 '오숙부五熟釜'라는 것이 있었습니다. 이 용기의 내부를 보면 가운데의 원형, 그 주위로 네 개의 구획이 나누어져 있어서 5가지 다른 맛의 음식을 각각 담아 먹을 수 있도록 구성되었습니다. 『삼국지三國志·위지魏志·종요전鍾繇傳』에 달린 배송지裴松之의 주석을 보면 "『위략魏略』에 따르면 종요가 상국이 되었는데 '오숙부'를 가지고서 정鼎의 표본으로 삼으며 태자를 위해 그것을 주조하게 했다. 오숙부가 완성되자 태자가 종요에게 편지를 써서 '지난날 황제黃帝에게는 삼보정三寶鼎이 있었고 주나라에는 구보정九寶鼎이 있었는데 하나의 몸체로 하나의 맛만을 조미하므로 이 같은 오숙부로 다섯 가지 맛을 맞출 때만은 못할 것이다.'라고 말했다."[7]고 했습니다. 여기에서 오미五味를 맞춘다는

---

7 『魏略』, 繇爲相國, 以五熟釜鼎範, 因太子鑄之. 釜成, 太子與繇書曰, '昔有黃三鼎, 周之九寶, 以一體使調一味, 豈若斯釜五味時芳.'

솥과 불로 찾아가는 중국 부엌의 역사

의미에는 오방五方을 조화롭게 한다는 사회정치적인 의미가 들어가 있습니다.

아래의 사진은 다윈산한묘大雲山漢墓(쟝쑤성江蘇省 쉬이현盱眙縣 마바진馬壩鎭 윈산촌雲山村)에서 출토되어 난징박물원南京博物院에 소장된 오숙부입니다. 배송지가 주석에서 인용한 내용처럼 다섯 가지 맛을 한 곳에서 맛볼 수 있게 고안된 용기임이 명확히 보입니다.

다윈산한묘大雲山漢墓에서 발굴된 오숙부.(출처: 바이두百度)

이외에 한나라 때의 유물 중 '염기染器'라는 용기가 있습니다. 중국국가박물관中國國家博物館 홈페이지에 공개되어 있는 「소형화과小型火鍋」라는 제목의 글을 보면 서한西漢 시대(기원전 202-8)의 청동염기靑銅染器를 소개하고 있습니다.[8] 이 글의 저자는 청동염기가 지금의 훠궈와 연관된 것이라 여

---

8   자료출처: 王永紅의 『文物裏的古代中國』(http://www.chnmuseum.cn)

기고 있습니다. 청동염기는 아래에 받침 부분, 화로, 귀가 달린 용기로 구성되었습니다. 이와 유사한 형태의 유물이 후난湖南, 허난河南, 산시山西, 산시陝西, 산둥山東, 허베이河北, 쓰촨四川 등, 여러 지역에서 고르게 출토되는 것으로 보아서 서한시대 후기에는 이런 도구가 광범위하게 유행한 것으로 추정됩니다. 하지만 이것의 용도에 대해서는 여러 의견이 있습니다. 술을 데우는 용도이다, 혹은 고기국물을 데우는 용도이다, 향을 피우는 용도이다 등의 의견이 있습니다. 또 발굴 유물에 '염染'이라는 글자가 새겨져 있어서 비단실을 염색하는 용도로 사용된 용기일 것으로 추정하기도 합니다. 하지만 또 다른 유물에서 '청하식관淸河食官'이라는 명문이 새겨져 있는 것이 발견되었습니다. 그래서 틀림 없이 조정의 음식 담당 관료가 관장하던 '식기食器'일 것이라는 주장이 설득력을 얻고 있습니다. 저자 역시 이 때문에 이 유물이 음식을 위한 용기라고 추정하고 있습니다. 중국의 고대에는 음식의 맛을 맞추어 주는 부재료, 즉 장이나 소금 등을 '염染'이라 불렀기 때문에 염기는 바로 이런 조미료를 담던 용기라는 생각입니다. 당시에 끓여서 익힌 육고기를 먹을 때 이것을 찍어 먹을, 일종의 소스를 이 용기에 넣었는데 이것을 화로를 이용해 따뜻한 상태로 유지하며 고기를 찍어 먹도록 제공했다는 설입니다. 저자는 이에 덧붙여 한나라 때 사람들은 한 사람이 하나의 상을 받아서 식사하는 분찬分餐을 시행했기 때문에 이 용기의 분량은 한 사람이 고기를 찍어 먹기에 딱 알맞은 양이라고 주장하고 있기도 합니다. 고기를 소스에 담가 찍어 먹는다는 점에는 분명 훠궈를 먹을 때의 모습을 연상시키는 면이 있습니다. 그러나 동일한 형태의 동한시대 유물에 대해서 뤄양박물관에서는 '술잔+술잔의 보온을 위해 둔 화로'로 정의하고 있습니다. 그러니 이 유물이 무엇이라고 단언하기는 어렵

솥과 불로 찾아가는 중국 부엌의 역사

겠습니다.

동한시대 술잔+술잔의 보온을 위해 둔 화로.(출처: 뤄양박물관에서 직접 촬영)

이와 달리 레시피까지 훠궈와 일치하는, 확실한 문헌 자료가 있습니다. 남송南宋 임홍林洪의 『산가청공山家淸供』에 기록된 '발하공撥霞供'이란 음식의 레시피입니다.

　　예전에 무이육곡에서 노닐다가 은자 지지사를 방문했다. 눈을 만나 토끼 한 마리를 잡았는데, 장만할 조리사가 없었다. 지지사가 말하길, "산간에서는 그저 얇게 베어서, 술과 장, 산초 등으로 그것을 적신 후, 풍로를 자리에 앉히고 솥에 반쯤 안 되게 물을 넣고서 끓는 소리가 날 때까지 기다렸다가, 한 잔을 마신 후에 각자 젓가락으로 나누어 가지고, 스스로 고기를 껴서 탕에 넣었다가 익으면 먹습니다.

마음 내키는 대로 각자에게 (솥에 있는) 국물을 제공합니다."라 하였다. 이로부터 그 방법을 사용해 보니 쉽게 행할 수 있을 뿐만 아니라 단란하고 따뜻한 즐거움까지 있었다.[9]

여기에서 임홍은 자신이 이 음식을 접하게 된 이유를 설명하면서 레시피를 기록하고 있습니다. 발하공은 물을 끓여서 양념한 토끼고기를 넣어 살짝 익혀서 그 자리에서 먹는 겨울 음식이라는데 이는 지금의 훠궈와 먹는 방식이 완전히 일치합니다. 특히 둘러앉아 즐겁게, 화기애애하게 식사를 할 수 있다는 설명은 훠궈를 먹을 때의 분위기를 연상케 합니다. 이 시기 이후 명대의 기록에도 훠궈로 보이는 음식을 설명한 부분을 찾을 수 있습니다. 명나라 때 사람인 호시胡侍라는 사람이 쓴 『서담墅談』에는 「급수急須·복증僕憎」이라는 편에서 이렇게 기록했습니다.

또한 음식을 데워먹는 도구가 있는데 이를 '복증'이라고 부른다. 여러 가지를 하나의 작은 부釜에 넣고서 화로로 그것을 조리하기 때문에 '변로邊爐'라고도 이름하고 '난과暖鍋'라고도 이름한다. 다 같이 둘러앉아 함께 먹기 때문에 별도로 안석이나 밥상을 놓을 필요도 없고 겨울에 단출하게 모임을 할 때 매우 편리하다. 그러나 종복從僕들이 음식을 몰래 훔쳐 먹기에는 매우 불편하여 종복들이 싫어하기 딱 알맞기에 '종복들이 싫어하는 음식[僕憎]'이라고 이름한 것이다.[10]

---

9   "向遊武夷六曲, 訪止止師. 遇雪天, 得一兔, 無庖人可制. 師云, '山間只用薄批, 酒·醬·椒料沃之, 以風爐安座上, 用水少半銚, 候湯響, 一杯後, 各分以箸, 令自夾入湯擺熟, 啖之. 乃隨意各以汁供.' 因用其法, 不獨易行, 且有團團熱暖之樂."(林洪, 정세진 역주, 『山家淸供』, 서울: 학고방, 2021, 100~101쪽)

10 "又有暖飲食具, 謂之僕憎. 雜投食物於一小釜中, 爐而烹之, 亦名邊爐, 亦名暖鍋. 團坐共食,

솥과 불로 찾아가는 중국 부엌의 역사

이 기록에서 드디어 휘궈, 즉 화궈火鍋와 먹는 방식은 같으면서 이름까지 비슷한 따뜻한 솥, 이른바 '난궈暖鍋'가 등장했습니다. 청대에도 역시 이 이름을 사용한 기록이 보입니다. 게다가 재료가 낱낱이 공개되고 그 자리에서 익혀서 다 먹는 방식이다 보니 종복들이 음식을 빼돌리거나 몰래 먹을 수가 없다고 말한 부분도 흥미롭습니다. 고록顧祿의 『청가록淸嘉錄』 권12의 「십이월十二月·난궈暖鍋」 부분에도 비슷한 기록이 보입니다.

> 한 해의 마지막 날 밤, 제사를 지내며 먼저 수세守歲하는데 연회 자리에서는 모두가 차가운 그릇에 담긴 음식[冰盆]을 먹는다. (그러나) 여덟 명, 혹은 열두 명, 혹은 열여섯 명이 중앙에는 주석으로 만든 궈鍋를 놓고 이것저것 그 속에 음식을 집어넣은 후 화로로 그것을 익히는데, 이를 '난궈'라고 부른다.[11]

이 기록에서 말한 '난궈'의 먹는 방식은 지금의 휘궈와 완전히 동일합니다. 추운 겨울에 한 해를 보내며 밤을 지새는 날, 꽁꽁 얼어붙은 그릇들 사이에서 난궈의 화로는 얼마나 따뜻했을 것이며 그 음식은 언 몸을 녹이는 데에 얼마나 효과적이었을지 상상이 갑니다.

이런 전통은 그 후로도 계속되었습니다. 1943년의 어느 날, 중국을 대표하는 작가인 궈모뤄郭沫若가 친구들과 모였습니다. 작가인 위링于伶의 생일을 축하하기 위해서 휘궈를 먹자는 모임이었습니다. 쟝쑤江蘇 이싱宜

不復別置几案, 甚便於冬日小集. 而甚不便於僕者竊食, 宜僕者之憎也, 故名."(江玉祥, 「『火鍋考』補」, 『文史雜志』, 2019年06期, 102쪽)

11 "年夜祀先分歲, 筵中皆用冰盆. 或八, 或十二, 或十六, 中央則置銅錫之鍋, 雜投食物於中, 爐而烹之, 謂之暖鍋."(江玉祥, 「『火鍋考』補」, 『文史雜志』, 2019年06期, 102쪽)

興 출신인 위링은 충칭重慶에 처음 온 터라 훠궈를 어떻게 먹는지 잘 몰랐다고 합니다. 반면 쓰촨四川이 고향인 귀모뤄는 이에 대해 훤하게 알고 있었습니다. 설명을 해주어도 위링이 이해를 못하자 귀모뤄는 다음과 같이 재미난 시를 지었습니다.

街頭小巷子, 길 모퉁이 작은 골목에
開個么店子. 작은 가게 열었네.
一張方桌子, 장방형 탁자 하나
中間挖洞子. 중간에 구멍을 뚫었네.
洞裏生爐子, 구멍에 화로를 놓고서
爐上擺鍋子. 화로 위에 솥을 걸었네.
鍋裏熬湯子, 솥 안에 탕이 끓으면
食客動筷子. 식객들이 젓가락을 움직이네.
或燙肉片子, 어떤 이는 고기 조각을 끓이고
或燙菜葉子. 어떤 이는 채소 이파리를 담그네.
吃上一肚子, 배 부르도록 먹고 나면
香你一輩子. 그대의 한평생이 향기로우리.[12]

이 시를 듣고 나서 위링은 훠궈가 어떤 음식인지 바로 이해하게 됐다고 합니다.

훠궈의 시작이 정확하게 언제인지는 모릅니다. 그러나 겨울날 탁자 가운데에 따뜻한 그릇 하나를 사이에 두고 각자가 원하는 대로 화기애애하게 먹을 수 있는 음식으로 전승, 전파된 것은 확실합니다.

---

12   郭軍平, 「郭沫若詩解火鍋」, 『人才資源開發』, 2012年01期, 94쪽.

한국과 중국의 정치사회적 긴장감은 여러 요인 때문에 쉽게 완화되기 어렵고 양국 국민의, 서로에 대한 감정도 쉽게 좋아지기 어려울 수도 있습니다. 그러나 요즘 훠궈, 마라샹궈를 즐기는 유행을 보면 음식을 즐기고 그 분위기를 즐기는 마음만큼은 두 나라 사람들이 공유하고 있다고 생각합니다.

나가며

챗GPT에게 중국의 전통 주방에 대해 설명해달라고 질문했습니다. 그랬더니 역시 그럴듯한 대답을 생성했습니다.

The traditional kitchen of China varies by region, but some common features include the use of woks, steamers, and cleavers. Here are some examples of traditional Chinese kitchens:

1. Northern Chinese kitchen: The northern Chinese kitchen is known for its hearty, warming dishes such as dumplings, noodles, and roasted meats. The kitchen typically features a large stove, a wok, and a large cleaver.
2. Cantonese kitchen: The Cantonese kitchen is famous for its seafood dishes and dim sum. It often features a steam oven, a wok, and a cleaver.
3. Sichuan kitchen: The Sichuan kitchen is known for its spicy and bold flavors. It features a wok, a cleaver, and a clay pot.
4. Hunan kitchen: The Hunan kitchen is similar to the Sichuan kitchen in terms of bold flavors, but it is known for its use of smoked and cured meats. It features a wok, a cleaver, and a clay pot.

In all these traditional Chinese kitchens, the focus is on fresh ingredients, precise cutting techniques, and quick cooking times. The wok is a key tool in Chinese cooking as it allows for high-heat cooking and quick stir-frying. The cleaver is used for everything from chopping vegetables to slicing meat. Overall, traditional Chinese kitchens are functional, efficient, and designed to produce delicious meals with minimal waste.

챗GPT의 설명.

잠깐 사이에 챗GPT가 보여준 대답입니다. 내용을 보니 '웍'의 기능을 중심으로 중국의 전통 주방에 대해 이야기를 풀어내는가 싶었더니 결국 중국의 각 지역별 음식의 특징을 개괄하고 있었습니다. 이 질문 이외에도 여러 질문을 추가해서 좀 더 상세한 대답을 얻고자 했지만 유용한 답변을 얻지는 못했습니다. 중국의 주방을 일목요연하게 이야기하기에는 역사, 지역, 환경, 정치 등 고려해야 할 요건이 많았고 변주도 너무 많기 때문이며, 관련 자료가 많다고 착각하기 쉽지만 실제로는 많지 않고 조금씩 산재한 상황이라 이렇게 답할 수밖에 없는 듯합니다.

저는 앞의 본문에서 각 시대의 조竈와 조리도구를 설명하기 위해서 문헌, 그림, 기사, 유물 등을 살폈습니다. 고정형 조竈가 언제부터 등장했는지, 화로를 어떻게 적극적으로 활용했는지, 솥이라고 부를 수 있는 조리도구들이 시대별로 어떻게 등장하고 사라졌는지, 주방에서 솥과 불이 어떻게 활용되었는지, 주방이 가옥의 어떤 공간에 어떤 이유로 배치되었는지, 주방과 관련된 중국인들의 신앙과 심리는 어떠했는지……. 단편적인 기록을 연결하여 중국의 옛 주방이 남긴 흔적을 조금이라도 꺼내 보고 싶었습니다. 그러나 맹자孟子가 군자가 멀리해야 할 곳으로서 '포庖'를 꼽았기 때문인지(『맹자·양혜왕(상)梁惠王上』), 주방이 소외된 곳이어선지 이를 묘사한 기록을 찾기 어려웠습니다. 당시 사람들의 하루하루를 책임졌던 공간이었건만 기록할 가치를 느끼지 못했던 것이 아닌가 싶어서 아쉬움이 컸습니다.

1920년대에 출간된 중국의 레시피북이 있습니다. 스시성時希聖의 『가정식보속편家庭食譜續編』(北京: 中華書局, 1928)과 『가정식보삼편家庭食譜三編』(北京: 中華書局, 1928)을 읽었습니다. 지금의 우리가 알고 있는 중국음식도 나오고 이전 시대의 레시피도 간혹 섞여 있었습니다. 무엇보다 서양의 영향을 받은 레시피도 기재되었습니다. 과도기적인 식문화를 보여주는 것입니다. 그런데 여기에 조리도구가 기재된 부분을 보니 과鍋, 유과油鍋, 사과砂鍋와 로爐를 여전히 사용하고 있었습니다. 용도에 따라 과鍋의 종류와 재질을 선택하고, 불은 화로를 사용하고 있었습니다. 이처럼 변화하는 가운데 변화하지 않는 것도 있었습니다.

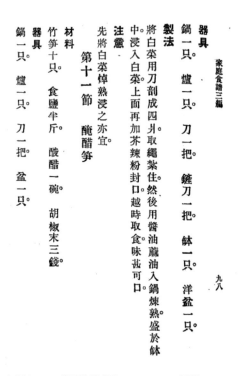

스시성時希聖, 『가정식보삼편家庭食譜三編』, 98쪽.

2024년 1월, 저는 시안으로 향했습니다. 설레기도 하고 착잡하기도 했습니다. 제가 2020년 5월부터 한국연구재단의 저술지원을 받아 중국의 주방을 탐구한 지 만 3년이 넘었지만 계획했던 답사지에 갈 수가 없었습니다. 코로나19의 유행, 중국 각지의 봉쇄정책 때문에 발품을 직접 팔고 눈으로 직접 보아야 할 것들을 다 보지 못했습니다. 시안에 가서 한정된 시간에 보아야 할 것들이 너무 많아서 잠도 오지 않았습니다.

뤄양으로 이동해 우버 택시를 타고 호텔로 향하는 길에 기사님과 이야기를 나누었습니다. 가오티에高鐵를 타고 뤄양으로 오는 길에 산시山西의 야오둥窯洞 같이 생긴 건축물을 보았다고 했습니다. 단단한 황토질 퇴적층에 구멍을 뚫어 만든 집이라고요. 그랬더니 기사님이 본인도 어렸을 때 그런 형태의 집에서 살았다고 했습니다. 2014년에 뤄양 부근에 많은 비가 장시간 내리는 바람에 그 집들이 피해를 입었고 복구하기 전에 집이 무너져 이주해야 했다고 말이지요. 그러면서 산시陝西에서는 이를 디컹위안地坑園이라고 부른다고 했습니다. 저는 일정을 바꾸어 디컹위안이 잘 보존되어 있고 내부까지 볼 수 있다는 관광 구역에 가기로 했습니다. 그리고 그곳에서 거주민들이 직접 사용했던 조竈를 보았습니다. 실물을 보면서 여러 감정이 들었습니다. 제가 발로 뛰어 찾은 자료에 대해서는 이렇게 생생하게 설명할 수 있는데 이 책에 실린 수많은 자료가 책, 인터넷 검색 자료라는 점이 아쉬웠습니다. 조각조각 산재한 자료들을 찾기 위해서 많은 시간 공을 들였고, 또 이것들을 구하지 못할까 전전긍긍 애를 태웠지만 실물을 직접 본 것이 아니라는 점 때문에 성의가 부족한 듯 느껴져 부끄러웠습니다. 현지답사란 저술하는 자의 최소한의 양심이기 때문입니다.

중국에 머물며 중국 현지 휴대전화번호를 발급받아 웨이신 공식계정의 예약페이지에서 며칠 동안 클릭, 클릭을 거듭했건만 산시역사박물관陝西歷史博物館 입장권을 구하지 못했습니다. 외국인이 1급 박물관의 표를 구하기란 그렇게 어려웠습니다. 대신에 시안박물원西安博物院을 예약해서 참관했습니다. 시안박물원의 전시물도 정말 훌륭했지만 산시역사박물관에서 직접 보고자 했던 유물들을 못 보아서 아쉬운 마음이 컸습니다. 그런데 그곳에서 병풍 그림 하나를 보고 한참을 서 있었습니다.

전혜안錢慧安이 그린 병풍 그림 중 일부.(출처: 시안박물원에서 직접 촬영)

전혜안錢慧安이라는 청나라 말기에 활동했던 화가가 그린 병풍 중 일부입니다. 배 위에서 생활하는 가족의 모습을 묘사한 그림입니다. 조각배 한쪽에서 아버지는 노를 젓고 있습니다. 그 곁에 앉은 엄마와 아이 둘의 모습이 보입니다. 식재료로 보이는 채소를 담은 바구니, 풀무도 없이 대나무 대롱으로 화로의 불을 붙이는 엄마, 호기심 가득한 아이들의 반짝이는 눈빛이 뭉클하기까지 했습니다.

솥과 불로 찾아가는 중국 부엌의 역사

"엄마 밥 언제 해줄 거야?"

"배고파."

"오늘은 뭐 해줘?"

"와, 불이 잘 붙는다."

아이들의 눈이 이렇게 말하고 있었습니다.

생각하자니 새벽을 열며 가족이 해주던 아침밥, 집안을 데워주던 밥하는 온기와 지친 어깨를 다시 세워주는 소박한 음식들, 달그락거리는 냄비 뚜껑과 그 아래 불꽃, 채근하는 아이들의 소리가 우리를 양육했습니다. 시대와 상황은 달라도 우리의 영과 육을 위해 주방의 솥과 불은 제 할 일을 해왔습니다. 저는 중국의 주방을 시대별, 지역

전혜안錢慧安이 그린 병풍 그림 중 일부.(출처: 시안박물원에서 직접 촬영)

별로 들여다보면서 변하는 것 가운데 변함없는 이러한 장면을 목도했습니다. 솥과 불을 가지고서 하루를 잘 살아내고 미래의 행복을 염원하는 중국인들의 심태를 조금이나마 이해할 수 있었던 것입니다. 이는 다른 영토에서 다른 환경에서 살아온 우리와 다를 바 없는, 인간으로서의 모습이라고 생각합니다. 결국 당시 사람들이 먹었던 음식, 그 음식이 가능하게끔 했던 주방의 솥과 불은 당시 사람들의 삶을 말해주는 중요한 단서였습니다. 이런 따뜻한 경험을 여러분들과 공유하고 싶어 이 책을 썼습니다.

저는 이후에도 중국 전역을 다니며 현존하는 중국의 옛 주방들을 계속해서 탐색하려고 합니다. 이 책의 내용에는 빈틈이 많고 인용한 자료는 부족하기만 합니다. 그러나 이후의 시간과 노력을 들여 아직도 바삐 임무를 다하고 있는 옛 솥과 불의 소리를 기록하겠습니다.

참고문헌

❷ 국내 논문

공봉진, 「중국 文化崛起에 관한 연구」, 『동북아 문화연구』 Vol.38, 2014, 43~62쪽.

김광언, 「중·한·일 세 나라의 주거 민속 연구 Ⅳ: 조왕」, 『문화재』 Vol.33, 2000, 338~365쪽.

문정진, 「중국 근대 상하이의 매체와 커뮤니케이션-19세기 말 『申報』, 『點石齋畵報』, 『時務報』를 중심으로」, 『中國現代文學』 Vol.56, 2011, 173~200쪽.

민정기, 「淸末 『도화일보(圖畵日報)』 연구」, 『中國文學』 Vol.52, 2007, 201~227쪽.

朴尙洙, 「중국 도시 人民公社 건설 시기 街道 공간의 국가와 사회, 1958~1965」, 『중국근현대사연구』 Vol.66, 2015, 145~178쪽.

박수호·궁선영, 「동아시아 전통사상에 근거한 주거 공간의 이해」, 『한국학논집』 Vol.35, 2007, 231~258쪽.

백승석, 「매승(枚乘)의 <칠발(七發)> 연구」, 『중국어문학』 Vol.18, 1990, 1~29쪽.

吳自牧, 金敏鎬 역, 「『夢粱錄』 譯注(1)」, 『中國語文論譯叢刊』 Vol.28, 2011, 417~453쪽.

吳自牧, 金敏鎬 역, 「『夢粱錄』 譯注(2)」, 『中國語文論譯叢刊』 Vol.29, 2011, 355~380쪽.

吳自牧, 金敏鎬 역, 「『夢粱錄』 譯注(3)」, 『中國語文論譯叢刊』 Vol.30, 2012, 525~559쪽.

吳自牧, 金敏鎬 역, 「『夢粱錄』 譯注: 卷四」, 『中國語文學誌』 Vol.41, 2012, 325~352쪽.

吳自牧, 金敏鎬 역, 「『夢粱錄』 譯注: 卷五(上)」, 『中國學論叢』 Vol.44, 2014, 265~299쪽.

吳自牧, 金敏鎬 역, 「『夢粱錄』 譯注: 卷五(下)」, 『中國學論叢』 Vol.46, 2014, 497~535쪽.

吳自牧, 金敏鎬 역, 「『夢粱錄』 譯注: 卷六」, 『中國學論叢』 Vol.47, 2015, 361~385쪽.

吳自牧, 金敏鎬 역, 「『夢粱錄』 譯注: 卷七」, 『中國學論叢』 Vol.48, 2015, 441~475쪽.

吳自牧, 金敏鎬 역, 「『夢粱錄』 譯注: 卷八」, 『中國學論叢』 Vol.71, 2021, 401~439쪽.

吳自牧, 金敏鎬 역, 「『夢粱錄』 譯注: 卷九」, 『中國學論叢』 Vol.72, 2021, 239~278쪽.

吳自牧, 金敏鎬 역, 「『夢粱錄』譯注: 卷十」, 『中國語文論譯叢刊』 Vol.49, 2021, 213~242쪽.

자넷윤선리, 「부뚜막 신에 대한 재고:『규합총서』를 통해 본 조선 지식인의 조왕 의식」, 『한국학논집』 Vol.79, 2020, 61~92쪽.

정세진, 「문헌과 유물로 재구성한 중국의 시대별 부엌의 모습 = '불'과 '솥'의 변화를 중심으로」, 『동아시아식생활학회지』 Vol.27(No.6), 2017, 583~590쪽.

정세진, 「蘇軾의 茶觀에 대한 고찰: '分別心의 忘棄'라는 측면에서」, 『中國語文論叢』 Vol.92, 2019, 145~166쪽.

정세진, 「南宋代 食譜『山家淸供』에 대한 기초적 탐색」, 『中國語文學誌』 Vol.76, 2021, 37~72쪽.

정세진, 「『中饋錄』역주」, 『중국산문연구집간』 Vol.11, 2021, 189~244쪽.

주기평, 「중국 만가시(中國 挽歌詩)의 형성과 변화과정에 대한 일고찰(一考察)」, 『中國文學』 Vol.60, 2009, 29~49쪽.

함한희, 「부엌의 현대화과정에서 나타나는 문화적 선택들」, 『정신문화연구』 Vol.25, 2002, 65~84쪽.

국내 도서

賈思勰, 최덕경 역주, 『제민요술 역주 Ⅲ』, 서울: 세창출판사, 2018.

賈思勰, 최덕경 역주, 『제민요술 역주 Ⅳ』, 서울: 세창출판사, 2018.

계명대학교 행소박물관 편, 『맛을 담는 그릇의 멋: 중국 고대 음식기구전』, 대구: 계명대학교, 2009.

국립민속박물관, 『중국대세시기』, 서울: 국립민속박물관, 2006.

국립중앙박물관, 『칸의 제국, 몽골』, 서울: 국립박물관, 2018.

국립중앙박물관·上海博物館, 『중국 고대 청동기: 신에서 인간으로』, 서울: 국립박물관, 2021.

김광언, 『동아시아의 부엌-민속학이 드러낸 옛 부엌의 자취』, 서울: 눌와, 2005.

동아시아 부엌생활문화 조사보고서, 『중국과 일본의 부엌』, 서울: 국립민속박물관, 2019.

류종목, 『완역 소식시집 1』, 서울: 서울대출판부, 2005.

리카이저우, 한성구 역, 『송나라 식탁 기행』, 천안: 생각과종이, 2020.

林洪, 정세진 역주, 『山家淸供』, 서울: 학고방, 2021.

마크 에드워드 루이스, 김우영 역, 『하버드 중국사: 진·한 최초의 중화제국』, 서울: 너머북스, 2020.

맹원로, 김민호 역, 『동경몽화록』, 서울: 소명출판, 2011.

박정배, 『만두: 한중일 만두와 교자의 문화사』, 서울: 따비, 2021.

박한제 외, 『아틀라스 중국사』, 파주: 사계절, 2015.

세계김치연구소 편, 『거가필용 역주 음식편』, 광주: 세계김치연구소, 2015.

손세관, 『깊게 본 중국의 주택: 중국의 주거문화』, 서울 : 열화당, 2001.

손세관, 『넓게 본 중국의 주택: 중국의 주거문화』, 서울 : 열화당, 2001.

宋應星, 최주 역, 『天工開物』, 서울: 전통문화사, 1997.

宋兆麟 외 1인, 정인갑 역, 『중국전통명절도해』, 西安: 世界圖書出版公司, 2008.

스키너 G.윌리엄, 양필승 역, 『중국의 전통시장』, 서울: 신서원, 2000.

신슈밍·쥐위안보 엮음, 주수련 역, 『자금성, 최후의 환관들』, 파주: 글항아리, 2013.

안대회 외, 『18세기의 맛』, 파주: 문학동네, 2014.

王其鈞, 박철만 역, 『중국민가』, 서울: 다빈치, 2016.

왕충, 성기옥 역, 『논형』, 서울: 동아일보사, 2016.

이남규, 『고대 중국인 이야기-중국고대 생활사』, 서울: 솔출판사, 1998.

이두, 홍상훈, 이소영 역, 『양주화방록』, 서울: 소명, 2010.

李昉 등, 김장환 외 역, 『태평광기 10』, 서울: 학고방, 2003.

이상옥, 『예기』, 서울: 明文堂, 2003.

이시게 나오미치 감수·야마구치 마사토모 책임 편집·동아시아식생활학회 역, 『食의 문화-가정의 식사공간』, 파주: 광문각, 2018.

장광직, 하영삼 역,『중국 청동기 시대』, 서울: 學古房, 2013.

장 앙텔므 브리야 사바랭, 홍서연 역,『브리야 사바랭의 미식 예찬』, 전남: 르네상스, 2004.

정옌, 소현숙 역,『죽음을 넘어: 중국 고대 무덤의 세계』, 서울: 지와 사랑, 2019.

J. 켄지 로페즈 알트, 셰프크루 역,『THE WOK 더 웍: 웍으로 이어가는 주방 과학의 모든 것』, 영진.com, 2023.

左丘明, 남기현 역,『춘추좌전』, 서울: 자유문고, 2003.

지재희 역,『주례』, 서울: 자유문고, 2002.

진욱, 「중국 전통 식품과 식기의 기원 및 변천」,『맛을 담는 그릇의 멋: 중국 고대 음식 기구전』, 대구: 계명대학교, 2009.

최용철,『붉은 누각의 꿈 : 홍루몽 바로보기』, 파주: 나남, 2009.

치우지핑, 김봉건 역,『다경도설』, 서울: 이른 아침, 2005.

티모시 브룩, 이정, 강인황 공역,『쾌락의 혼돈: 중국 명대의 상업과 문화』, 서울: 이산, 2005.

함한희,『부엌의 문화사』, 파주: 살림, 2005.

忽思慧, 최덕경 譯註,『飮膳正要譯註』, 서울: 세창출판사, 2021.

桓寬, 김한규·이철호 역,『염철론』, 서울: 소명출판, 2002.

❯ 해외 논문

賈蕙萱, 「北京的宮廷御膳與博物館」,『社會システム研究』, 2015年07月, 143~155쪽.

岡崎敬, 「中國古代におけるかまどについて: 釜甑形式より鍋形式への變遷を中心として」,『東洋史研究』Vol.14, 1955, 103~122쪽.

江玉祥·張茜, 「此是人間祭竈時」,『文史雜志』, 2016年01期, 96~104쪽.

江玉祥, 「『火鍋考』補」, 『文史雜志』, 2019年06期, 102~103쪽.

建材工業信息, 「廚灶安放有講究」, 『建材工業信息』, 2000年01期, 69~72쪽.

計慧, 「江南灶壁畫的藝術淺析」, 上海師範大學 석사학위논문, 2013.

高媛, 「『東京夢華錄』食·器例考」, 新疆師範大學 석사학위논문, 2017.

郭軍平, 「郭沫若詩解火鍋」, 『人才資源開發』, 2012年01期.

紀乃旺, 「人民公社化時期農村公共食堂的興辦: 以江蘇爲例」, 『遼寧行政學院學報』, 2012年第09期, 170~176쪽.

戴昀·夏軍榮, 「農村土竈臺分析與節能改造措施: 以山東臨朐爲例」, 『2008年綠色建築與建築新技術發展國際會議暨中國建築技術學科第12次學術研討會論文集』, 2008, 212~216쪽.

羅志和·李寧, 「中國最早的火鍋: 商周靑銅溫鼎」, 『四川烹飪高等專科學校學報』, 2008年第02期, 3~7쪽.

梁冬靑, 「'鼎', '鑊', '鍋'的歷時演變及其在現代方言中的地理分布」, 『古籍整理硏究學刊』, 2000年第04期, 23~26쪽.

廖海波, 「世俗與神聖的對話: 民間竈神信仰與傳說硏究」, 華東師範大學 박사학위논문, 2003.

劉錦芳, 「漢代畫像石中的'屋頂懸魚圖'硏究」, 『美與時代』, 2018年12月, 64~66쪽.

劉米, 「中國傳統家用竈具形態演變硏究」, 湖南科技大學 석사학위논문, 2018.

劉朴兵, 「北宋時期中原地區的飲食文化」, 華中師範大學 석사학위논문, 2001.

柳森, 「江蘇省農村公共食堂的歷史考察」, 『徐州師範大學學報』, 2011年第05期, 83~90쪽.

劉樹友, 「宋代兩京飲食服務業發展原因及槪況」, 『渭南師範學院學報』 Vol.31, 27~32쪽.

李玫, 「從小說『紫荊樹』到小戲『打竈王』: 一個古老題材演變中傳統觀念及習俗的變化」, 『南都學壇』, 2011年第02期, 46~52쪽.

李雅雯, 「不可思議的漢代高壓鍋」, 『文物鑒定與鑒賞』, 2019年第07期, 26~27쪽.

李宛馨·王崇東, 「四川傳統木風箱造物理念硏究及啟示」, 『工業設計』, 2023年第03期, 158~160쪽.

林巳奈夫, 「漢代の飲食」, 『Journal of Oriental studies』 Vol.48, 1975, 1~98쪽.

武丹丹, 「宋代都城飲食業營銷和推廣方式硏究」, 西北大學 석사학위논문, 2015.

白化文,「筆床茶竈, 雨笠烟蓑」,『中国文化』, 2008年02期, 78~82쪽.

范研琪,「漢代宴飲畫像中酒文化空間初探」,『美術大觀』, 2021年6月, 193~195쪽.

傅方笙·顧承銀,「山東金郷縣發現漢代畫像磚墓」,『考古』, 1989年12月, 1103~1109쪽.

沙佩智,「淺析蘇州織造官府菜的形成和影響」,『美食』, 2011年08月, 40~44쪽.

尚鵬鵬,「農村柴灶改造及其熱性能與汙染物排放研究」, 浙江大學 석사학위논문, 2019.

徐梅娟,「『說文』飲食器具類詞研究」, 江西師範大學 박사학위논문, 2013.

徐成文,「從袁枚的『隨園食單』到清宮御膳」,『東方食療與保健』, 2007年08期, 8~9쪽.

徐星媛·尹釗·戴雪峰,「從漢畫像石中品漢代建築之美」,『收藏與投資』, 2019年11月, 101~104쪽.

徐時儀,「鼎·鬲·釜·鑊·鍋的演變遞嬗考探」,『湖州師範學院學報』, 2002年02期, 1~4쪽.

徐豔萍,「北宋開封飲食業的繁榮及原因」,『三門峽職業技術學院學報』, 2007年02期, 45~49쪽.

宣金祥,「談送竈話民俗」,『中國機關後勤』, 2020年01期, 63~65쪽.

申永峰·王可欽,「古鏊源流」,『收藏家』, 2019年第04期.

沈冬梅,「風爐考:『茶經·四之器』圖文考之」,『第九屆國際茶文化研討會論文集』, 2006, 150~156쪽.

瀛生,「隱藏深宮的御膳房」,『世紀』, 2001年02期, 54~55쪽.

吳瓊,「滿漢融合在清朝宮廷飲食中的體現」,『黑龍江史志』, 2016年01期, 30~33쪽.

吳鉤,「宋朝流行女廚師」,『喜劇世界』, 2019年05期, 48~49쪽.

吳鉤,「宋朝的百姓吃什麼」,『同舟共進』, 2021年第02期, 18~23쪽.

王江平,「史前文化竈器研究」,『絲綢之路』, 2016年 第10期, 32~33쪽.

王其鈞,「中國傳統廚房研究」,『南方建築』, 2011年06月, 18~23쪽.

王利霞,「大同遼代許從贇墓葬俗研究」,『文物天地月刊』, 2021年07月. (http://silkroads.org.cn 자료)

王淑芝,「從"鍋"看中西烹飪文化的差異」,『考試周刊』, 2013年57期, 28쪽.

王雙生,「漢代畫像石中的庖廚圖研究」, 東北師範大學 석사학위논문, 2012.

王亞,「乾隆御膳房用瓷研究」, 景德鎮陶瓷學院 석사학위논문, 2013.

솥과 불로 찾아가는 중국 부엌의 역사

王永紅, 『文物裏的古代中國』(http://www.chnmuseum.cn)

王倩·宋蔚, 「漢畫中的飲食研究」, 『阜陽師範學院學報』, 2016年 第6期, 120~122쪽.

姚偉鈞, 「宋代開封飲食生活的歷史考察」, 『中南民族大學學報』, 1995年04期, 58~61쪽.

牛貫傑·王江, 「論淸代燒鍋政策的演變」, 『歷史檔案』, 2002年04期, 78~85쪽.

于亞, 「中國食文化硏究の展開: 餃子食硏究への序章」, 『兵庫地理』Vol.47, 2002, 11~22쪽.

于亞, 「漢代畫像石からみた古代中國食文化: 山東省を事例に」, 『兵庫地理』Vol.55, 2010, 1~14쪽.

于宏偉·黃俊·李揚, 「登封高村壁畫墓清理簡報」, 『中原文物』, 2004年第05期, 4~12쪽.

袁秀芬, 「中國古代女名廚」, 『烹調知識』, 2019年12月, 68~69쪽.

原媛·張媛, 「漢代畫像石"獻食進漿"圖像探討」, 『東南文化』, 2018年第06期, 57~63쪽.

魏崴, 「四川漢代市肆圖略說: 以四川漢畫像磚爲例」, 『文物天地』, 2019年01月, 62~65쪽.

張昭國, 「論中國共產黨對人民公社時期公共食堂危機的應對」, 『武漢科技大學學報(社會科學版)』, 2012年第01期, 56~58쪽.

張昭國·廖靈丹, 「專斷性權力同建制性權力的博弈與國家治理體系的建設: 基於人民公社時期公共食堂存廢的考量」, 『魯東大學學報(哲學社會科學版)』, 2014年第03期, 10-13쪽.

張耀引, 「史前至秦漢炊具設計的發展與演變研究」, 南京藝術學院 석사학위논문, 2005.

張映琪·吳志軍·辛林嶺, 「中國傳統廚房形態的演變歷程」, 『家具』, 2017年第06期, 1~5쪽.

田畑潤, 「煎茶: 鼎」, (인터넷 자료, 기재학술지 불명)

田畑潤, 「煎茶: 中國古銅器と日本·中國の文人文化」, (인터넷 자료, 기재학술지 불명)

鄭南, 「從『御茶膳房』檔案看慈禧時代的宮廷飲食」, 『社會科學戰線』, 2009年第07期, 267~268쪽.

鄭南, 「淸代宮廷御膳禮制演變述論」, 黑龍江大學 석사학위논문, 2003.

鄭昕怡, 「傳統爐竈造物智慧的回溯與開掘傳統智慧對中國廚房家電本土化設計的啟發性研究」, 南京藝術學院 석사학위논문, 2011.

趙紹印·宋國盛, 「徐州漢畫像石中飲食器具」, 『四川旅遊學院學報』, 2010年02期.

曹玉模, 「說鳳陽, 道鳳陽」, 『當代建設』, 1994年01期, 35~45쪽.

趙元媛, 「民間信仰文化認同與族際互動: 大通竈神信仰研究」, 『西部學刊』, 2022年04期, 30~34쪽.

曹仲福, 「一塊鍋巴」, 『當代礦工』, 2001年02期, 1994, 56쪽.

佐藤直樹, 「中國漢代畫像石の研究 - 図像解析によるヴィジュアルコミュニケーション技術の解明」, 愛知県立芸術大學.(인터넷 공개 자료. 게재 학술지 미상)

周丹明, 沙佩智, 「蘇州菜與淸宮御膳」, 『紫禁城』, 2015年第02期, 52~63쪽.

周德懋, 「砸鍋詞源」, 『課外語文』, 2013年第07期, 96쪽.

周美玉·鄭姚潔, 「江南灶畫的承載」, 『美術教育研究』Vol.24, 2016, 8~10쪽.

朱英貴, 「三足鼎立, 人聲鼎沸: 釋'鼎'」, 『文史雜志』, 2017年第05期, 96~101쪽.

周俊屹, 「河西地區漢晉墓葬出土陶竈研究」, 西北師範大學 석사학위논문, 2016.

馮時, 「西周蒡京與殷周餽祭: 殷周苑囿與祭竈傳統」, 『中原文化研究』, 2019年06期, 5~15쪽.

韓明, 「黃河中下游竈王年畫圖像譜系及源流探析」, 『南京藝術學院學報(美術與設計版)』, 2020年04期, 32~36쪽.

韓明, 「濰縣年畫「大竈王」圖像研究」, 山東大學 박사학위논문, 2021.

許聖倫·夏鑄九·翁注重, 「傳統廚房爐竈的空間·性別與權力」, 『浙江學刊』, 2006年04期, 205~209쪽.

胡好夢, 「中國古代十二大名廚之六 劉娘子篇」, 『美食』, 2018年03期, 88~89쪽.

侯瑞秋, 「淸代宮廷飮食禮俗初探」, 『滿族研究』, 2000年04期, 43~47쪽.

⊙ 해외 도서

賈珺, 『北京四合院』, 北京: 淸華大學出版社, 2009.

賈銘, 『飮饌譜錄·飮食須知』, 臺北: 世界書局, 1983.

柯律格, 『明代的圖像與視覺性』, 北京: 北京大學出版社, 2016.

姜燕萍, 『江南傳統竈頭畫』, 杭州: 浙江大學出版社, 2020.

姜雲,『古人吟佳節』, 北京: 語文出版社, 1989.

季鴻崑 외,『中國飲食文化史: 長江下游地區卷』, 北京: 中國輕工業出版社, 2013.

高濂 著, 趙立勛 外 校注,『遵生八箋校注』北京: 人民衛生出版社, 1994.

鄺璠, 石聲漢·康成懿 校注,『便民圖纂』, 北京: 中華書局, 2021.

國家圖書館分館 編,『清末民初報刊圖畫集成續編 1: 淺說畫報(壹)』, 北京: 全國圖書館文獻縮微
　　　複製中心, 2003.

國家圖書館分館 編,『清末民初報刊圖畫集成續編 6: 圖畫日報(壹)』, 北京: 全國圖書館文獻縮微
　　　複製中心, 2003.

國家圖書館分館 編,『清末民初報刊圖畫集成續編 8: 圖畫日報(參)』, 北京: 全國圖書館文獻縮微
　　　複製中心, 2003.

國家圖書館分館 編,『清末民初報刊圖畫集成續編 10: 圖畫日報(伍)』, 北京: 全國圖書館文獻縮微
　　　複製中心, 2003.

國家圖書館分館 編,『清末民初報刊圖畫集成續編 16: 開通畫報 외』, 北京: 全國圖書館文獻縮微
　　　複製中心, 2003.

國立故宮中央博物院,『中國文物圖說』, 臺中: 國立故宮中央博物院, 1965.

國立故宮博物院,『故宮院史留眞』, 臺北: 國立故宮博物院, 2013.

屈萬里,『詩經釋義』, 臺北: 中華文化出版事業委員會, 1952~53.

Goodrich, L. Carrington,『新編對相四言』, 香港: 香港大學出版社, 1967.

洛陽博物館 편,『河洛文明展』, 鄭州: 中州古籍出版社, 2012.

洛陽師範學院·河洛文化國際研究中心,『洛陽考古集成·秦漢魏晉南北朝(上)』, 北京: 北京圖書館
　　　出版社, 2007.

洛陽師範學院·河洛文化國際研究中心,『洛陽考古集成·秦漢魏晉南北朝(下)』, 北京: 北京圖書館
　　　出版社, 2007.

內田道夫,『北京風俗圖譜: 全』, 서울: 民俗苑, 1998.

杜綰,『雲林石譜』, 南昌: 江西美術出版社, 2019.

呂麗輝 외,『中國飲食文化史: 東北地區卷』, 北京: 中國輕工業出版社, 2013.

遼寧省文物考古研究所·朝陽市博物館, 『朝陽袁臺子: 戰國西漢遺址和西周至十六國時期墓葬』, 北京: 文物出版社, 2010.

廖冬, 唐齊 編著, 『解讀土樓: 客家土樓的歷史和建築』, 合肥: 黃山書社, 2013.

劉森林, 『中華民居: 傳統住宅建築分析』, 上海: 同濟大學出版社, 2009.

劉暢, 『北京紫禁城』, 北京: 清華大學出版社, 2009.

劉海永, 『大宋饕客』, 臺北: 時報文化出版社, 2019.

李乾朗, 『臺灣古建築圖解事典』, 臺北: 遠流出版, 2003.

李乾朗·俞怡萍, 『古蹟入門』, 臺北: 遠流出版, 2018.

李龍彬·馬鑫·鄒寶庫, 『漢魏晉遼陽壁畫墓』, 沈陽: 遼寧人民出版社, 2020.

李文君, 『乾隆皇帝的仲秋節』, 국립고궁박물원 전자자료.

李舒 편저, 『皇上吃什麼』, 新北: 聯經出版社, 2019.

李舒, 『民國太太的廚房』, 北京: 中信出版社, 2016.

李舒, 『潘金蓮的餃子』, 北京: 中信出版社, 2018.

李秋香 외 3인, 『浙江民居』, 北京: 清華大學出版社, 2010.

李學勤 編, 『字源』, 天津: 天津古籍出版社, 2013.(바이두百度 백과 자료)

林歡, 『宋代古器物學筆記材料輯錄』, 上海: 上海人民出版社, 2013.

林洪, 『飲饌譜錄·山家清供』, 臺北: 世界書局, 1983.

萬建中 외, 『中國飲食文化史: 京津地區卷』, 北京: 中國輕工業出版社, 2013.

孟凡人, 『明中都城』, 南京, 南京出版社, 2013.

孟元老, 李合群 注解, 『東京夢華錄注解』, 北京: 中國建築工業出版社, 2013.

孟元老 等著, 『東京夢華錄(外四種)』, 臺北: 古亭書屋, 1975.

方鐵 외, 『中國飲食文化史: 西南地區卷』, 北京: 中國輕工業出版社, 2013.

潘玲, 『中国北方晚期鍑研究』, 北京: 科学出版社, 2015.

謝定源, 『中國飲食文化史: 長江下游地區卷』, 北京: 中國輕工業出版社, 2013.

솥과 불로 찾아가는 중국 부엌의 역사

上海博物館 編,『上海博物館藏品精華』, 上海: 上海書畫出版社, 2004.

徐吉軍,『宋代衣食住行』, 北京: 中華書局, 2018.

書目文獻出版社 편,『北京民間風俗百圖』, 北京: 書目文獻出版社, 2000.

西安博物院 편,『西安博物院』, 西安: 世界圖書出版西安公司, 2007.

徐日輝,『中國飲食文化史: 西北地區卷』, 北京: 中國輕工業出版社, 2013.

聶貽俊,『蘇東坡與東坡小吃』, 湖北 : 中國婦女出版社, 1993.

蘇生文,『夜雨朱門:圖說明代』, 北京: 商務印書館, 2016.

蘇式 撰, 王文誥 輯注, 孔凡禮 點校,『蘇軾詩集』, 北京 : 中華書局, 1982.

篠田 統,『中國食物史』, 東京: 柴田書店, 1979.

宋應星, 楊維增 譯註,『天工開物』, 北京: 中華書局, 2021.

時希聖,『家庭食譜續編』, 北京: 中華書局, 1928.

時希聖,『家庭食譜三編』, 北京: 中華書局, 1928.

信立祥,『中国漢代画像石の研究』, 東京: 同成社, 1996.

楊愛國,『幽明兩界: 紀年漢代畫像石研究』, 西安: 陝西人民美術出版社, 2006.

吳正格,『滿族食俗與清宮御膳』, 瀋陽: 遼寧科學技術出版社, 1988.

吳正格,『乾隆皇帝御膳考述』, 北京: 中國食品出版社, 1990.

吳正格,『解字說食』, 北京: 中國三峽出版社, 2017.

王力,『中國古代文化常識』, 北京: 北京聯合出版公司, 2014.

王祥夫,『四方五味』, 北京: 東方出版社, 2011.

王俊 편저,『中國古代鹽文化』, 北京: 中國商業出版社, 2016.

王次澄,『大英圖書館特藏中國清代外銷畫精華』, 廣州: 廣東人民出版社, 2011.

王秋桂 主編,『飲食文化宗論』, 臺北: 中華飲食文化基金會, 2009.

姚偉鈞 외,『中國飲食文化史: 黃河下游地區卷』, 北京: 中國輕工業出版社, 2013.

姚偉鈞 외,『中國飲食文化史: 黃河中游地區卷』, 北京: 中國輕工業出版社, 2013.

陸羽, 『茶經』, 南昌: 江西美術出版社, 2018.

李漁 撰, 陳如江·汪政 譯註, 『閑情偶寄』, 北京: 人民文學出版社, 2017.

伊俊, 『蘇東坡美食筆記』, 北京: 新華書店, 2009.

張覺民, 『江南竈畫』, 北京: 中國輕工業出版社, 2012.

張景明, 『中國飲食文化史·中北地區卷』, 北京: 中國輕工業出版社, 2013.

張景明, 王雁卿, 『中國飲食器具發展史』, 上海: 上海古籍出版社, 2011.

張雙棣 외 역주, 『呂氏春秋譯註』, 長春: 吉林文士出版社, 1993.

張躍 외, 『多彩中國節』, 臺南: 中華聯創出版社, 2017.

Zhang Zeduan, 『Scenes along the river during the Qingming Festival: 清明上河圖』, New York: Better Link, 2008.

程安琪, 『過年! 歡喜團圓做年菜』, 臺北: 三友圖書, 2017.

程子襟, 『天子的食單』, 北京: 故宮出版社, 2016.

鄭州市文物考古研究所, 『鄭州宋金壁畫墓』, 北京: 科學出版社, 2005.

晁福林, 『先秦民俗史』, 上海: 上海人民出版社, 2001.

趙中男, 『明代宮廷典制史』, 北京: 紫禁城出版社, 2010.

朱大渭 외, 『魏晉南北朝社會生活史』, 北京: 中國社會科學出版社, 1998.

朱永明, 『中華圖像文化史·明代卷(上)』, 北京: 中國攝影出版社, 2017.

朱永明, 『中華圖像文化史·明代卷(下)』, 北京: 中國攝影出版社, 2017.

周智武, 『中國飲食文化史: 東南地區卷』, 北京: 中國輕工業出版社, 2013.

朱振藩, 『點食成經: 袁枚『隨園食單·須知單』新解』, 臺北: 麥田出版, 2009.

中村喬, 『宋代の料理と食品』, 京都: 中國藝文研究會, 2000.

中村喬, 『明代の料理と食品: 『宋氏養生部』の研究』, 京都: 中國藝文研究會, 2004.

陳曉卿, 『風味人間』, 北京: 中信出版集團股彬有限公司, 2019.

楚艷芳, 『漢語飲食詞彙研究』, 北京: 中國社會科學出版社, 2017.

河南省文物研究所, 『密縣打虎亭漢墓』, 北京: 文物出版社, 1993.

何立智 외 5인 選注, 『唐代民俗和民俗詩』, 北京: 新華書店, 1993.

許慎, 李翰文 譯注, 『(文白對照)說文解字』, 北京: 九州出版社, 2006.

忽思慧, 張秉倫·方曉陽 譯註, 『飮膳正要譯註』, 上海: 上海古籍出版社, 2017.

黃雅峰, 『漢畫像石畫像磚藝術研究』, 北京: 中國社會科學出版社, 2011.

● 감
사
의
글

감사의 마음을 전합니다

23년도 추석에 우리 곁을 떠나간 시아버님, ㈜오진웅 집사님께 감사드립니다. 어느 누구보다 지지해 주셨던 그 사랑에 보답하지 못해 너무 부끄럽고 아쉽습니다. 저희 친정어머니, 법상심法祥心 이학필 보살님께 말로는 다할 수 없는 감사의 마음을 전합니다. 배우자인 오규성 님과 세 아이들-채윤·제하·채민, 그리고 가족들께 고맙습니다. 혼자서는 갈 수 없는 길을 함께라서 열심히 걸었습니다.

이 글을 기획함에 있어서 중요한 실마리를 제공해 주셨던 분이 계십니다. 저는 학부에서 식품영양학을, 석사과정부터 중국의 고전시가를 전공했습니다. 학부 선배이신 이영은 교수님(원광대학교 식품영양학과)께서 독특한 제 이력을 눈여겨 봐주시고 2017년에 열린 동아시아식생활학회의 학술대회에서 '중국의 부엌'을 주제로 발표하도록 섭외하셨습니다. 이에 「문헌과 유물로 재구성한 중국의 시대별 부엌의 모습 = '불'과 '솥'의 변화를 중심으로」(『동아시아식생활학회지』 Vol.27(No.6), 2017, 583~590쪽)라는 간단한 발표문을 작성해서 발표했습니다. 이를 계기로 생각을 조금씩 발전시켜 이 글을 기획하게 되었습니다. 이 지면을 빌려 이영은 교수님께 감사의 인사를 드립니다.

23년도에 성신여대에서 교환학생으로서 제 수업을 들은 인연으로 제게 중국 주방의 사진을 보내준 중국의 동학들께 감사드립니다. 우야난吳亞楠 동학은 외할머니께 부탁해서 외할머니댁 이웃의 옛 주방 모습을 촬영해 제공해 주었습니다. 리쑤이李蘇儀 동학은 윈난에서 사촌오빠의 결혼식에 참여하며 결혼식 전에 며칠간 베풀어지는 잔치의 모습을 촬영해 보내 주었습니다.

중국 지난대학暨南大學에 계시는 샤오다핑肖大平 교수님께도 감사드립니다. 제게 도움을 주시려고 여러 자료들을 검색해서 제공해 주셨습니다.

번잡하고 부족한 원고의 편집과 출간을 맡아주신 역락출판사에 진심으로 감사드립니다.

끝으로 저술 지원을 해주신 한국연구재단에 감사드립니다. 지원금으로 자료 구입, 현지답사, 원고 작성을 원만히 진행할 수 있었습니다. 인문사회 분야에 대한 지속적인 관심과 지원을 간절히 부탁드립니다.

2024년 1월, 정세진 씀.

저자소개 **정세진**鄭世珍

성신여자대학교 중국어문·문화학과 교수.

서울대학교 식품영양학과를 졸업하고, 서울대학교 중어중문학과 대학원에서 고전시가(송대) 전공으로 석·박사 학위를 취득했다.

중국의 옛 레시피 및 식문화에 대해 연구를 진행하고 있다.

주요 논문과 저서로서 「명대明代 식보食譜 『준생팔전遵生八箋·음찬복식전飮饌服食箋·포자류脯鮓類』에 대한 기초적 탐색」(2023), 『준생팔전遵生八箋·음찬복식전飮饌服食箋·포자류脯鮓類 역주』(2023), 『준생팔전遵生八箋·음찬복식전飮饌服食箋·가소류家蔬類 역주』(2023), 「운림당음식제도집雲林堂飮食制度集 역주譯註」(2022), 「10-14세기 송宋·원元의 레시피와 한반도의 밥상」(2022), 「남송대南宋代 식보食譜 『산가청공山家淸供』에 대한 기초적 탐색」(2021), 「『중궤록中饋錄』 역주」(2021) 등이 있다.

이와 더불어 식보食譜번역DB(recipeofchina.com)를 운영 중이다.

한국의 중국식문화 연구자로서 균형 잡힌 시각을 가지고 중국의 옛 레시피와 식문화에 대한 세밀한 연구를 진행함으로써 중국 식문화의 실체를 적극적으로 공개하고 한반도 식문화의 정체성을 변별하는 비교연구 진행을 목표로 삼고 있다.

솥과 불로 찾아가는 중국 부엌의 역사

초판1쇄 인쇄 2024년 4월 12일
초판1쇄 발행 2024년 4월 19일

지은이   정세진
펴낸이   이대현
편집   이태곤 권분옥 임애정 강윤경
디자인   안혜진 최선주 이경진
마케팅   박태훈 한주영

펴낸곳   도서출판 역락
출판등록   1999년 4월 19일 제303-2002-000014호
주소   서울시 서초구 동광로 46길 6-6 문창빌딩 2층 (우06589)
전화   02-3409-2060
팩스   02-3409-2059
홈페이지   www.youkrackbooks.com
이메일   youkrack@hanmail.net

ISBN   979-11-6742-748-9 03380